Diplom-Kaufmann Reinhold Schütt

Import-Export Business

Das Praktiker-Handbuch für den erfolgreichen Einstieg in den internationalen Handel

Schütt - Verlag

Marburg

Diplom-Kaufmann Reinhold Schütt
Fachautor für Außenhandel und Marketing

Import-Export Business

Das Praktiker-Handbuch für den erfolgreichen Einstieg in den internationalen Handel
6. komplett überarbeitete Auflage 2012

Herstellung und Vertrieb: Books on Demand GmbH, D-22848 Norderstedt

ISBN 978-3-9813 480-3-3

Copyright:	
Umschlag:	Schütt Media & Marketing GmbH unter Verwendung eines Bildes der HAMBURGER HAFEN UND LOGISTIK AG.
Verlag:	Schütt-Verlag, Diplom-Kaufmann Reinhold Schütt D-35041 Marburg, Unter den Eichen 5 Internet: www.schuett-verlag.de E-Mail: r.schuett@schuett-verlag.de
Inhalt	Die Angaben in diesem Buch beruhen auf persönlichen Erfahrungen und sorgfältigen Recherchen des Autors. Es gilt jedoch zu beachten, dass die Angaben Änderungen unterliegen. Verlag und Autor können daher keine Haftung für Vollständigkeit und Richtigkeit der Angaben in diesem Werk übernehmen. Die Fall-Beispiele dieses Buches basieren auf praktischen Erfahrungen des Autors und dienen der Verdeutlichung der im Buch geschilderten Zusammenhänge. Die Daten der Beispiele sind aus Datenschutzerwägungen frei erfunden.

Inhaltsverzeichnis

Vorwort

Liebe Leserinnen, liebe Leser!

Deutschlands Wirtschaft ist in allen Branchen stark mit der Weltwirtschaft verflochten. Ohne den Außenhandel hätten viele Unternehmen keine Überlebenschancen. Auch unser hoher Lebensstandard und unser persönliches Wohlergehen ist ohne den Außenhandel kaum vorstellbar. Fast jeder dritte Arbeitsplatz hängt direkt oder indirekt von ihm ab.

Ich kenne keine Branche unserer Wirtschaft, die Ihnen als Selbstständiger, Unternehmer oder Gründer so viele interessante und lukrative Geschäftsmöglichkeiten wie der Außenhandel bietet. Hier können Sie Ihr Warensortiment mit hochwertigen Importwaren erweitern, neue Märkte für Ihre Waren im Ausland erschließen und sich aus der einseitigen Abhängigkeit von Vorlieferanten und Großabnehmern lösen.

Vor diesem Hintergrund will ich Ihnen mit meinem IMPORT-EXPORT BUSINESS helfen, die vielen Risiken und Schwierigkeiten des internationalen Handels zu erkennen und in den Griff zu bekommen. Mein Buch soll Ihnen als Unternehmer oder Gründer ein praxisnaher Begleiter und Ratgeber sein, der es Ihnen erlaubt, aus kleinsten Anfängen und ohne großes Risiko die internationalen Märkte mit Ihrem eigenen Unternehmen erfolgreich zu erschließen.

Ich hoffe, dass auch Sie in wenigen Jahren zu den vielen Lesern meiner Bücher gehören, denen das mit großem Erfolg gelungen ist. Ich wünsche Ihnen Freude und Erfüllung bei Ihrer Tätigkeit.

Ihr Reinhold Schütt

Kapitel 1: Von der Vergangenheit in die Zukunft

Seit Jahrtausenden sind Angebot und Nachfrage nach Waren in vielen Ländern der Welt sehr unterschiedlich. Deshalb kamen Menschen schon vor Tausenden von Jahren auf den Gedanken, hier einen Ausgleich zu schaffen. Sie haben Waren, nach denen im Ausland eine hohe Nachfrage bestand, ausgeführt (Export), und umgekehrt Waren, nach denen bei ihnen eine hohe Nachfrage bestand, eingeführt (Import).

Ein Blick in die spannende, kurze Geschichte des deutschen Außenhandels liefert dazu viele Beispiele. Am bekanntesten ist wohl die Preisentwicklung beim Öl. Als im Herbst 1973 die „Organisation erdölexportierender Länder“ (OPEC) die Fördermengen (Angebot) massiv drosselte, stieg der Ölpreis in kurzer Zeit um 70 Prozent. Als umgekehrt wegen der Finanzkrise und schlechter Konjunkturnachrichten die Nachfrage nach Erdöl stark zurückging, sank der Ölpreis auf ein Fünfjahrestief.

Der deutsche Außenhandel entwickelte sich nicht kontinuierlich, sondern wurde von einem ständigen Auf und Ab begleitet, das manchmal auch einen Nullpunkt erreichte. Davon erholte er sich jedoch in der Regel sehr schnell, weil Waren „Made in Germany im Ausland sehr beliebt waren und deutsche Kaufleute in der Welt wegen ihrer Tüchtigkeit und Zuverlässigkeit hoch geachtet waren. Mit ihnen lohnte es sich, Geschäfte zu machen.

Die ältesten und bekanntesten Beispiele für erfolgreiche Außenhandelsunternehmen sind im Süden Deutschlands die Familienunternehmen der Fugger und der Welser. Im Norden entwickelten sich keine vergleichbaren Unternehmen. Hier entstand allerdings mit der Hanse eine Handelsorganisation, in der sich bekannte und erfolgreiche Kaufleute zur Wahrung ihrer internationalen Interessen auf freiwilliger Basis zusammentaten.

Die Fugger

Der Grundstock für den Reichtum der Fuggerfamilie wurde Mitte des 15. Jahrhunderts mit dem Leinen- und Tuchhandel gelegt. Jacob Fugger, das bekannteste Mitglied des Hauses Fugger, erwirtschaftete den größten Teil seines Reichtums allerdings mit der Fugger-Bank, die er im Jahre 1486 gründete. Sie war immer dann zur Stelle, wenn es galt, die Ausbeutung von Minen zu finanzieren, Märkte für die Rohstoffe zu erschließen und Technik für den Bergbau zu liefern. Als Gegenleistung erwartete die Bank eine Gewinnbeteiligung. Das Augsburger Handelshaus hatte Rechte an Minen in Böhmen, Schlesien, Tirol, der Slowakei und an Dutzenden anderer Orte erworben. Durch die Fugger wurden die Europäer mit Kupfer, Silber, Blei und Salz versorgt. Die Gewinne wurden in andere gewinnversprechende Unternehmen investiert. Dazu gehörte auch die Politik. Die Rückzahlung bestand aus Privilegien, Patenten, Marktrechten, Monopolen und Verträgen. Das wohl bekannteste Privileg war der Verkauf der geistlichen Ablässe, von dem allerdings auch der erste Schlag gegen das Handelsimperium ausging. Nachdem sich Martin Luther gegen den Ablassverkauf aufgelehnt hatte, wurden kaum noch Einnahmen aus diesem einst so einträchtigen Geschäft erzielt. Viele kirchliche und weltliche Schuldner konnten deshalb ihren Zahlungsverpflichtungen nicht mehr nachkommen. Als Folge davon brachen die meisten Finanz- und Handelskonzerne zusammen, darunter auch die Fugger.

Die Welser

Seit dem 13. Jahrhundert lebten die Welser als ein bekanntes Patriziergeschlecht in Augsburg. Wie bei den Fuggern wurde der Grundstock ihres Reichtums durch den Textilhandel gelegt. Die von Anton Welser 1498 gegründete „Große Augsburger Handelsgesellschaft“ mit Zweigniederlassungen in allen europäischen Wirtschaftsmetropolen widmete sich in erster Linie dem europäischen und asiatischen Außenhandel. 1525 kam der Handel mit dem spanischen Teil Südamerikas dazu. 1528 verlieh Karl der V. den Welsern sogar das Recht zur Kolonisation Süd-Amerikas.

Die Welser werden zu Recht als die ersten deutschen Außenhändler bezeichnet, die einen weltweiten Handel betrieben. Als Frankreich, Spanien und die Niederlande ihren Zahlungsverpflichtungen gegenüber den Welsern nicht mehr nachkamen, erlitt das Augsburger Handelshaus beträchtliche Verluste und ging 1614 schließlich in Konkurs.

Die Deutsche Hanse

Was die unheilbar individualistischen Franzosen und Italiener nie lernten, dass Einigkeit stark macht, wussten die deutschen Kaufleute schon zu Beginn ihrer Karriere im internationalen Handel. Von Lübeck aus (1158) breitete sich die Hanse aus einem Geist der gemeinsamen Stärke schnell über den Nord- und Ostseeraum aus. Sie war ein seltsames Phänomen, das aber schnell einen gewaltigen Einfluss auf Europa ausübte.

Zunächst war die Hanse lediglich eine freiwillige Vereinigung von Kaufleuten. Aus ihr entstand dann eine Vereinigung mit dem Zweck, den Außenhandel zu fördern. Es dauerte nicht lange und es wurden in vielen Städten diese freiwilligen Vereinigungen von Kaufleuten gegründet. Aufgrund ihrer wirtschaftlichen und auch politischen Macht stand der Begriff Hanse schließlich für die Privilegien und Monopole ihrer Mitglieder. Doch zwei Bestandteile gehörten immer zu den Grundfesten der Hanse: das Element des Bundes und das Element des Handels.

Trotz ihrer Reichweite und Macht konnte die Hanse nur einen Teil des Umsatzes der italienischen Städte erringen. Die Italiener handelten mit hochwertigen Luxuswaren wie Gewürzen, Weinen, Brokat und Juwelen, Seide, Tuchen, Keramik und Waffen, wohingegen sich die Hanse mit bescheideneren, aber nützlichen Waren begnügte: Wachs aus Nowgorod, schwedisches Eisen und Kupfer, russisches Leder, skandinavische Felle, Gerste, Hafer und Holz aus den Ostseeländern, Heringe und Salzfische aus Norwegen, Flachs, Wolle, Bier, Pech und Teer.

Hinsichtlich ihrer politischen Macht, ihres Einflusses auf große Gebiete zwischen Skandinavien, England und Russland war die Hanse weitaus bedeutender und mächtiger als die italienischen Hafenstädte. Venedig und Genua hatten lediglich eine Vorstellung, einen Traum von einem mächtigen Handelsstaat besessen. Die Hanse war aber im wahrsten Sinne des Wortes ein Handelsreich.

Es waren die Niederländer und die Engländer, die mit der Hanse in einen starken Wettbewerb traten. War die hansische Handelsflotte, die im Wesentlichen aus deutschen Schiffen bestand, früher anteilsmäßig die größte, so wurde sie im 16. Jahrhundert von der Flotte der Niederländer und schließlich von der der Engländer überholt. Den letzten Hansetag besuchten 1669 nur noch sechs Städte. Der Dreißigjährige Krieg gab der Hanse beinahe den Todesstoß. Seitdem wahrten nur noch Hamburg, Lübeck und Bremen, die schon 1630 unter sich einen engeren Bund geschlossen hatten, die Überlieferung der Hanse.

Kommerzielle Techniken

Von der Hanse sind die kommerziellen Techniken und technischen Verfahren übrig geblieben, ohne die die wirtschaftlichen Erfolge der Hanse undenkbar gewesen wären. Zu den Errungenschaften gehören Rechnungen, gemünztes Geld, Akkreditive, Gebühren, Verträge, Buchführung, Kalkulation und Finanzierungsmethoden. Vieles davon prägt noch heute den Außenhandel und wird in diesem Buch noch ausführlich besprochen.

Es wurden auch Wege gefunden, das Zinsverbot der Kirche zu umgehen, und Möglichkeiten, die privilegierten Herrscherhäuser zu finanzieren. Dieses brachte uns das seltsame und gefährlich unkontrollierbare Papiergeld als Erbe ein. Die Wirkung dieser Neuerung war ebenso verführerisch wie der Reiz des südamerikanischen Goldes auf Europa oder des Opiums auf China, das Europäer dorthin brachten und gegen Luxusgüter eintauschten.

Von großer Bedeutung war auch der Handelskodex der Hanse, der nicht ungestraft verletzt werden durfte. Daraus entstand das Leitbild des ehrbaren hanseatischen Kaufmanns, das noch heute die Geschäftsbeziehungen vieler im Außenhandel tätiger Unternehmen prägt.

Handelsvolumen

Gemessen an seiner historischen Bedeutung ist der Handelsumfang in der frühen Geschichte des deutschen Außenhandels zahlenmäßig eher bescheiden. Im Jahr 1368 haben beispielsweise nur 870 Schiffe mit einer wertmäßigen Ladung von 5.000 Reichsmark Silber den Lübecker Hafen in Richtung Ausland verlassen. Das entspricht etwa 2,5 Millionen Euro.

Erst nach der Niederlage von Napoleon bei der Völkerschlacht bei Leipzig und dem Wiener Kongress, der 1815 in Europa die Grenzen neu festlegte, gelang es hanseatischen Kaufleuten, sich auf breiter Ebene wieder in den Welthandel einzuschalten. Sie erwarben Territorien in fernen Niemandsländern, die sie kolonisierten und als Rohstoffquellen und Absatzmärkte erschlossen: so zum Beispiel im Jahr 1871 Togo durch die Bremer Familie Vietor und im Jahr 1883 Deutsch-Südwest-Afrika durch den Bremer Kaufmann Lüderitz.

Die Zeit bis zur Mitte des 19. Jahrhunderts

Deutschland war noch bis Mitte des 19. Jahrhunderts mit kleinstaatlichen Reglementierungen und Wirtschaftsstrukturen belastet, die die Entwicklung des Außenhandels stark behinderten. Es ist nicht übertrieben, wenn in diesem Zusammenhang sogar von der Rückständigkeit der deutschen Wirtschaftsentwicklung gesprochen wird.

So hemmten Ende des 18. Jahrhunderts 1.800 Zollschranken den Handelsverkehr in Mitteleuropa; allein in Preußen gab es 67 lokale Zolltarife und ebenso viele Zollgrenzen. Ein-, Aus- und Durchfuhrzölle, vor allem aber Ein- und Ausfuhrverbote, dienten dem rigorosen Schutz der einheimischen Waren. Sie bildeten die wichtigste Grundlage einer Wirtschaftspolitik, die sich an steuerlichen Gesichtspunkten orientierte. Ihre Hauptaufgabe war es, die sozialpolitische Ordnung der größeren unter den 314 souveränen, reichsständischen Territorien und 1475 Ritterschaften zu sichern, für die das Heilige Römische Reich Deutscher Nationen den Rahmen darstellte.

Vor 200 Jahren war Deutschland keineswegs dazu prädestiniert, von 2003 bis 2008 die größte Handelsnation der Welt zu sein. Gekennzeichnet durch eine fast rein agrarische Wirtschaftsstruktur hatte Deutschland, verglichen mit England und Westeuropa, nur geringen Anteil an den technischen Veränderungen und revolutionären Spannungen, die Ende des 18. Jahrhunderts aufbrachen.

Deutschland, das im Zentrum von Europa lag, stellte allerdings mit seinen 20 Millionen Menschen ein bedeutendes Wirtschaftspotenzial dar. Schlechte Straßen, weite Entfernungen zwischen den einzelnen Wirtschaftsstandorten, unregulierte Wasserwege und seichte Kanäle verhinderten aber, dass es aus den Vorteilen seiner geografischen Lage, seinem Reichtum an Bodenschätzen und landwirtschaftlichen Rohstoffen Nutzen ziehen konnte. Politisch gespalten hatte Deutschland keine Chance, größere Marktorganisationen aufzubauen.

Das änderte sich erst, als die in England mit großem wirtschaftlichem Erfolg praktizierte kapitalistische Industrialisierung (industrielle Revolution) auch im deutschsprachigen Raum Eingang gefunden hatte. Deutsche Unternehmer hatten die Smith`schen Lehren aufgenommen und erkannt, dass die modernen Fertigungsprozesse nur mit groß angelegten Industriegründungen zu bewältigen waren – allerdings mit einer Verzögerung von mehr als 100 Jahren gegenüber England.

Die Zeit bis zum 1. Weltkrieg

Bis zum Ende der siebziger Jahre des 19. Jahrhunderts war Deutschland überwiegend Agrarstaat mit einem sehr geringen Außenhandel geblieben. Aber schon um die Jahrhundertwende überstieg die deutsche Export- und Importquote die von Frankreich und von England. Im Jahr 1913 errang die chemische Industrie Deutschlands mit einem Export von 125 Millionen Mark erstmals Weltgeltung. Die deutsche Elektroindustrie hatte im gleichen Jahr mit 120 Millionen Mark Jahresumsatz die englische Spitzenposition überflügelt.

Auch mit dem Export von technischen Anlagen erzielten die deutschen Unternehmen große Exporterfolge. So waren deutsche Gesellschaften beim Bau von Eisenbahnen in vielen Teilen der Welt vertreten. Die Gotthard-Bahn, die Bagdadbahn und die Bahnen in Afrika und Süd- und Mittelamerika wurden unter nennenswerter Mitwirkung deutscher Unternehmen gebaut. Sie beteiligten sich auch an Bergwerksgesellschaften in Afrika, Asien, im Nahen Osten und in Russland. Dazu kamen noch Bankgründungen in Südamerika, im Fernen Osten, in Russland und in ganz Europa. Der erste große Anlauf zur Internationalisierung der deutschen Wirtschaftsaktivitäten in der Neuzeit war damit eingeleitet.

Über die Gründe dieser deutschen Exporterfolge wird heftig diskutiert und gerätselt. Sicherlich verwerteten deutsche Unternehmer das englische Know-how beim Bau ihrer Fabriken und bei der Organisation der Fertigungsprozesse. So konnten die Waren jetzt in großen Mengen sehr kostengünstig hergestellt werden, nur waren sie damit noch nicht verkauft.

Wie auch viele andere Wirtschaftshistoriker sehe ich den Beginn der deutschen Exporterfolge im letzten Viertel 19. Jahrhunderts. Am 23. August 1887 verabschiedete das britische Parlament mit dem „Merchandise Marks Act" einen Vorschriftenkatalog, der allen Importwaren für England eine Herkunftsbezeichnung auferlegte. Ursprünglich war sie als „Kainsmal" für die aufstrebende Konkurrenz vom Festland gedacht, um damit britischen Käufern angeblich schlechte Massenware anzuzeigen.

Sehr schnell verwandelte sich das „Made in Germany" jedoch zu einem Synonym für solide Verarbeitung von hohem Qualitätsstandard. Dieses Markenzeichen „Made in Germany" für deutsche Waren verbreitete sich sehr schnell auf der ganzen Welt und wurde von Unternehmern geschickt für ihre Verkaufspolitik genutzt. Ein besseres und kostengünstigeres Marketing für deutsche Waren kann ich mir in der damaligen Zeit kaum vorstellen.

Natürlich sind die Exporterfolge auch auf das damals sehr niedrige Lohnniveau und den hohen technischen Ausbildungsstand der Arbeiter und Angestellten zurückzuführen. Daneben waren es die modernen Fabriken und die sehr flexible Industriestruktur, die eine rasche Umsetzung wissenschaftlicher Erkenntnisse in die Praxis ermöglichte.

Doch je mehr die deutsche Wirtschaft für den Weltmarkt produzierte, desto mehr zeigte sich ihre Abhängigkeit von ausländischen Rohstoffquellen. Das Ausland begann auch die Expansion der deutschen Wirtschaft auf den Weltmärkten immer kritischer zu sehen und rückte zusammen, um dem jungen Wirtschaftsriesen wieder mit Handelshemmnissen Einhalt zu gebieten. Statt internationaler Arbeitsteilung entwickelte sich internationale Konkurrenzfurcht. Der ausbrechende Erste Weltkrieg setzte einen Punkt hinter dieses Kapitel deutscher Wirtschaftsdynamik.

Die Zeit bis zum 2. Weltkrieg

Doch paradoxerweise liefen nach 1918 die Industrie und der Export Deutschlands wieder auf Hochtouren: Deutschland war von den Siegermächten gezwungen worden, die Kriegsreparationen gegen eigene Exporte zu verrechnen, also ohne jede Gegenleistung. Es blieb nichts anderes übrig, als zu produzieren und zu exportieren, ohne dabei den eigenen Bedarf nur im Geringsten befriedigen zu können. Das verursachte in der Folge rasende Inflationsraten, bis 1924 der Dawes-Plan der geschüttelten deutschen Wirtschaft eine Verschnaufpause gewährte. Die darin beschlossene Aussetzung der deutschen Reparationsleistungen ermöglichte es, dass die deutsche Wirtschaft bereits 1927 wieder eine Exportquote erwirtschaften konnte, die um 7 Prozent über derjenigen von 1913 lag.

Die ganze Welt kaufte wieder deutsche Waren. Auch blieb die internationale Kraft der deutschen Wirtschaft anerkannt. Die Welt brauchte und schätzte deutsche Waren in zunehmendem Maße. Die Weltwirtschaftskrise von 1929 wirkte sich kaum auf die deutsche Exportwirtschaft aus. Sie setzte ihre Expansion bis 1936 fort, als von Staats wegen die deutschen Industrieunternehmen auf Rüstung umgestellt wurden. Ab jetzt musste alle Wirtschaftskraft den Wahnvorstellungen der Nationalsozialisten unterstellt werden.

Zwangsläufig wurde jetzt immer weniger exportiert. Das Gleiche traf auch für die Importe zu, denn man wollte vom Ausland unabhängig werden. Die diktierte Selbstversorgung hatte eine wichtige positive Seite: Die Unternehmen investierten sehr viel in die Forschung und errangen schnell die Führung in technischen Forschungsleistungen.

Am Ende des Zweiten Weltkrieges lagen die meisten Industriebetriebe in Schutt und Asche. Im April 1945 brach die einheitliche Wirtschaftsorganisation des Großdeutschen Reiches zusammen. Einen Außenhandel gab es so gut wie nicht mehr.

Exkurs: Abgrenzungen und Begriffe des Außenhandels

Bevor ich die Entwicklung der deutschen Wirtschaft zu einer der größten Handelsnationen der Welt bespreche, macht es Sinn, eine kleine Pause einzulegen und sich kurz mit wenigen Begriffen des Außenhandels vertraut zu machen und einige Abgrenzungen vorzunehmen.

Außenhandel ist der gewerbsmäßige Austausch von Waren über Staatsgrenzen hinweg. Je nach der Richtung des Güterverkehrs wird der Außenhandel in die beiden Grundformen Export und Import unterteilt.

- **Export** ist die Ausfuhr von Waren und Dienstleistungen und
- **Import** ist die Einfuhr von Waren und Dienstleistungen.

Aus wirtschaftlicher Sicht ist der Export eine Umkehrung des Imports. Um unnötige Wiederholungen zu vermeiden, steht in diesem Buch der Export mehr im Vordergrund als der Import. Zum besseren Verständnis dieses Buches noch eine Vereinfachung:

In der Wirtschaftstheorie werden Waren und Dienstleistungen zusammenfassend als Produkte bezeichnet. Unter Waren werden dabei alle materiellen Wirtschaftsgüter verstanden, wie beispielsweise Autos, Maschinen und Bücher. Dienstleistungen sind dagegen immaterielle Wirtschaftsgüter wie Leistungen der Banken, Versicherungen, Transportunternehmen und Reisebüros. Da im Außenhandel der Handel mit Waren viel umfangreicher ist als der Handel mit Dienstleistungen, behandele ich in diesem Buch bevorzugt den Handel mit Waren.

Die Bundesrepublik als Handelsnation

Nach dem Zweiten Weltkrieg hat sich die deutsche Außenwirtschaft überraschend schnell erholt. Abgesehen von kleinen Dellen in der Entwicklung des deutschen Außenhandels, wurden ab 1952 ständig wachsende Ausfuhrüberschüsse erzielt. Von 2003 bis 2008 war Deutschland sogar Exportweltmeister.

Dieser Titel ist inzwischen an China übergegangen. Einen Grund zur Beunruhigung gibt es nicht. Das wirtschaftliche Potenzial einer Volkswirtschaft mit 1.300 Mio. Menschen ist nun mal größer als eine mit 82 Mio. Menschen. Nachdem die Weltwirtschaftskrise 2008/2009 überwunden wurde, startete die deutsche Wirtschaft mit einem glänzenden Comeback durch. Sie ist fit für die globalisierte Wirtschaft wie nie zuvor und hat alle Chancen, in den kommenden Jahrzehnten von den anhaltenden globalen Megatrends überproportional zu profitieren.

Exporte

Die Handelsbeziehungen zwischen Deutschland und seinen Partnern in der Europäischen Union sind sehr eng. Fast zwei Drittel aller Exporte gingen im Jahr 2011 in diese Länder. Die wichtigsten Kunden innerhalb der EU waren die Franzosen mit 101,5 Mrd. Euro, die Niederlande mit 69,3 Mrd. Euro und Großbritannien mit 65,3 Euro. Die wichtigsten Kunden außerhalb der Europäischen Union sind nach den USA (73,3 Mrd. Euro) China mit 53,6 Mrd. Euro und mit stark wachsendem Trend Russland mit 34,4 Mrd. Euro.

Besonders stark sind die deutschen Hersteller von Kraftwagen und Kraftwagenteile auf dem Weltmarkt engagiert. Die Exportquote dieser Branche lag im Jahr 2011 bei gut 65 Prozent. Genauso ausgerichtet aufs Ausland sind der Maschinenbau und die chemische Industrie. Vergleichsweise gering sind dagegen die Aktivitäten für forstwirtschaftliche Erzeugnisse (Export: 329 Mill. Euro) und für Erze (Export: 145 Mill. Euro).

Die wichtigsten Außenhandelspartner Deutschlands (2011 in Milliarden Euro)			
Die größten Kunden (Export)		Die größten Lieferanten (Import)	
Frankreich	101,5	82,1	Niederlande
USA	73,7	79,2	China
Niederlande	69,3	66,5	Frankreich
Großbritannien	65,3	48,3	Italien
Volksrepublik China	64,8	48,3	USA
Italien	62,1	44,9	Großbritannien
Österreich	57,9	40,6	Russische Föd.
Schweiz	47,7	38,3	Belgien
Belgien	47,0	37,7	Österreich
Polen	43,5	36,9	Schweiz
Spanien	34,9	33,0	Tschechische Rep.
Russische Föd.	34,4	32,4	Polen

Quelle: Statistisches Bundesamt Deutschland, Außenhandel

Importe

Auch auf der Einfuhrseite zeigt sich eine enge Verzahnung Deutschlands mit seinen europäischen Nachbarn. Fast 64 Prozent aller Importe stammten 2011 aus den EU-Ländern. Wichtigster Handelspartner außerhalb der Europäischen Union waren China und die USA. Aus China wurden Waren im Wert von 79,2 Mrd. Euro und aus den USA Waren im Wert von 48,3 Mrd. Euro importiert.

Beim Import stehen die Warengruppen Datenverarbeitungsgeräte, Erdöl und Erdgas, Kraftwagen, Maschinenbau, chemische Erzeugnisse und Maschinen an erster Stelle der Wareneinfuhren. Fast 45 Prozent aller Importe entfielen 2011 auf diese fünf Warengruppen. Auf Energie (insbesondere mineralische Brennstoffe) entfielen lediglich 12,8 Prozent der Importwaren.

Importe/Exporte nach Warengruppen 2011 (in Millionen Euro)		
Warenbezeichnung	Import	Export
Insgesamt	901.960	1.060.202
davon:		
Datenverarbeitungsgeräte, elektrische u. optische Erzeugnisse	89.533	84.686
Erdöl und Erdgas	82.034	6.682
Kraftwagen und Kraftwagenteile	81.007	184.331
Chemische Erzeugnisse	70.917	100.858
Maschinen	70.047	160.800
Metalle	61.050	60.423
Nahrungsmittel- und Futtermittel	42.622	37.904
Elektrische Ausrüstung	42.374	65.982

Quelle: Statistisches Bundesamt Deutschland

Hohe Arbeitskosten

Der Hauptgrund dafür, dass im Ausland Waren kostengünstiger hergestellt werden können, liegt meistens bei den niedrigen Arbeitskosten. Wie die Statistik „Arbeitskosten je Arbeiterstunde“ zeigt, zählt Westdeutschland bei den industriellen Arbeitskosten zu den teuersten Standorten der Welt. Nur Industriebetriebe in Norwegen und Belgien zahlen ihren Arbeitern und Angestellten höhere Löhne und wenden mehr für deren soziale Absicherung auf. Im Durchschnitt produziert die ausländische Konkurrenz um die 7,00 Euro je Stunde günstiger. Ostdeutschland liegt mit seinen Arbeitskosten von 20,75 Euro im Mittelfeld der Industrienationen.

Die hohen deutschen Arbeitskosten haben zur Folge, dass fast alle Konsumwaren in den anderen Industrieländern kostengünstiger hergestellt werden können als bei uns. Das gilt erst recht für Länder wie beispielsweise Indien, China, Malaysia, Vietnam und den Philippinen, in denen die Arbeitskosten pro Stück noch weit unter denen der Industrienationen liegen. Wenn Sie dann noch berücksich-

Arbeitskosten je Arbeiterstunde Privatwirtschaft, 2010 in Euro		
Land	**Arbeitskosten/Stunde**	**davon Personalzusatzkosten in Prozent**
Norwegen	49,54 €	35,4 %
Belgien	39,31 €	49,6 %
Frankreich	34,55 €	49,2 %
Deutschland	34,47 €	42,1 %
Niederlande	32,01 €	43,2 %
Japan	25,49 €	43,8 %
USA	24,41 €	32,0 %
Vereinigtes Königreich	23,10 €	28,2 %
Portugal	10,45 €	39,4 %
Tschechische Republik	9,32 €	43,9 %
Polen	6,46 €	32,7 %
Volksrepublik China	2,69 €	Keine Angaben
Bulgarien	2,62 €	27,5 %

Quelle: Institut der Deutschen Wirtschaft, Köln

tigen, dass viele Waren in hochmodernen Fabriken – viele wurden von deutschen Unternehmen gebaut – mit einer hohen Produktivität gefertigt werden, können Sie verstehen, dass fast alle Waren – insbesondere im Fernen Osten – viel preiswerter hergestellt werden können als bei uns. Dazu ein Beispiel:

Beispiel Schuhe
Ein Paar in Deutschland gefertigte Schuhe – und es sind nicht nur Qualitätsprodukte – kostete 2011 im Durchschnitt 33,80 Euro, ein Importpaar dagegen durchschnittlich nur 12,30 Euro. Während Einfuhrschuhe aus Österreich bei 24,00 Euro liegen, liefert China sie für im Durchschnitt 7,50 Euro. Zwar ist der Vergleich infolge der unterschiedlichen Schuharten nur bedingt aussagefähig, aber der Trend ist unverkennbar. Nach Berechnungen eines bekannten Sportschuh-Lieferanten wird beispielsweise ein Sportschuh, der im Laden für rund

80,00 US-$ verkauft wird, in Thailand für 6,50 US-$ hergestellt – für deutsche Verhältnisse nicht vorstellbar.

Der Mittelstand als treibende Kraft

Die Exporterfolge der deutschen Wirtschaft beruhen nicht nur auf den Leistungen der großen Konzerne wie Siemens, Daimler AG oder Volkswagen. Zahlreiche Beispiele zeigen, dass es vorwiegend mittlere und kleinere Unternehmen sind, die flexibel und ideenreich Absatzmöglichkeiten auf den Auslandsmärkten erkennen und nutzen. Folgende Gründe fordern sie immer wieder heraus, Auslandsmärkte systematisch zu erschließen:

1. Suche nach neuen Märkten, weil der Inlandsmarkt gesättigt ist,
2. Verringerung der Abhängigkeit von Großkunden,
3. Sicherung der Arbeitsplätze durch Markterweiterung,
4. Senkung der Stückkosten durch große Serien,
5. bessere Auslastung der Produktionsanlagen wegen höherer Stückzahlen,
6. unterschiedliche Konjunkturzyklen auf mehreren Märkten,
7. Senkung des Risikos im Falle eines inländischen Konjunkturrückganges.

„Deutsche Tüchtigkeit?"

Wenn Sie untersuchen, warum Ausländer bevorzugt deutsche Waren kaufen und gern mit deutschen Unternehmen zusammenarbeiten, hören Sie beinahe das Gleiche wie vor hundert Jahren: hoher Qualitätsstandard, breites Angebot, Zuverlässigkeit und erstklassiger Kundendienst. Für diese Vorzüge ist der ausländische Kunde gerne bereit, etwas mehr zu bezahlen. Entscheidend ist außerdem das Bemühen der deutschen Unternehmer, langfristige Geschäftsbeziehungen aufzubauen und nicht mit kurzfristigen Geschäften „den schnellen Euro" zu verdienen.

Aber auch die persönliche Einstellung zum Ausland und die existenzielle Abhängigkeit vieler deutscher Unternehmer vom Export haben zu den anhaltenden Exporterfolgen einiges beigetragen. Für viele Unternehmer bedeutet der Export praktisch die wirtschaftliche Existenz. Sie würden deshalb nie auf den Gedanken kommen, selbst bei lebhaftester Binnennachfrage ihre ausländischen Kunden zu vernachlässigen, wie es häufig bei Mitbewerbern anderer Nationen der Fall ist.

Wenn Unternehmer glauben, die ausländischen Märkte seien nur dazu da, im Inland zu viel produzierte Waren aufzunehmen, werden sie langfristig keinen Erfolg haben. Das Ausland – und hier vor allem die Entwicklungsländer – braucht keine billigen Konsumwaren, sondern technische Lösungen zur Bewältigung von Problemen. Hier nimmt das Exportsortiment der Bundesrepublik eine Ausnahmestellung ein, denn kein anderes Land der Welt hat ein so breites Sortiment an Waren und Dienstleistungen anzubieten.

Chancen

Kaum eine Branche bietet Ihnen als Selbstständiger, Unternehmer oder Gründer so viele interessante Geschäftsmöglichkeiten wie der internationale Handel. Hier können Sie als Importeur problemlos Ihre Produktpalette erweitern, sich aus der Abhängigkeit von Lieferanten und Großkunden lösen und sich mit einem der vielen neuen Waren, die täglich auf die internationalen Märkte drängen, Ihr eigenes Unternehmen aufbauen.

Umgekehrt können Sie als Exporteur mit selbst hergestellten Waren neue Märkte erschließen oder sich – wie Tausende vor Ihnen – mit einem ausgesuchten Handelssortiment ein eigenes Außenhandelsunternehmen aufbauen. Die Chancen, sich gerade jetzt erfolgreich den internationalen Märkten zuzuwenden, sind so gut wie nie:

- In dem ständig wachsenden Euro-Raum entfällt mit dem Euro das Wechselkursrisiko und es steigt die Rechtssicherheit mit dem immer stärker werdenden europäischen Integrationsprozess. Vom Euro gehen wichtige Wachstumsimpulse für die Wirtschaft innerhalb der Europäischen Union (EU) aus.
- Die Import- und Exportverfahren innerhalb der Europäischen Union wurden in den letzten Jahren ständig vereinfacht. Sie stellen kaum noch ein Hindernis für die Expansion deutscher Unternehmen in die EU dar.
- Das sich ständig verbreitende Internet gibt dem internationalen Handel immer wieder neue Schübe. Davon profitieren kleinere und mittlere Unternehmen in besonderem Maße, denn mit dem Internet eröffnen sich Ihnen sehr kostengünstige Beschaffungs- und Vertriebskanäle.
- Die wirtschaftlichen und gesellschaftlichen Reformen vieler Länder Süd- und Mittelamerikas, Asiens und Afrikas bieten Importeuren und Exporteuren sehr gute Geschäftsgelegenheiten.
- Vor allem die BRIC-Staaten – das sind die Anfangsbuchstaben der Länder Brasilien, Russland, Indien und China –, der ASEAN-Raum (Association of Southeast Asian Nations) und die arabischen Staaten bieten Exportfirmen große Chancen, erfolgreich Waren zu verkaufen.

* * * * * * *

Kapitel 2: Erste Schritte

Bevor Sie wirtschaftliche Entscheidungen fällen, wenden Sie sich zuerst an Ihre Industrie- und Handelskammer und besprechen Ihr Vorhaben, sich ein eigenes Außenhandelsunternehmen aufzubauen, mit dem zuständigen Fachpersonal. Treffen Sie auf die richtigen Personen, erhalten Sie viele wertvolle Anregungen. Fragen Sie gezielt nach einer finanz- und betriebswirtschaftlichen Beratung, nach speziellen Branchen- und Marktinformationen und nach einem Erfahrungsaustausch mit Selbstständigen und Branchenkennern.

Zum Thema Unternehmensgründung werden im Internet viele Informationsquellen angeboten. Hier zwei der bekanntesten Internetforen, die Sie sich auf jeden Fall ansehen sollten:

Marktplatz für Existenzgründer, www.gruenderservice.de
Bundesministerium für Wirtschaft und Technologie, www.bmwi.de

Um im nationalen und internationalen Geschäftsleben ernst genommen zu werden, müssen Sie bestimmte Formvorschriften und Geschäftspraktiken beachten. Am wichtigsten ist der Geschäftsbrief, die Eintragung ins Handelsregister, eine eigene Website und das E-Mail.

Geschäftsbrief

Das gängigste Mittel zur Kommunikation im Geschäftsleben ist der Geschäftsbrief in gedruckter und elektronischer Form (E-Mail). Mit ihm bahnen Sie Geschäftskontakte an und pflegen sie, handeln Konditionen für Ihre Handelsgeschäfte aus und bestätigen sie, stellen Ihre Leistungen in Rechnung und mahnen überfällige Zahlungen an. Alle gedruckten oder elektronischen Dokumente müssen gesetzlich vorgeschriebene Pflichtangaben enthalten. Dazu gehören neben dem Namen Ihres Unternehmens auch Angaben über die Rechtsform, den Firmensitz, das Registergericht und die Handelsregisternummer.

Bei einer GmbH sind zusätzlich alle Geschäftsführer mit ausgeschriebenem Familiennamen und mindestens einem Vornamen zu nennen. Neben diesen gesetzlichen Formvorschriften gehört in jeden Geschäftsbrief die Telefon- und Telefaxnummer, die Internet- und E-Mail-Anschrift, die Bankverbindung und die Umsatzsteuer-Identifikationsnummer.

Handelsregister

Es ist sehr wichtig, dass Sie sich mit Ihrer Firma zügig ins Handelsregister eintragen lassen. Die Firma ist der Name eines Kaufmanns (Unternehmens), unter dem er seine Handelsgeschäfte betreibt, die Unterschrift abgibt, klagen und verklagt werden kann. Im allgemeinen Sprachgebrauch wird das Wort „Firma" gerne anstelle von Unternehmen, Unternehmung und Betrieb gebraucht.

Viele Unternehmen werden nur dann mit Ihnen Geschäftsbeziehungen eingehen, wenn Ihnen ein aktueller Handelsregister-Auszug vorliegt. Voraussetzung für die Eintragung ins Handelsregister ist Ihre Gewerbeanmeldung. Dazu müssen Sie der zuständigen Behörde mitteilen, dass Sie eine gewerbliche Tätigkeit beginnen, die möglichst genau zu beschreiben ist.

Nach der Anmeldung Ihres Gewerbes erhalten Sie als Bestätigung einen Gewerbeschein. Parallel dazu werden mehrere Behörden und öffentliche Körperschaften über Ihre Gewerbeanmeldung informiert. Wundern Sie sich also nicht, wenn Sie vom Finanzamt, von der Industrie- und Handelskammer, der Krankenkasse, der Arbeitsagentur und der Berufsgenossenschaft Post bekommen und aufgefordert werden, alle möglichen Daten abzugeben.

Website

Vorab zum besseren Verständnis die folgenden beiden Definitionen: Der gesamte Internetauftritt eines Unternehmens heißt Website und die dazugehörende Start- bzw. Leitseite Homepage. Sie ist als zentraler Dreh- und Angelpunkt der Website angelegt und stellt in der Regel Navigationsmöglichkeiten (Verweise) zur Verfügung.

Um sich ein Bild von Ihrem Unternehmen zu machen, werfen viele Kunden, Lieferanten und inländische Dienstleister (Banken, Versicherungen, Logistiker) zuerst einen Blick in Ihre Website. Sind Sie nicht im Internet vertreten, werden Sie sofort als Kleinstunternehmer eingestuft, mit dem man besser keine Geschäftsbeziehungen eingeht.

Besonders wichtig bei Ihrer Website ist Ihre Domain, also der mittlere Teil Ihrer Internet-Anschrift. Bei der *www.harmsen-import-export.de* lautet die Domain beispielsweise *„harmsen-import-export"*. Achten Sie bei der Vergabe des Namens Ihres Unternehmens (Firma) darauf, dass er sich auch in Ihrer Website wiederfindet. So wie der Harmsen Import-Export sollte Ihre Domain den Namen Ihrer Firma wiedergeben und auf Ihre Waren hinweisen, die Sie in Ihrer Website anbieten. Egal, auf welchem Weg Nutzer (Fachwort: User) den Zugang zu Ihren Waren suchen, sie erkennen so auf den ersten Blick genau das, was sie suchen.

Scheuen Sie sich nicht, Ihr Unternehmen in Ihrer Website werbewirksam darzustellen, ohne allerdings die Grenzen der Wahrheit allzu sehr zu strapazieren.

Sie brauchen dabei kein schlechtes Gewissen zu haben, denn kleine Übertreibungen sind bei Selbstdarstellungen eigentlich gängige Praxis. Sind Sie erfolgreich, werden Geschäftspartner darüber hinwegsehen; wahrscheinlich haben sie auch mal so begonnen. Die Reaktionen auf Ihre E-Mails werden Sie ermutigen, das Thema Außenhandel nun richtig anzupacken.

E-Mail

Die Entwicklung hin zum E-Mail und weg vom Brief und vom Telefongespräch ist nicht mehr aufzuhalten. Nach meiner persönlichen Einschätzung erfolgt die Korrespondenz im internationalen Handel zu mehr als 95 Prozent per E-Mail. Das ist leicht nachvollziehbar, denn E-Mails bieten im Vergleich zum Geschäftsbrief in Papierform erhebliche Vorteile:

- Eine E-Mail ist viel schneller und kostengünstiger. Beim E-Mail fällt die Postanschrift weg; an ihre Stelle tritt die E-Mail-Anschrift, die schnell aus einem Speicher abgerufen werden kann.
- Eine E-Mail kann viel schneller geschrieben und verschickt werden. Ausdrucken, Kuvertieren, mit Briefmarke versehen und zur Post bringen werden ersetzt durch einen Klick auf das „Senden-Feld“.

Gegenüber dem Telefongespräch bieten E-Mails einen weiteren unschätzbaren Vorteil: Dank der gespeicherten Kopien haben Sie schriftliche Belege, auf die Sie im Streitfall zurückgreifen können.

E-Mails haben auch ihre Nachteile. Da sie schnell geschrieben werden können, verleiten sie ihre Verfasser schnell zu schweren Rechtschreib- und Grammatikfehlern und peinlichen stilistischen Mängeln. Vermeiden Sie solche Fehler und halten sich immer eines vor Augen: Ihre E-Mails repräsentieren Sie und Ihr Außenhandelsunternehmen. Sie erwecken Vorstellungen, die sich Ihre Handelspartner von Ihnen, Ihren Absichten und von Ihrem Unternehmen machen.

Empfehlenswert ist in diesem Zusammenhang der Aufbau einer Texdatei. Erfahrungsgemäß können Sie damit 80 Prozent Ihrer E-Mails schnell und fehlerfrei beantworten.

Elektronische Geschäfte

Geschäftsabschlüsse über das Internet anzubahnen, abzuschließen und letztlich auch abzuwickeln ist heute gängige Praxis im internationalen Handel. Wie das im Einzelnen zu erfolgen hat, verabreden in der Regel die Geschäftspartner untereinander. Dabei brauchen sie keine gesetzlichen Formerfordernisse zu beachten. Stark vereinfacht kommt ein Geschäftsabschluss meistens mit Hinweis auf vorangegangene Geschäfte wie folgt zustande:

- Unter Bezugnahme auf die Website des Exporteurs fragt ein Importeur eine bestimmte Ware per E-Mail an.
- Der Exporteur erstellt ein Angebot und lässt es per E-Mail dem Importeur zukommen.
- Indem der Importeur das Angebot annimmt und dieses dem Exporteur mitteilt, ist ein Kaufvertrag abgeschlossen.

Das papierlose Büro gibt es im Außenhandel noch nicht. So verlangen immer noch viele Behörden im In- und Ausland, dass bestimmte Dokumente zur Kontrolle oder zum Abstempeln physisch vorgelegt werden müssen. Wieder andere Dokumente, insbesondere solche, die nur durch ein Indossament (schriftlicher Übertragungsvermerk) zu übertragen sind (wie etwa der Wechsel oder das Konnossement), bedürfen von vornherein der Schriftform, um begebungsfähig („in den Umlauf bringen") zu sein.

Persönliche Anforderungen

Wie bei jedem Aufbau eines Unternehmens entscheidet letzten Endes Ihre unternehmerische Qualifikation darüber, ob Sie erfolgreich sein werden oder nicht. Neben der fachlichen und sozialen Kompetenz gehören dazu auch Eigenschaften wie Risiko- und Leistungsbereitschaft, Durchsetzungsvermögen, Zielstrebigkeit, Kreativität, Zuverlässigkeit und Seriosität.

Ihre ausländischen Geschäftspartner müssen immer das Gefühl haben, in Ihnen einen zuverlässigen Geschäftspartner mit einem hohen Wissensstand zu haben. Hüten Sie sich davor, Versprechungen zu machen oder Eindrücke zu vermitteln, die Sie im Nachhinein nicht erfüllen können. Maßlose Übertreibung des eigenen Geschäftsvolumens, Abnahmeversprechen von hohen Stückzahlen und Nichteinhalten von vertraglichen oder persönlichen Vereinbarungen führen oft zum Abbruch mühsam aufgebauter Geschäftsbeziehungen.

Als Außenhandelskaufmann werden von Ihnen gute englische Sprachkenntnisse in Wort und Schrift erwartet. Nach Möglichkeit sollten Sie auch die Landessprache Ihrer ausländischen Geschäftspartner sprechen. Gute Sprachkenntnisse sind auch bei der Internetrecherche sehr hilfreich. Viele landes- und branchenspezifische Informationen werden oft nur in der Landessprache veröffentlicht. Soweit erforderlich, beginnen Sie gleich mit der Aufbesserung Ihrer Sprachkenntnisse.

Geschäftspartner im Ausland

Wenn Sie die Ursachen für die Erfolge international tätiger Geschäftsleute untersuchen, stoßen Sie immer wieder auf zwei entscheidende Punkte: Sie verfügen über gründliche Marktkenntnisse und arbeiten mit Partnern zusammen, die sehr gute Verbindungen zu einflussreichen Persönlichkeiten aus Politik, Gesellschaft und Wirtschaft haben. Diese Verbindungen sind oft ihr wichtigstes Kapital und sind die Grundlage für ihren wirtschaftlichen Erfolg.

Die Marktkenntnisse können Sie sich mithilfe der in diesem Buch aufgeführten Informationsquellen erarbeiten, Ihre Geschäftspartner wie Exporteure, Importeure, Groß- und Einzelhändler und Handelsvertreter müssen Sie selbst finden und für sich gewinnen. Bedenken Sie dabei Folgendes: Geschäfte werden immer zwischen Menschen gemacht – auch im Zeitalter des Internets – und das wird zum Glück auch immer so bleiben.

Erfolgreiche Geschäftsabschlüsse bauen fast immer auf zuvor geknüpfte, gute zwischenmenschliche Beziehungen auf, die auch nicht vor der Privatsphäre haltmachen dürfen. So sind die drei „V‘s“

Vertrauen – Verständnis – Verlässlichkeit

das eigentliche Geheimnis vieler Persönlichkeiten Außenhandel.

Es muss deshalb Ihr Ziel sein, auf Langfristigkeit ausgerichtete Partnerschaften aufzubauen. Bei Exportgeschäften gelingt Ihnen das nur, wenn Sie Ihre ausländischen Geschäftspartner fair behandeln und zuverlässig mit Waren höchster Qualität beliefern. Treten wirklich mal Ungereimtheiten bei der Exportabwicklung und Mängel bei den gelieferten Waren auf, müssen Sie von Ihnen persönlich und großzügig geregelt werden.

Rechthaberei und Besserwisserei belasten jede Geschäftsbeziehung und wirken sich wirtschaftlich immer nachteilig aus. Auch muss es für Sie selbstverständlich sein, für Ihre eigenen Fehler und die Ihrer Mitarbeiter ohne Wenn und Aber geradestehen. Alles andere kostet sehr viel Geld und Nerven und zahlt sich langfristig nicht aus.

Das Gleiche gilt auch für die Beschaffungsseite. Obwohl Sie hier Kunde sind, versuchen Sie Ihren Geschäftspartnern mit der gleichen Fairness und Höflichkeit zu begegnen, die für Sie bei Ihren Kunden selbstverständlich ist. Läuft etwas schief, muss nicht gleich losgepoltert werden. Ein offenes, freundliches Gespräch löst die Probleme in der Regel besser und trägt nachhaltig zum Aufbau einer langfristig orientierten Partnerschaft bei.

Das gilt natürlich auch umgekehrt. Wenn Sie das Gefühl haben, dass Ihr ausländischer Geschäftspartner nur auf seinen eigenen Vorteil aus ist, Zusagen nicht einhält und sich durch Notlügen versucht zu entschuldigen, stellen Sie die Zusammenarbeit mit ihm auf den Prüfstand. Eventuell erwägen Sie auch einen Abbruch der Geschäftsbeziehung. Eine nachsichtige und nicht auf Leistung ausgerichtete Behandlung zahlt sich nur in den seltensten Fällen aus. Leider gibt es auch im internationalen Handel neben Betrügern viele Personen, die ohne viel Arbeit schnell reich werden wollen und nur auf ihren kurzfristigen Erfolg aus sind.

Verhandlungen mit ausländischen Geschäftspartnern

Die Verhandlungen mit ausländischen Geschäftspartnern verlaufen meistens ganz anders als Verhandlungen mit deutschen Geschäftspartnern. Nicht nur die Sprache und Kultur, sondern auch der Kommunikationsstil, die Unternehmenskultur und die Verhandlungstaktiken unterscheiden sich stark von dem, was wir gewohnt sind. Daraus entstehen oft unerwartete Situationen und Probleme, die ein erfahrener Außenhändler kennt. Er weiß, wie er zu reagieren hat, um sein Ziel zu erreichen. Dazu drei Beispiele:

Beispiel 1: USA
Die Geschäftsführung eines deutschen Maschinenbauers wurde von einer amerikanischen Handelsgesellschaft freundlich empfangen und sofort mit ihren Vornamen angesprochen. Die Verhandlungen verliefen sehr harmonisch. Als am nächsten Tag die Verhandlungen fortgesetzt wurden, konfrontierten die Amerikaner die deutsche Unternehmensleitung mit knallharten Forderungen und waren nicht zu Kompromissen oder Zugeständnissen bereit. Die Verhandlungen wurden ergebnislos vertagt.

Erkenntnis: Sehen Sie in der amerikanischen Freundlichkeit keine Bereitschaft, in Sachfragen auf Entgegenkommen zu hoffen. Es wird um jeden Punkt eines Vertrages hart gerungen. Dabei spielt der Faktor Zeit keine Rolle.

Beispiel 2: Korea
Anders als Chinesen und Japaner verhandeln Koreaner von Anfang an hart, aggressiv und scheuen sich auch nicht, kritisierende oder gar beleidigende Fragen zu stellen. Die ostasiatische Freundlichkeit, die wir Deutschen so schätzen, gibt es häufig bei koreanischen Managern nicht.

Erkenntnis: In Korea herrschen gröbere Geschäftssitten als in den Nachbarländern. Ein Außenhändler muss sich darauf einstellen und darf sich dadurch nicht beeinflussen lassen. Auch darf mal im gleichen Stil gekontert werden.

Zehn Regeln für den Umgang mit ausländischen Geschäftspartnern

In Anlehnung an Heinz Commer/Johannes von Thadden, Manager-Knigge

1. Es gibt ein Verständigungsmittel über alle Sprachschranken und Kulturen hinweg: Das Lächeln, denn es macht Flügel. Jeder versteht es und jeder freut sich darüber. Es ist das schönste Geschenk, das Sie einem Fremden machen können.
2. Bleiben Sie stets Sie selbst und schlüpfen nicht in die Rolle eines schlechten Schauspielers. Dieses wirkt unecht und ist auch unrecht. Seien Sie aber der bessere Teil Ihrer selbst. Zeigen Sie Ihre positiven Qualitäten.
3. Bemühen Sie sich um das rechte Maß bei all Ihrem Tun: Wer eher zurückhaltend ist, bemühe sich darum, auf andere zuzugehen. Wer die Antworten schon kennt, bevor die Fragen gestellt sind, bemühe sich zuzuhören.
4. Achten Sie darauf, wie andere sich verhalten, egal ob bei den Tischsitten, der Begrüßung oder bei Verhandlungen.
5. Erkundigen Sie sich über das Land, in das Sie reisen und über die Menschen, die dort leben. Damit zeigen Sie, dass Sie wirklich an den Menschen interessiert sind. Dazu gehört auch die Sprache des Landes. Haben Sie den Mut, wenigstens einige Worte der Landessprache zu verwenden, auch wenn Sie sich nicht für ein Sprachgenie halten.
6. Versuchen Sie herauszufinden, welches die kulturellen Reichtümer eines Landes oder eines Volkes sind. Sie werden merken: Jeder trägt zum weltweiten Kulturleben bei, und überall gibt es Gründe für Menschen, auf etwas stolz zu sein.
7. Seien Sie höflich zu jedermann, nicht nur zu Menschen, die für Sie wichtig sind. Man wird es Ihnen danken.
8. Seien Sie nicht vorlaut, besserwisserisch oder ausfallend. Im Gegenteil: Seien Sie offen für Neues, lernbereit, leise und stets respektvoll. Dieses sind universelle Spielregeln, von denen jeder noch viel lernen kann.
9. Machen Sie sich nie über etwas lustig, dass Sie nicht verstehen, und glauben Sie nicht zu schnell, dass Sie etwas verstanden haben. Vieles was uns als Aberglauben, als Formalismus, als Diskriminierung oder Dummheit erscheint, erfüllt in der jeweiligen Gesellschaft meist durchaus einen Zweck. Und vergessen Sie nicht: All dieses gibt es auch bei uns, anders, aber nicht unbedingt besser.
10. Zum Schluss läuft alles auf die alte Weisheit hinaus: Behandele Deinen Nächsten so, wie Du behandelt werden willst. Wir alle sind nicht nur unsere eigenen Botschafter, sondern immer, gewollt oder ungewollt, Botschafter unseres Landes.

Beispiel 3: Italien
Die Geschäftsführung eines Hamburger Unternehmens der Elektroindustrie hatte großes Interesse an einer Kooperation mit einem italienischen Unternehmen. In Vorverhandlungen war ein Kooperationsvertrag entworfen worden, den die deutsche Geschäftsführung anlässlich eines Besuches in Italien vortrug und zur Diskussion stellte.

Die häufigen Unterbrechungen der Besprechung und das ausgiebige Mittagsmenü empfanden die deutschen Vertretern als äußerst lästig und als Zeichen geringen Interesses. Da man unter Zeitdruck stand und die Verhandlungen an einem Tag abschließen wollte, wurden die Erfolgsaussichten sehr skeptisch beurteilt. Am Ende des Verhandlungstages präsentierte die Geschäftsführung des italienischen Unternehmens einen leicht modifizierten Vertrag mit der Empfehlung, ihn am nächsten Tag nach einem Brunch zu unterschreiben.

Erkenntnis: Es gibt auch in den Ländern der Europäischen Union erhebliche Unterschiede bei den Verhandlungstaktiken und bei der Unternehmenskultur. Hier nach deutschem Vorbild zu verfahren, führt nicht unbedingt zum Erfolg.

Erfolgsgeschichte „Bernd Harmsen“

Durch weite Teile meines Buches wird Sie Bernd Harmsen begleiten, dem es in wenigen Jahren gelungen ist, aus kleinsten Anfängen ein erfolgreiches Außenhandelsunternehmen mit Fischkonserven aufzubauen. Hier seine Geschichte:

Bernd Harmsen (Geburtsjahr 1981) war in Hamburg als Marktleiter bei einem Discounter angestellt. Der harte Job, das relativ bescheidene Einkommen und die schlechten Aussichten auf ein berufliches Weiterkommen bei dem Discounter ließen ihn ständig über andere berufliche Möglichkeiten nachdenken. Am liebsten hätte er sich mit einem eigenen Discountmarkt selbstständig gemacht, nur dafür fehlte ihm das Kapital.

Im Sommer 2007 lernte Bernd Harmsen einen Norweger kennen, der wegen einer Reifenpanne auf einer einsamen Straße in der Nähe von Tromsø liegen geblieben war. Bernd Harmsen überließ ihm seinen Reservereifen und sie fuhren gemeinsam in die nächste Werkstatt. Wie sich in dem anschließenden Gespräch herausstellte, hieß der Norweger Anders Fredriksen und war Inhaber der Konservenfabrik „A/S Anders Fredriksen“. Er verarbeitete hauptsächlich Königskrabben, Dorschleber und Makrelen für den norwegischen Markt.

Hier wurde Bernd Harmsen hellhörig. Warum sollte er die Dosen nicht importieren und sie in Deutschland vermarkten? Nach einem kurzen Wortwechsel kamen beide per Handschlag überein, dass Anders Fredriksen ihn jederzeit gegen

Vorauskasse beliefern werde. Bernd Harmsen kaufte 300 Dosen als „Muster“ zu einem Vorzugspreis von 500,00 €, lud sie in seinen Pkw und fuhr auf dem schnellsten Weg zurück nach Hamburg. Hier stellte er sie bei eBay zum Verkauf und war überrascht, dass sie zum doppelten Preis nach wenigen Tagen alle verkauft waren. Das war sein Start als selbstständiger Außenhandelskaufmann.

Die Voraussetzungen dazu waren für ihn sehr günstig: Im Haus seiner Eltern gab es genug Platz für ein Büro und für ein kleines Lager. Auf seinen ausgedehnten Urlaubsreisen ins Ausland hatte er viele Länder und Menschen kennengelernt. Neben seinen sehr guten Kenntnissen der englischen und der norwegischen Sprache verfügte er auch über solide kaufmännische Kenntnisse, die er während seiner Angestelltentätigkeit erworben hatte. Dass er die Vermarktung von Konsumwaren beherrschte, konnte er täglich beweisen.

Im Herbst 2007 eröffnete Bernd Harmsen seinen Online-Auftritt *„www. harmsen-fisch.de“* für den Direktverkauf seiner Fischdosen und ein gewerbliches Mitgliedskonto auf dem eBay-Marktplatz. Wenige Monate später erlangte er den Status eines eBay-Powersellers.

Um die Jahreswende wurde die „Harmsen Import-Export GmbH“ (nachfolgende kurz „Harmsen GmbH“ genannt) ins Handelsregister eingetragen. Gleichzeitig stellte er die Website *„www.harmsen-konserven.de“* für die gewerbliche Kundschaft in deutscher und englischer Sprache ins Netz. Den Mindestbestellwert legte er mit 1.800,00 Euro fest.

Zum 1. Januar 2009 hatte er seine Angestelltentätigkeit aufgegeben und widmete sich nur noch dem Aufbau seines eigenen Unternehmens. Er importierte Fischkonserven in großen Mengen jetzt auch aus Japan, Chile und Russland und exportierte den größten Teil davon in die Länder der Europäischen Union. Fast 80 Prozent der Bestellungen aus dem Ausland gehen bei ihm heute per E-Mail ein.

Nach sechs Jahren erwirtschaftete Bernd Harmsen mit seiner „Harmsen GmbH“ einen Umsatz von 4 Millionen Euro bei sehr guter Ertragslage. Entscheidend für den Erfolg waren neben seiner Faszination für den Außenhandel der Wille, seiner Familie und seinen Mitarbeitern eine sichere, wirtschaftliche Zukunft zu bieten.

* * * * * * *

Kapitel 3: Informationsquellen und Start

Die richtigen Informationen zum richtigen Zeitpunkt zu nutzen, ist entscheidend für Ihren Geschäftserfolg im Ausland. Wenn Sie beispielsweise als Exporteur für einen deutschen Hersteller von Spritzgussautomaten den australischen Markt erschließen wollen, benötigen Sie Informationen über

- den australischen Markt, die Zielgruppe und ihre Probleme, Sprache, Handelsbräuche und Marktrahmenbedingungen.
- die Struktur der bestmöglichen Vertriebswege, Einfuhr- und Kontrollvorschriften, rechtliche Grundlagen der Vertragsabwicklung, spezielle Vertriebsformen wie Ausschreibungen, Transit- und Kompensationsgeschäfte.
- die gängigen Preise und Qualitäten.
- die technischen Standards und erforderlichen Normen, Serviceleistungen, eventuelle Montageprobleme.
- die Bonität der Abnehmer, Finanzierungsmöglichkeiten, Geldtransfer und Abwicklungskosten.
- die möglichen Kunden einschließlich ihrer Vorstellungen über den Inhalt und Stil von Werbemaßnahmen.

Zur Ermittlung vieler dieser Daten steht Ihnen in der Bundesrepublik neben Banken, Versicherungen und Speditionen eine breite Palette von Informationsstellen zur Verfügung. Hier die bekanntesten Einrichtungen, die Unternehmen und Privatpersonen alle per Internet zugänglich sind:

- Germany Trade & Invest (GTAI),
- iXPOS, Informationsdienst für die deutsche Außenwirtschaft,
- Industrie- und Handelskammern,
- Auslandshandelskammern (AHKs),
- Branchen- und Industrieverbände,
- Ländervereine,
- Internationale Handelsförderstellen.
- Suchmaschinen für Interessenten und
- Ausstellungs- und Messeausschuss e. V.

Germany Trade & Invest (GTAI)

Die GTAI ist eine Gesellschaft der Bundesrepublik Deutschland und bietet aktuelle Informationen zu folgenden Themen an:

- ausländische Märkte,
- ausländische Auskunfts- und Kontaktstellen,
- Rechts- und Zollinformationen,

- Geschäftswünsche ausländischer Unternehmen,
- internationale Ausschreibungen
- internationale Investitions- und Entwicklungsvorhaben,
- Adressen von Rechts- und Patentanwälten.

Haben Sie spezielle Fachfragen zum Auslandsgeschäft, finden Sie bestimmt die Antwort in den rund 60.000 Dokumenten und 3.000 Veröffentlichungen.

Germany Trade & Invest (GTAI), www.gtai.de

iXPOS

Im iXPOS präsentieren sich die folgenden Akteure der deutschen Außenwirtschaftsförderung: das Bundeswirtschaftsministerium, das Auswärtige Amt, die Wirtschaftsministerien und Förderungsgesellschaften der einzelnen Bundesländer, die Germany Trade & Invest (GTAI), die Spitzenverbände der deutschen Wirtschaft, die Auslandshandelskammern und die Ländervereine.

Unter zahlreichen Stichworten zum Thema Außenwirtschaft kann sich der Nutzer beispielsweise über folgende Themen informieren:

- Aktuelle Förderprogramme,
- ausländisches Steuerrecht,
- Hilfe bei Zahlungsproblemen,
- nationale und internationale Ausschreibungen.

Veröffentlichungen der Mitglieder, Spezialthemen und eine umfangreiche Linkliste runden das Angebot ab. Eine Pflichtlektüre für jeden Außenhändler ist der kostenlose iXPOS-Newsletter, der Sie mit den aktuellsten Informationen für Ihre Auslandsgeschäfte versorgt. Sie können den Info-Dienst auf der Startseite von iXPOS bestellen.

Interessant ist auch die iXPOS Export Community. Hier können Sie nach neuen Geschäftspartnern in aller Welt suchen und eigene Geschäftswünsche veröffentlichen. Um einen Geschäftswunsch einzustellen, müssen Sie zunächst Ihr Unternehmensprofil eingeben und dann das Formular „Ihr Geschäftswunsch" im Online-Auftritt von IXPOS ausfüllen. Geschäftswünsche sind drei Monate gültig, danach werden sie automatisch deaktiviert. Eine Verlängerung um weitere drei Monate ist möglich, ebenso wie die vorzeitige Deaktivierung oder Löschung eines Geschäftswunsches.

Informationsdienst für die deutsche Außenwirtschaft, www.ixpos.de

Industrie- und Handelskammern (IHKs)

Die IHKs sind berufsständige Vereinigungen, die ihre Mitglieder auch in außenwirtschaftlichen Fragen beraten. Wenn Sie Fragen zum Export haben, lassen Sie sich zuerst von Ihrer IHK beraten. Neben Seminaren zum Außenhandel und der Vermittlung von Adressen und Kooperationen bieten sie folgende Dienstleistungen an:

Beratung/Auskünfte: Auskünfte über deutsches Außenwirtschaftsrecht und Zoll-, Ein- und Ausfuhrbestimmungen.

Internationale Messen: Beratung über Messen im Ausland, Planung und Organisation von Messebeteiligungen im Ausland.

Bescheinigungsdienst: Ausstellen von Ursprungszeugnissen, Carnets (Warenpassierscheinen); Beglaubigungen von Handelsrechnungen und anderen Warenbegleitpapieren und Bescheinigungen.

Deutscher Industrie- und Handelskammertag e. V., www.ihk.de

Kontaktaufnahme auf Empfehlung einer AHK

Gentlemen:
We received your address from the German Trade Office in Taipei. They informed us that you manufacture various types of telephones. We are very interested to include your telephones in our sales program. If you are interested in doing business with us, we would like you to make us an offer with full details.

We hope to hear from you soon.
Sincerely yours

Auslandshandelskammern (AHKs)

Die deutschen AHKs sind die wichtigsten Ansprechpartner für deutsche Unternehmen im Ausland. Über 1600 Mitarbeiter an 120 Standorten in mehr als 80 Ländern stehen ihnen zur Verfügung. Die AHKs müssen sich überwiegend selbst finanzieren. Deshalb sind ihre Leistungen oft kostenpflichtig. Die Dienstleistungen, die sie erbringen, sind vergleichbar mit denen der Industrie- und Handelskammern: Mitgliederservice, Bezugsquellennachweis, Kontenaktanbahnungen, Rechtsberatungen, Marktanalysen, Personaldienstleistungen.

- Kommerzieller Auskunftsdienst: Bezugsquellennachweis, Adressenvermittlung und Kontaktanbahnung.
- Rechtsberatung und administrative Dienste: Information über Gesetze und Verordnungen, Wirtschafts- und Steuerrecht, Investitionsberatung.

- Messen: Informationen über Unterstützung bei Veranstaltungen im Partnerland.
- Märkte: Analysen und branchenspezifische Marktinformationen, Betreuung bei öffentlichen Ausschreibungen.
- Mitgliederservice: Unterstützung bei der Interessenvertretung, Herausgabe von Kammerzeitschriften, Erfahrungsaustausch der Kammermitglieder.

Auslandshandelskammern, www.deinternational.de

Branchen- und Industrieverbände

Viele Fachverbände der Industrie, des Handels und des Versicherungs- und Bankwesens verfügen über eigene Auslandsabteilungen, um ihre Mitglieder bei ihren Import- und Exportaktivitäten zu unterstützen. Die nachfolgend aufgeführten Leistungen werden von den meisten Verbänden angeboten:

- Informationen und Beratung zu Auslandsmärkten,
- Veranstaltung von Fortbildungsmaßnahmen,
- Information und Beratung bei internationalen Ausschreibungen,
- Auskunft über Zollverfahren und Zolltarife,
- Vermittlung von Kooperations-Möglichkeiten,
- Vermittlung von Erfahrungsaustausch innerhalb der Branche,
- Organisation von Informationsreisen ins Ausland.

Kontaktaufnahme über einen Verband

Dear Sirs,

For a number of years we have been importing telephones from Hongkong. Now we learn that these products can be obtained from Korean manufacturers. We wish to extend our present range and should be glad if you can supply us with a list of Korean manufacturers likely to be able to help us.

We look forward for an early reply.

Yours faithfully

Vielleicht ist auch der eine oder andere Verband dabei, dem Sie auf Landesebene beitreten können. Denken Sie dabei nicht nur an den Beratungs- und Informationsservice, den diese Verbände ihren Mitgliedern anbieten. Genauso wichtig sind die vielen persönlichen Kontakte, die Sie auf den Verbandsversammlungen oder Sitzungen von Ausschüssen anknüpfen können. Es gehört zum guten Stil der meisten Verbände, dass die Verbandsmitglieder Erfahrungen austauschen und sich auch gegenseitig helfen. Ohne Mitgliedschaft in einem Verband ist das kaum möglich. Die wichtigsten Verbände für den Außenhandel sind:

Bundesverband des Deutschen Exporthandels e. V. (BDEx), www.bdex.de,
Bundesverband Großhandel, Außenhandel e. V. (BGA), www.bga.de
Centralvereinigung Deutscher Wirtschaftsverb. für Handelsverm., www.cdh.de

Kontaktaufnahme über eine Verbandszeitschrift
Dear Sirs, As an import company of electronic components we are looking for reliable companies, producing similar products in Taiwan. We would greatly appreciate your supplying us with names and addresses of appropriate companies. Please publish a notice of our interest in your next commerce bulletin. We are interested in receiving quotations from manufacturers of electronic components. Please send your best offer to: Bauelemente GmbH, Rüdigerweg 9, D-20423 Hamburg. randolf@elektro-elemente.de Yours faithfully

Ländervereine

Ländervereine sind branchenübergreifende Organisationen der deutschen Wirtschaft. Sie sehen ihre Aufgabe darin, die Handels- und Wirtschaftskontakte zu bestimmten Regionen der Welt zu fördern und zu pflegen. Ihre engen Kontakte zu in- und ausländischen Verbänden, Kammern, Behörden, diplomatischen Vertretungen und Forschungseinrichtungen helfen, Probleme im Interesse ihrer Mitglieder zu lösen.

Afrika-Verein e. V., www.afrikaverein.de
Australien-Neuseeland-Verein e. V., www.oav.de
Nah- und Mittelost-Verein e. V., www.numov.org
Ostasiatischer Verein e. V. (OAV), www.oav.de
Ibero-Amerika-Verein e. V., www.lateinamerikaverein.de

Internationale Handelsförderstellen

Es gibt kein größeres Land, das nicht eigene Einrichtungen zur Förderung der Exportwirtschaft unterhält. Viele von ihnen sind mit eigenen Niederlassungen in Deutschland vertreten. Eine ihrer wichtigsten Aufgaben ist es, deutschen Unternehmen Handelskontakte zu vermitteln. Hier eine kleine Auswahl bekannter Handelsförderstellen:

- *Asiaguide, www.asiaguide.com*
- *Korea Trade Center-KOTRA, www.koreatradecenter.nl*
- *Business in Asia, www.business-in-asia.com*

- *Hongkong Trade Development Council (HKTDC), www.hktdc.com*
- *Singapore Trade Development Board STDB, www.iesingapore.com*
- *Commerce Business Daily USA, www.govcon.com*
- *JETRO (Japan External Trade Organization), www.jetro.de*

Einige dieser Organisationen geben periodisch erscheinende Warenkataloge heraus, die vom Umfang her mit den Katalogen der großen Versandgeschäfte vergleichbar sind. Dazu ein Beispiel: Unter der Internet-Anschrift www.hktdc.com finden Sie eine der bekanntesten Handelsförderstellen der Welt, das „Hongkong Trade Development Council" (HKTDC). Das HKTDC ist eine staatliche Organisation zur Förderung des weltweiten Handels mit Hongkong. Es ist in allen bedeutenden Wirtschaftszentren der Welt vertreten und bietet über dieses Netz umfangreiche Dienstleistungen und Informationen an, um Unternehmen wirkungsvoll am Handel mit Hongkong zu unterstützen.

Wenn Sie am Handel mit Hongkong bzw. China interessiert sind, fordern Sie als Erstes den umfangreichen Warenkatalog „Hongkong Enterprise" oder einen der vielen Spezialkataloge an.

Suchmaschinen

Es gibt Suchmaschinen für einzelne Länder, für jede größere internationale Wirtschaftsregion und für die ganze Welt. Hier können Sie Ihre eigenen Waren anbieten und gezielt nach Lieferanten für Ihre Waren suchen. Viele dieser Suchmaschinen verfügen über umfassende mehrsprachige Suchwörterverzeichnisse, sodass die Handhabung relativ einfach ist.

Nachfolgend finden Sie einige bekannte deutsche Adressbuchverlage, die kostenpflichtige Suchmaschinen zum Suchen von Lieferanten anbieten. Überlegen Sie sich, ob ein Eintrag für Sie sinnvoll ist.

- *Unternehmensgruppe ABC-Verlagshaus, www.abconline.de*
- *Seibt-Verlag GmbH, www.seibt.com*
- *Wer liefert was? GmbH, www.wlw.de*
- *Verlag Hoppenstedt GmbH, www.hoppenstedt.de*

Für Ihre Marktanalysen sind auch die vielen internationalen Suchmaschinen von großem Interesse (siehe Anhang 2: „Informationsquellen Außenhandel"). Vielleicht starten Sie gleich mal mit Alibaba, dem weltweit größten Online-Business-to-Business-Marktplatz. Hier werden Millionen von Käufern und Lieferanten auf der ganzen Welt miteinander verbunden. Ein Eintrag in dieses Portal kann sich positiv auf die Entwicklung Ihres Unternehmens auswirken.

- *Alibaba, www.alibaba.com*

- *Manufacturers and Suppliers Directory, www.manufacturersupplier.com*
- *Thomas Register Directory, www.thomasnet.com*
- *Business to Business Marketplace, www.tradekey.com*

Starten Sie via Internet

Alle Informationsquellen, die Sie bis jetzt kennengelernt haben, können Sie sehr kostengünstig und schnell via Internet mit Ihrem PC erschließen. Nutzen Sie diese Quellen, während Sie mit meinem Ratgeber arbeiten. Vielleicht klicken Sie gleich mal www.ixpos.de oder die Suchmaschine www.alibaba.com an.

Sind Sie auf ein interessantes Angebot gestoßen, schauen Sie sich das Unternehmen im Internet an. Können Sie sich eine Zusammenarbeit mit ihm vorstellen, bitten Sie per E-Mail um die Zusendung von Informationsmaterial.

Diese E-Mail-Antwort kann der Start Ihres Importgeschäftes sein

Dear Sir,

According to your website your company is producing for export high quality hand-made lady-shoes in a variety of natural leathers. My company has a steady demand for these kinds of shoes.

Could you please send a copy of the shoe-catalogue, with details of the prices and terms of payment and some samples of the various skins used for the shoes.

Information about my company is provided in my website.

I look forward to hearing from you.

Thank you! Best regards

Starten Sie mit Messebesuchen

Messen und Ausstellungen dienen der Förderung des internationalen Handels und werden daher von in- und ausländischen Unternehmen zur Präsentation ihrer Waren gerne genutzt. Nirgends sonst treffen so viele potenzielle Geschäftspartner auf einem so engen Raum zusammen, wie auf diesen Marktveranstaltungen. Es ist deshalb die beste und kostengünstigste Art, internationale Geschäftsbeziehungen anzuknüpfen. Hier können Sie Waren begutachten, Preisvergleiche anstellen und sich über Vertragsbedingungen informieren.

In Deutschland finden viele weltweit führende Messen statt. Das deutsche Messewesen wird im In- und Ausland vom Ausstellungs- und Messe-Ausschuss der Deutschen Wirtschaft e. V. (AUMA) vertreten. Dieser Ausschuss

- informiert Aussteller und Besucher über Termine, Angebote und die wichtigsten Kennzahlen ausländischer Messen,
- berät Interessenten bei der Vorbereitung und Durchführung von Auslandsmessebeteiligungen,
- koordiniert die Auslandsmessebeteiligungen der deutschen Wirtschaft,
- ist Mitveranstalter der Auslandspräsentation der deutschen Wirtschaft.

Messen sind nicht nur Spiegel der Märkte, sie bieten darüber hinaus die Möglichkeit, sich im persönlichen Gespräch mit kompetenten Ausstellern und Besuchern umfassend über die bestehenden Absatzchancen und Vertriebswege zu informieren. Die im Außenhandel so wichtige direkte, persönliche Kommunikation, Vermittlung von Emotionen und Ansprache aller Sinne ist auf Messen zu vertretbaren Kosten gewährleistet.

Kontaktaufnahme nach einem Messebesuch

Dear Ms Hunter,

Having recently visited your booth at the International Fair in Hannover, I was interested to see that you produce some very innovative portable auto racks.

We are importers of all quality auto parts and feel there is a promising market for your type of product. Could you please send us further details on "Vacu-Rack" and also an example of your current catalogue showing prices and colour ranges?

Hoping to hear from you soon, I remain

Yours faithfully

Wollen Sie den ersten Fuß in einen fremden Markt setzen, ist die Beteiligung an Auslandsmessen in vielen Fällen immer noch die Nummer eins. Um dabei zum gewünschten Erfolg zu kommen, muss die Auswahl der Messe gründlich vor- und nachbereitet werden. Als Einstieg bietet sich die Teilnahme an einem Gemeinschaftsstand auf einer Auslandsmesse an. Hier können Sie sehr schnell erste Kundenkontakte knüpfen und Erfahrungen über die Marktstellung Ihrer Waren sammeln. Die Informationen, wo und wann solche Messen mit Gemeinschaftsständen aus Ihrem Fachbereich stattfinden, erhalten Sie vom Ausstellungs- und Messeausschuss e. V. (www.auma.de) oder von Ihrer Industrie- und Handelskammer.

Die Kosten einer Messebeteiligung werden von den meisten Unternehmen als das größte Problem angesehen. Die tatsächlichen Kosten werden jedoch oft überschätzt, weil die finanziellen Fördermöglichkeiten der Bundesrepublik Deutschland und der Länder ebenso unbekannt sind wie die kostensparende Beteiligung an Gemeinschaftsständen. Auch wird oft übersehen, dass auf vielen

Messen Waren verkauft werden können. Die damit erzielten Erlöse können die Kosten für die Messebeteiligung leicht übertreffen.

Kommt für Sie ein Messebesuch aus Kostengründen noch nicht infrage, lassen Sie sich vom Veranstalter den entsprechenden Messekatalog zuschicken. Nach Namen und Produkten sortiert, finden Sie hier alle Aussteller aus dem In- und Ausland. Unter Bezugnahme auf die Messe können Sie dann mit den Unternehmen Kontakt aufnehmen.

Ausstellungs- und Messeausschuss e.V. (AUMA), www.auma.de

Ausschreibungen (englisch: Tender)

Als Sprungbrett ins internationale Geschäftsleben bietet sich die Beteiligung an öffentlichen Ausschreibungen an. Es sind meistens von öffentlichen Stellen veranlasste Ankündigungen, dass Lieferungen oder Leistungen zu vorgegebenen Bedingungen in Auftrag gegeben werden sollen. Die Bedingungen werden von der ausschreibenden Stelle in Lastenheften zusammengefasst, die oft einen Umfang von mehreren Hundert Seiten haben.

Ausschreibende Stellen sind staatliche, halbstaatliche, kommunale und öffentliche Betriebe und internationale Organisationen wie die Europäische Union, die NATO, die Vereinten Nationen und die Weltbank. Zweck der Ausschreibung ist es, das günstigste Angebot herauszufinden. Bei der Bundesagentur für Außenwirtschaft laufen Informationen über Ausschreibungen internationaler Vergabestellen zusammen. In der Europäischen Union müssen öffentliche Aufträge, die über einem bestimmten Auftragswert liegen, EU-weit ausgeschrieben werden.

Öffentliche Ausschreibungen sind deshalb eine interessante Möglichkeit für den Einstieg ins Exportgeschäft, weil sie praktisch kein Zahlungsausfallrisiko enthalten. Hinzu kommt noch der Imagegewinn: Hat beispielsweise ein junges Ingenieurunternehmen für ein ausländisches Staatsunternehmen eine Dienstleistung vertragsgemäß und vielleicht noch etwas besser erbracht, ist das eine hervorragende Referenz. Die Erfahrung zeigt, dass einmal geöffnete Kanäle sich gut weiter nutzen lassen.

Öffentliche, europaweite Ausschreibungen: www.ted.eur-op.eu.int
Liste von Auftragsberatungsstellen, www.vergabe.de

* * * * * * *

Kapitel 4: Von der Anfrage zum Kaufvertrag

Gängige Exportgeschäfte, bei denen es um die Lieferung von Waren geht, lassen sich gedanklich in eine Vorbereitungs-, eine Abwicklungs- und eine Nachbereitungsphase unterteilen. Dahinter verbergen sich folgende Sachgebiete:

1. **Vorbereitungsphase:** Kontaktaufnahme, Warenanfrage, Angebotsauswertung, Vertragsverhandlung, Prüfung von eventuellen Einfuhrbeschränkungen, Bestellung, Auftragsbestätigung bzw. Vertragsabschluss.
2. **Abwicklungsphase:** Finanzierung, Zahlungsabwicklung, Verpackung, Transport, Versicherung, Zollabwicklung; Wareneingangskontrolle.
3. **Nachbearbeitungsphase:** Gewährleistung, Kostenkontrolle.

Die Vorbereitungsphase eines Exportgeschäftes endet in der Regel mit dem Abschluss eines Kaufvertrages. In dieser Phase sind Sie als Exporteur oder Importeur frei und können Einfluss auf die Gestaltung des Geschäftes nehmen. Das ist in der Abwicklungs- und Nachbearbeitungsphase kaum noch möglich; hier sind Exporteur und Importeur an vertragliche Vereinbarungen und an Gesetze gebunden.

zu 1: Vorbereitungsphase

Die Vorbereitungsphase vieler Außenhandelsgeschäfte läuft nach folgendem Schema ab: Nach der ersten Kontaktaufnahme erhält der Exporteur eine Warenanfrage vom Importeur. Der Exporteur prüft die Anfrage, erstellt eine Vorkalkulation und stellt sicher, dass es keine Ausfuhrbeschränkungen gibt. Auf der Grundlage dieser Daten erstellt er das Angebot und schickt es an den Importeur. Nimmt dieser jetzt das Angebot mit einer Bestellung an, ist rechtlich gesehen ein Kaufvertrag entstanden und damit die erste Phase des Auslandsgeschäftes abgeschlossen. Bestätigt der Exporteur die Bestellung noch mit einer Auftragsbestätigung, ist das nach dem Vorsichtsprinzip zwar geboten, rechtlich aber nicht erforderlich.

In der Praxis ist es manchmal schwer, Anfragen, Angebote, Bestellungen und Auftragsbestätigungen rechtlich sauber voneinander zu trennen. Ich würde an Ihrer Stelle aber großen Wert darauf legen, wie es übrigens alle großen Außenhandelsunternehmen tun: Das Vermischen dieses Schriftverkehrs, oft noch um zusätzliche Faxe, E-Mails und Telefonate erweitert, ist vielfach in der Nachbearbeitungsphase die Ursache für Streitigkeiten zwischen Importeuren und Exporteuren.

Am häufigsten sind Meinungsverschiedenheiten bei Art und Beschaffenheit einer Ware, weil diese trotz des umfangreichen Schriftverkehrs – oder gerade

Vertragliche Abwicklung eines Exportgeschäftes (gegen offene Rechnung)

Vorgang	Bezeichnung		Rechtliche Bedeutung		
„Special Fish Ltd." (Importeur) fragt bei der „Harmsen GmbH" (Exporteur) die Preise und Bedingungen zur Lieferung von Fischkonserven an.	**Anfrage**	Vorbereitungsphase	**keine**		
„Harmsen GmbH" bietet der „Special Fish Ltd." die Fischkonserven an.	**Angebot**	Vorbereitungsphase	**Antrag**	**Vertragsabschluss**	**Verpflichtungsgeschäft**
„Special Fish Ltd." bestellt die Fischkonserven gegen offene Rechnung bei der „Harmsen GmbH".	**Auftrag** (Bestellung)	Vorbereitungsphase	**Annahme**	**Vertragsabschluss**	**Verpflichtungsgeschäft**
„Harmsen GmbH" schickt „Special Fish Ltd." die Auftragsbestätigung zur Lieferung der Fischkonserven.	**Auftragsbestätigung** (Bestellannahme)	Vorbereitungsphase	In diesem Fall keine rechtliche Bindung		
„Harmsen GmbH" liefert die Fischkonserven an eine Spedition aus, die sie der Special Fish Ltd. ausliefert.	**Übergabe** des Kaufgegenstandes	Abwicklungsphase	**Vertragserfüllung** durch den Exporteur		**Erfüllungsgeschäft**
Gleichzeitig werden der „Special Fish Ltd." die Frachtdokumente ausgehändigt.	**Übereignung**	Abwicklungsphase	**Vertragserfüllung** durch den Exporteur		**Erfüllungsgeschäft**
Die „Special Fish Ltd." nimmt die Dokumente und Fischkonserven gegen Unterschrift entgegen.	**Annahme** des Kaufgegenstandes	Abwicklungsphase	**Vertragserfüllung** durch den Importeur		**Erfüllungsgeschäft**
Am folgenden Tag überweist die „Special Fish Ltd." den Kaufpreis an die „Harmsen GmbH".	**Zahlung** des Kaufpreises	Abwicklungsphase	**Vertragserfüllung** durch den Importeur		**Erfüllungsgeschäft**

Verpflichtungs- und Erfüllungsgeschäft eines Kaufvertrages

deshalb – oft nicht eindeutig genug beschrieben wird. Neben einer eindeutigen Warenbeschreibung muss unmissverständlich vereinbart werden,

- wer für den Transport (Kapitel 6: „Lieferbedingungen (Incoterms)“) und wer für die Verzollung zuständig ist,
- welche Dokumente der Exporteur liefern muss (Kapitel 10: „Dokumente im Außenhandel“) und
- wie und wann der Importeur seine Zahlung leisten muss (Kapitel 7: „Zahlungsbedingungen“; Kapitel 8: „Internationaler Zahlungsverkehr“).

Diese Themen sind in der Vorbereitungsphase sehr sorgfältig zu bearbeiten, denn davon ist der Erfolg oder Misserfolg eines Außenhandelsgeschäftes abhängig.

Für viele Außenhändler ist die Anbahnung der ersten Geschäftskontakte das bedeutendste Ereignis in der Vorbereitungsphase. Wenn Sie in dieser Phase die wichtigsten Informationsquellen (siehe Kapitel 3: „Informationsquellen und Start“) systematisch nutzen, ersparen Sie sich später so manche Enttäuschung. Bei der Anbahnung empfehle ich Ihnen, folgende drei Grundsätze zu beachten:

1. Bemühen Sie sich von Anfang an um den Aufbau von langfristigen Geschäftsbeziehungen.
2. Soweit es möglich ist, benutzen Sie die englische Sprache oder die Sprache Ihres Geschäftspartners.
3. Machen Sie sich mit der Mentalität Ihrer Geschäftspartner vertraut und sammeln Hintergrundinformationen über ihn selbst, seine Branche und sein Heimatland.

zu 2: Abwicklungsphase

Nach dem Zustandekommen des Kaufvertrages ist er in der Abwicklungsphase von beiden Parteien zu erfüllen. Dazu muss der Exporteur die Ware übergeben und der Importeur den vereinbarten Kaufpreis bezahlen. Diese Vorgänge werden juristisch als Erfüllungsgeschäfte bezeichnet. Wer für die Transportversicherung, den Transport und für die Verzollung zuständig ist, ergibt sich aus der vereinbarten Incoterm (Kapitel 6: „Lieferbedingungen (Incoterms)“). Der Transport findet seinen Abschluss mit der Wareneingangskontrolle, die sorgfältig uns zügig durchgeführt werden muss.

Ein guter Rat: Fassen Sie die Auftragsabwicklung nicht als eine Kette von Aufgaben auf, die nacheinander und ohne Bezug zueinander abzuwickeln sind. Sehen Sie vielmehr jede Einzelentscheidung in ihrer Auswirkung auf die Entscheidungen zu anderen Sachgebieten und den damit verbundenen Kosten.

Wichtig ist, dass Sie die Gesamtkosten des Versands und Transports unter Berücksichtigung der Vertragsbedingungen möglichst niedrig halten. Dabei ist es durchaus vertretbar, bei einzelnen Posten höhere Kosten zu akzeptieren, wenn so die Gesamtkosten gesenkt werden.

Für die Abwicklung beispielsweise Ihrer ersten Exportaufträge empfehle ich Ihnen, sich persönlich um die folgenden Themen zu kümmern:

- Wahl des Transportsystems und der Wahl der Exportverpackung,
- Sicherstellung der verlangten Markierung der Exportsendung,
- Optimierung der Versand- und Transportkosten,
- Sicherstellung der Versicherung der Exportsendung,
- Auswahl der Spedition und Erstellung der Versand- und Transportdokumente.

Sie sammeln damit Erfahrungen und lernen vor allem die Menschen persönlich kennen, die hinter diesen Dienstleistungen stehen. Kommt es wirklich mal zu einer Panne, ist die persönliche Bereinigung zwischen zwei Geschäftspartnern immer noch am wirkungsvollsten und am kostengünstigsten.

zu 3: Nachbearbeitungsphase

In der Nachbearbeitungsphase eines Außenhandelsgeschäftes geht es im Wesentlichen um die Bearbeitung von möglichen Sachmängeln. Diese liegen dann vor, wenn der Liefergegenstand einen Fehler aufweist, d. h. der Exporteur nicht vertragsgemäß geliefert hat. Bei gängigen Außenhandelsgeschäften ist es international üblich, dass Ersatz geliefert wird. Weitergehende Rechte wie Schadensersatz, Rückgängigmachung des Kaufes (Wandlung) oder Herabsetzung des Kaufpreises (Minderung) sind bei umfangreichen Liefergeschäften und im Anlagengeschäft (hochwertige Maschinen, Industrieanlagen) üblich, müssen aber im Kaufvertrag vereinbart worden sein.

Ein oft vernachlässigter Teil der Nachbearbeitungsphase ist die wirtschaftliche Kontrolle eines Außenhandelsgeschäftes. Wenn Sie noch kein sicheres Gefühl für Ihre Zahlen haben, empfehle ich Ihnen, für jedes größere Außenhandelsgeschäft eine Vorkalkulation zu erstellen. Ist das Geschäft abgeschlossen, erstellen Sie eine Nachkalkulation und vergleichen diese mit Ihrer Vorkalkulation. So werden Sie schnell feststellen, welche Kosten Sie möglicherweise zu niedrig angesetzt oder ganz bei der Vorkalkulation vergessen haben.

Nachdem Sie die Abwicklung eines Auslandsauftrages kennengelernt haben, bespreche ich jetzt die wichtigsten Dokumente der Vorbereitungsphase. Das sind

a. die Warenanfrage,
b. das Angebot,
c. die Kundenbestellung und
d. die Auftragsbestätigung.

a. Die Warenanfrage

Mit einer Warenanfrage wendet sich ein Importeur an einen Exporteur mit der Bitte, ihm bestimmte Waren zu bestimmten Vertragsbedingungen anzubieten. Der Importeur geht mit der Warenanfrage keine rechtlichen Bindungen ein.

Die traditionelle Warenanfrage auf einem gedruckten Geschäftsbrief ist im Zeitalter des „Electronic Business“ kaum noch zu finden. Heute bieten die meisten Exporteure ihre Waren in Online-Shops an oder sie stellen Online-Portale bereit, mit denen Interessenten Warenanfragen selbst erstellen können.

Online-Shop
Wenn Bernd Harmsen neue Waren sucht, gibt er beispielsweise „canned fish“ bei Alibaba oder anderen Suchmaschinen ein. Es werden ihm jetzt die Online-Shops von Tausenden Exporteuren aufgelistet, die Fischkonserven anbieten. Zusammen mit Firmendetails und einer genauen Warenbeschreibung gehören zum Angebot Preise, Liefertermine, Mindestbestellmengen und die Zahlungs- und Lieferbedingungen. Die meisten Exporteure bieten in einem Textfeld Importeuren die Möglichkeit an, eine genaue Warenanfrage an sie zu senden.

Dieses wird von Bernd Harmsen regelmäßig genutzt: Mit einem bereits formulierten Textbaustein stellt er sich mit seinem Unternehmen kurz vor, verweist auf eventuell bereits bestehende Geschäftsverbindungen und präzisiert noch einmal seine Anfrage. Seine Bitte um Gewährung eines Rabattes verdeutlicht, dass er mit den angebotenen Preisen nicht einverstanden ist. In der Regel werden ihm Rabatte gewährt.

Online-Warenanfrage
Es gibt Unternehmen, die bieten weltweit ein so breites Sortiment von beispielsweise Metall- und Kunststoffteilen an, dass es nicht in einem Online-Shop darstellbar ist. Über Auswahlmenüs kann der Importeur seine Suchanfrage soweit präzisieren, dass ihm die infrage kommenden Waren schließlich in Listen angezeigt werden. Hier kann er dann die Ware auswählen und in das Portal „Warenanfrage“ verschieben. Zusammen mit weiteren Angaben des Importeurs reicht ein Klick und die Warenanfrage befindet sich beim Importeur, der sie in der Regel zügig beantworten wird.

Checkliste: Die wichtigsten Punkte einer Warenanfrage

In dieser Checkliste sind die wichtigsten Bestandteile einer Warenanfrage zusammengestellt.

Angebotsbestandteil	Erforderliche Angaben
Waren-beschreibung	• Warenart und Qualität, • Arbeitsweise, Leistungsnormen, • Maße, Gewichte, • Art der Verkaufs- und Versandverpackung.
Liefermenge	• Stück- oder Mengenangaben; dabei ist auf genaue Angaben oder Hinweise bezüglich der zulässigen Toleranzen bei der Lieferung hinzuweisen.
Preise	• Einzel- oder Gesamtpreis, • Zahlungswährung, • Preisgleitklausel, • Währungsklausel oder Währungsoption, Rabatte, Skonti und sonstige Nachlässe.
Lieferbedingung	• Angabe der gewünschten Incoterm.
Zahlungs-bedingungen	• Genaue Angabe der Zahlungsbedingung, • Zeitpunkt und Ort der Zahlung, • Zahlungssicherungen: Akkreditiv, „Dokumente gegen Zahlung“ (auch Dokumenten-Inkasso genannt), Akzept, Garantien.
Liefertermin bzw. Lieferfrist	• Angabe des Lieferzeitpunktes ab Lager, ab Werk, • (unverbindliche) Angabe der Versanddauer, • Möglichkeit von Teillieferungen.
sonstige Ange-botsbedingungen	• Gerichtsstand, Erfüllungsort, anwendbares Recht, • Allgemeine Geschäftsbedingungen, • Schiedsgerichtsklausel.

Dieses Verfahren findet auch bei allen Waren Anwendung, die sehr erklärungsbedürftig sind. Wir alle kennen es aus dem Automobil- und Maschinenbau.

Ohne „Online-Shop“
Es gibt Unternehmen, die weisen in ihrem Online-Auftritt darauf hin, dass sie aufgrund der großen Vielfalt und des sich ständig ändernden Sortiments auf einen Online-Shop verzichten. Auch wenn Warenanfragen jederzeit per E-Mail und Fax abgegeben werden können, seien Sie bei diesen Exporteuren vorsichtig. Erfahrungsgemäß verbergen sich dahinter keine erfahrenen Exporteure mit einer ansprechenden Firmengeschichte.

Online-Shops und Online-Portale erwecken oft den Eindruck, dass der Besucher die vorgegebenen Bedingungen anerkennen muss. Lassen Sie sich davon nicht beeindrucken und stellen Sie ruhig die Bedingungen, zu denen Sie bereit sind, die Waren zu bestellen. Orientieren Sie sich dabei an der „Checkliste: Die wichtigsten Punkte einer Warenanfrage“.

Erwarten Sie von einem Exporteur Leistungen, die nicht allgemein üblich sind, müssen diese sehr genau beschrieben werden, denn solche Leistungen können einen Angebotspreis erheblich beeinflussen. Dabei ist folgender Grundsatz zu beachten: Je genauer eine Warenanfrage formuliert wurde, desto klarer kann der Exporteur sein Angebot abgeben.

b. Das Angebot

Beantworten Sie als Exporteur eine Warenanfrage mit einem Angebot, bringen Sie damit Ihre Bereitschaft zum Ausdruck, mit dem Anfragenden einen Kaufvertrag abzuschließen. Ein Angebot ist also eine an eine bestimmte Person (Importeur) gerichtete Willenserklärung, Waren zu den angegebenen Bedingungen zu liefern. Für Angebote gibt es keine Formvorschriften.

Individuelle Angebote, die bei Ihnen als Antworten auf briefliche oder elektronische Anfragen erstellt werden, bestehen in der Regel aus einem Begleitschreiben und dem eigentlichen Angebot. Stellen Sie in dem Begleitschreiben Ihr Unternehmen kurz vor und gehen kurz auf Ihr Angebot ein. Dabei ist es besonders wichtig, dass Sie dem Interessenten den Nutzen Ihrer Waren deutlich machen und die Preisstellung entsprechend kommentieren. Nur der Nutzen bestimmt den Wert Ihrer Waren und nur dafür bezahlt der Kunde einen Preis, nie für die Ware selbst. Der Nutzen kann beispielsweise im Sparen von Kosten, Zeit oder andere Ressourcen liegen oder im Gewinnen von Komfort, Sicherheit und Ansehen.

Betonen Sie auch die Vorteile, die Ihre Waren von der Konkurrenz unterscheiden, ohne diese namentlich zu nennen. Ideal ist es, wenn Sie schon Waren in das Land geliefert haben und Referenzen nennen können. Fragen Sie aber vorher Ihren Kunden, ob Sie ihn als Referenzkunden angeben dürfen. Viele wünschen nämlich nicht, dass ihre Bezugsquellen bekannt werden. Als Anlage zu dem Schreiben fügen Sie dann das Angebot bei.

Liefertermin bzw. Lieferzeitraum

Der Liefertermin ist für jeden Importeur von großer Bedeutung. In vielen Fällen ist er neben dem Preis ausschlaggebend, ob ein Importeur eine Bestellung vergeben wird oder nicht. Natürlich sind Sie als Exporteur verpflichtet, den vereinbarten Liefertermin strikt einzuhalten.

Haben Sie im Kaufvertrag die Lieferung innerhalb eines festgelegten Lieferzeitraums vereinbart, können Sie gemäß UN-Kaufrecht jederzeit innerhalb dieses Zeitraums liefern. Die Lieferung ist selbst dann noch rechtzeitig, wenn sie erst am letzten Tag des Zeitraums erfolgt. Hat sich der Importeur allerdings die Angabe eines Liefertermins innerhalb des Zeitraums vorbehalten, müssen Sie sich daran halten.

Unter bestimmten Voraussetzungen gestattet Ihnen das UN-Kaufrecht (Artikel 48), eine Lieferung später als zum vereinbarten Liefertermin vorzunehmen. Dieses sogenannte „Recht der zweiten Anlieferung" steht Ihnen fast immer zu. Sie haben dabei die überaus vorteilhafte Möglichkeit, Fehler bei der Lieferung zu korrigieren und etwaige Ansprüche des Importeurs, beispielsweise auf Senkung des Kaufpreises oder Schadensersatz, abzufangen.

Bei der Vereinbarung von Lieferterminen sind auch die Zahlungsbedingungen zu berücksichtigen. Wurde beispielsweise die Lieferung gegen ein Akkreditiv vereinbart, kann die Bestellung erst bearbeitet werden, wenn das Akkreditiv eröffnet worden ist.

Befristung von Angeboten

Grundsätzlich können Angebote unverbindlich, fest oder befristet sein. Um spätere Missverständnisse zu vermeiden, achten Sie auf eine klare Angabe über die zeitliche Gültigkeit Ihrer Angebote; die Rechtsfolgen sind je nach Art des Angebotes sehr unterschiedlich.

Bei einem unverbindlichen Angebot können Sie Preise, Liefer- und Zahlungsbedingungen im Falle eines Auftrages einseitig ändern. Aus diesem Grunde ist ein unverbindliches Angebot für den Importeur meistens nur von begrenztem Wert. Dagegen sind bei einem Festangebot Preise, Liefer- und Zahlungsbedingungen verbindlich. Erhalten Sie eine Bestellung, müssen Sie „wie angeboten"

Checkliste: Prüfung eines Angebotes

1. Stimmt der Inhalt der Kundenanfrage mit Ihrem Angebot überein?
2. Haben Sie geprüft, ob Ausfuhrbestimmungen für Ihre Exportwaren zu beachten sind?
3. Sind von der Norm abweichende Einfuhrvorschriften des Empfangslandes beachten?
4. Werden vom Empfangsland besondere Anforderungen an Exportdokumente gestellt?
5. Können Sie die genannten Liefertermine auch wirklich einhalten?
6. Haben Sie die Bonität und den Ruf Ihres Kunden geprüft? Haben Sie sich Referenzen über die Auslandshandelskammer geben lassen?
7. Haben Sie eindeutig festgelegt, wie Ihre Exportsendung zu markieren ist, auf welchem Transportweg sie zu befördern ist, welche Verpackungsart und welches Transportmittel zu nehmen ist und an welchem Datum der Versand erfolgen soll?
8. Haben Sie den Versand Ihrer Exportware bezüglich der Übergabe und des Abschlusses der Transportversicherung gut vorbereitet?
9. Haben Sie geprüft, ob es irgendwelche Probleme bei der Beschaffung der Versand- und Versicherungsdokumente geben kann?
10. Haben Sie mit Ihrer Bank vorab die Zahlungsbedingungen „Dokumente gegen Zahlung“ und „Dokumenten-Akkreditiv“ abgestimmt? Bei Erstaufträgen darf darauf nicht verzichtet werden.
11. Haben Sie mit Ihrer Spedition die Zollabfertigung im In- und Ausland abgestimmt?

liefern. Sie haben nicht die Möglichkeit, zwischenzeitlich eingetretene Kostensteigerungen durch höhere Preise auszugleichen.

Mit einem befristeten Angebot vermeiden Sie die mit dem Festpreisangebot verbundenen Risiken: Sie sind an Ihr Angebot nur während eines von Ihnen gewählten Zeitraums gebunden. Nach internationaler Handelspraxis gilt ein Angebot je doch nur dann als befristet, wenn auf die Gültigkeitsdauer ausdrücklich hingewiesen wird.

Risiken bei Angeboten

Mit der Abgabe eines verbindlichen Angebotes gehen Sie Verpflichtungen und rechtliche Bindungen ein. Wenn Sie den Kunden noch nicht kennen oder das Gefühl haben, dass noch wesentliche Punkte des Kaufvertrages verhandelt werden müssen, ist es sinnvoll, kein verbindliches Angebot abzugeben. Dieses ist international durchaus üblich. Deshalb werden Angebote in der Regel auch mit folgenden „Freizeichnungsklauseln" versehen:

Bindefrist: „Unser Angebot ist freibleibend". „An die Preise halten wir uns bis zum ... gebunden. Im Übrigen ist das Angebot freibleibend." „Wir halten uns bis zum ... an unser Angebot gebunden."

HERMES-Vorbehalt: „Die im Angebot enthaltenen Zahlungsbedingungen gelten vorbehaltlich der Zustimmung durch die deutsche Export-Kreditversicherungs-Gesellschaft (HERMES)."

Embargovorbehalt: „Unser Angebot bzw. der Vertrag gilt bei ausfuhrgenehmigungspflichtigen Erzeugnissen vorbehaltlich der Erteilung der Genehmigung durch die zuständigen Behörden."

Lieferzeit: „Die angegebenen Lieferfristen gelten ab Werk und beginnen stets mit Erhalt der technisch und kaufmännisch vollständig geklärten Bestellung, der erforderlichen Genehmigungen und mit Eingang Ihrer Anzahlung bzw. des Akkreditivs (soweit laut Zahlungsbedingung vereinbart)."

c. Die Kundenbestellung

Der Eingang einer Kundenbestellung ist für jeden Unternehmer immer ein freudiges Ereignis, vor allem, wenn es sich um eine größere Bestellung, um einen neuen Kunden oder um eine hart umkämpfte Bestellung handelte. Bevor Sie als Exporteur die Kundenbestellung zur Ausführung freigeben, prüfen Sie noch einmal die folgenden Punkte:

Angebot: Entspricht die Bestellung auch wirklich in allen Einzelheiten Ihrem Angebot? Wenn der ausländische Kunde von sich aus andere Liefer- und Zahlungsbedingungen vorschreibt, handelt es sich – rechtlich gesehen – nicht um eine Bestellung, sondern um ein Gegenangebot, das sie als Exporteur annehmen oder ablehnen können.

Liefertermin: Kann die Bestellung auch tatsächlich innerhalb der vorgegebenen Lieferzeit ausgeführt werden? Haben Sie Zweifel, teilen Sie dieses Ihrem ausländischen Geschäftspartnern unverzüglich mit.

Risiken: Welche rechtlichen und wirtschaftlichen Risiken beinhaltet die Annahme der Kundenbestellung? Wenn es Risiken gibt, die über das normale Außenhandelsrisiko hinausgehen, müssen Ihre Mitarbeiter sie kennen. Vollkommene Information und engagierte, verantwortungsvolle Zusammenarbeit ist die Grundlage für den Erfolg im Außenhandel.

d. Die Auftragsbestätigung

Die Auftragsbestätigung ist eine Willenserklärung des Exporteurs, mit der er sich bereit erklärt, die bestellte Ware zu den angegebenen Bedingungen zu liefern. Selbst wenn ein Angebot in allen Punkten mit der Bestellung übereinstimmt, ist es aus Gründen der der Rechtssicherheit üblich, Bestellungen (bzw. Aufträge) mit einer Auftragsbestätigung zu beantworten. Der Verwaltungsaufwand dafür ist in einem zeitgemäß ausgerüsteten Büro gering, denn die für die Auftragsbestätigung erforderlichen Texte sind meistens gespeichert. Haben Sie oder Ihre Mitarbeiter für die Bestätigung keine Zeit, verzichten Sie lieber auf einen Auftrag als auf diese Mindestmaßnahme an Vorsicht.

Stellen Sie beim Vergleich der Kundenbestellung mit Ihrem Angebot Abweichungen fest, die Sie nicht anerkennen können, bleibt Ihnen nichts anderes übrig, als ein neues Angebot zu erstellen und zu hoffen, dass Ihr Kunde das Angebot annimmt.

Angebot und Akkreditiv
Beim Vergleichen des Inhaltes eines Angebotes mit dem Inhalt eines vom Importeur bestellten Akkreditivs (Zahlungsversprechen einer Bank; siehe Kapitel 7: Zahlungsbedingungen") kann es Abweichungen geben. Clever, wie nun einmal viele Importeure sind, haben sie ihrer Bank für die Eröffnung des Akkreditivs Konditionen genannt, die von den vertraglich vereinbarten abweichen. Meistens sind es nur kleine monetäre oder vertragliche Vorteile zugunsten des Importeurs, die aber schon einige Prozent vom Kaufpreis ausmachen können. Sollen Sie nun den Auftrag wegen dieser Kleinigkeiten ablehnen? In der Regel wohl nicht.

Um auf diese kleinen, im internationalen Handel aber üblichen Tricks nicht hereinzufallen, schicken Sie zusammen mit der Auftragsbestätigung eine Proforma-Rechnung an Ihren Kunden. Bitten Sie um Eröffnung des Akkreditivs ausschließlich nach den Angaben auf der Proforma-Rechnung. Es ist eine „der Form halber" ausgestellte Vorausrechnung. Sie enthält grundsätzlich die gleichen Angaben wie eine Handelsrechnung, löst aber nie eine Zahlungsverpflichtung aus.

Wiederholgeschäfte

Vor allem um Zeit zu sparen, werden Ihre ausländischen Kunden bei Ihnen Waren bestellen, denen kein Angebot zugrunde liegt. Sie beziehen sich dabei oft auf vorangegangene Geschäfte und bestellen die Ware zu den gleichen Konditionen. Dagegen ist im Prinzip nichts einzuwenden, Sie sollten aber auch in diesen Fällen nicht auf eine Auftragsbestätigung verzichten. Es sind im Wesentlichen zwei Gründe, die dafür sprechen:

Danksagung und Prüfung: Mit der Auftragsbestätigung bedanken Sie sich bei Ihrem Kunden für die Bestellung und sichern ihm eine ordnungsgemäße und termingerechte Ausführung zu.

Innerbetriebliche Erfassung: Wird mit der Erstellung der Auftragsbestätigung die Bestellung gleichzeitig EDV-mäßig erfasst und als offene Bestellung geführt, wird sie nicht verloren geht. Mit einer Kopie der Auftragsbestätigung stellen Sie sicher, dass Ihre Kundenablage auch papiermäßig komplett ist. Sie müssen immer damit rechnen, dass Ihre EDV-Daten auch mal verloren gehen.

Musterversand

Soweit es wirtschaftlich zumutbar ist, bitten Importeure um Muster. Sie dürfen sich diesen Wünschen nicht verschließen. Handelt es sich nicht um geringwertige Waren, können Sie jedoch einen Pauschalpreis für das Muster und die Transportkosten verlangen und auf Vorauskasse bestehen. Sie schützen sich damit vor Souvenirjägern, die auf allen internationalen Märkten sehr aktiv sind. Kommt es später zu einer Bestellung, haben Sie immer noch die Möglichkeit, Ihrem Kunden das geleistete Entgelt für die Mustersendung gutzuschreiben.

Um Verwechselungen zu vermeiden, versehen Sie jedes Muster mit einem großen Etikett, auf dem entsprechend dem Angebot Artikelnummer, Kurzbezeichnung und Preis angegeben sind. Denken Sie daran, dass auch Ihre Anschrift und die des Importeurs dazugehören. Ein solches Etikett kann schnell und kostengünstig mit Ihrem PC erstellt werden.

Legen Sie jeder Mustersendung eine Kopie Ihres Angebotes bei und senden das Original am besten per Luftpost. Wollen Sie die Muster nicht kostenlos abgeben, fügen Sie dem Luftfrachtbrief eine Kopie der Rechnung bei und schicken das Original an den Interessenten. Dies ist deshalb wichtig, weil die Rechnung zusammen mit dem Luftfrachtbrief in vielen Ländern als Dokument für die Verzollung der Muster benötigt wird.

* * * * * * *

Kapitel 5: Internationales Vertragswesen

Wenn es um den Export oder Import von hochwertigen Industrieanlagen oder den langfristigen Export und Import von Konsumartikeln geht, kommen Auslandsgeschäfte nicht durch ein einfaches schriftliches Angebot und seine Annahme zustande. Es werden vielmehr umfangreiche schriftliche Kaufverträge unter Mithilfe von erfahrenen Rechtsanwälten ausgehandelt und durch verbindliche Unterschriften von beiden Vertragsparteien schriftlich abgeschlossen.

Abgesehen von Rahmenverträgen, die ich am Ende dieses Kapitels besprechen werde, haben Sie es bei Ihren ersten Geschäften nicht mit diesen komplizierten Verträgen zu tun. Trotzdem empfehle ich Ihnen, die nachfolgenden Ausführungen sorgfältig zu lesen, um vor allem Ihr Wissen zum internationalen Vertragsrecht zu vertiefen. Es wird nicht lange dauern, bis Sie auf dieses Knowhow zurückgreifen müssen.

In diesem Kapitel steht der Kaufvertrag für Handelswaren im Vordergrund. Nicht besprechen werde ich Versicherungsverträge, Transportverträge und Finanzierungsverträge, die bei vielen Auslandsgeschäften neben dem Kaufvertrag zusätzlich abgeschlossen werden.

Kaufverträge im internationalen Geschäftsleben unterscheiden sich kaum von Kaufverträgen im Inlandsgeschäft. Hier wie da muss klar sein, wer die Geschäftspartner sind, welches der Vertragsgegenstand ist und welcher Preis vereinbart wurde. Wichtig dabei sind rechtlich einwandfreie Vertragsformulierungen, um so Missverständnisse zu vermeiden und einem bösen finanziellen Ende vorzubeugen.

Lässt sich ein ausländischer Partner auf Ihre berechtigten und marktüblichen Vertragsvorstellungen nicht ein, ist es besser, die Verhandlungen mit Anstand abzubrechen, als sich auf unüberschaubare Risiken einzulassen. Ich kenne Außenhändler, die durch ihre Naivität und Gutmütigkeit viel Geld verloren haben. Sie hatten mehrdeutigen Vertragsformulierungen zugestimmt und nicht damit gerechnet, dass ihr ausländischer „Partner" sie mit rücksichtsloser Härte zu seinen Gunsten auslegen würde. Gerade bei einmaligen Geschäften ist dieses Risiko besonders groß.

Fährnis zahlt sich aus!

Wenn Sie Verträge entwerfen, sie verhandeln und schließlich zum Abschluss bringen, lassen Sie sich von folgender Grundhaltung leiten: Verträge werden abgeschlossen, um sich zu vertragen, nicht um Prozesse zu führen. Deshalb müssen sie ausgewogen sein und dürfen Ihr Außenhandelsunternehmen nicht einseitig begünstigen. Letzteres führt regelmäßig zu erheblichen Spannungen mit Ihrem ausländischen Vertragspartner und endet nicht selten mit dem Abbruch einer mühsam aufgebauten Geschäftsverbindung oder gar vor Gericht.

Selbst wenn Sie das nicht zu befürchten haben, nützt Ihnen ein sehr vorteilhafter Vertrag wenig. Ärgert sich Ihr ausländischer Geschäftspartner laufend darüber ärgert, dass Sie ihn übervorteilt haben, wird er seinen Vertrag überhaupt nicht oder nur lustlos erfüllen. Die Folgen sind verspätet eingehende Lieferungen, schlampige Verpackungen und minderwertige Qualitäten. Den Schaden haben letzten Endes Sie zu tragen.

Bemühen Sie sich deshalb, mit Ihren Geschäftspartnern faire und ausgewogene Verträge auszuhandeln, von denen beide Parteien einen wirtschaftlichen Nutzen haben. Lassen Sie sich dabei von folgenden drei Grundsätzen leiten:

1. Die einzelnen Paragrafen eines Kaufvertrages sind zwischen Ihnen und Ihrem Geschäftspartner einvernehmlich zu beschließen. Je genauer Sachverhalte geklärt werden, desto weniger bleibt dem Zufall überlassen.
2. Greifen Sie am besten auf bewährte Vertragsmodule (Incoterms, Zahlungsbedingungen, ...) zurück, die es für viele Sachverhalte in mehreren Sprachen gibt. Damit sind Ihre Verträge leichter zu verstehen und es gibt bei Übersetzungen keine Probleme bei der Auslegung von Sachverhalten.
3. Alle Verträge müssen Angaben über vier grundlegende Elemente enthalten: Ware (Vertragsgegenstand), Preis, Menge, Liefer- und Zahlungsbedingung. Es gibt kein Rechtssystem, das an dieser geschäftlichen Realität rütteln kann.

Viele Unternehmer glauben, sich das Ausarbeiten von internationalen Verträgen ersparen zu können, indem sie auf Vertragsmuster befreundeter Unternehmen, Verbände oder Nachschlagwerke zurückgreifen. Werden diese Vertragsmuster nur als Leitfaden für den Entwurf eines eigenen Vertrages benutzt, ist dagegen nichts einzuwenden. Gefährlich ist es aber, wenn sie ohne individuelle Anpassung an ein besonderes Geschäft kritiklos übernommen werden. Manche Vorschriften sind für viele Geschäfte sinnlos oder für das Land des Exporteurs bzw. des Importeurs ungeeignet und manchmal sogar schädlich.

Zusammenarbeit mit Rechtsanwälten

Selbst bei ausgewogenen Verträgen und bestem persönlichen Einvernehmen zwischen Vertragspartnern lassen sich spätere Konflikte nicht ausschließen. Überlegen Sie sich dann gut, ob Sie wegen einer wirtschaftlich noch vertretbaren Ungereimtheit gleich einen Anwalt einschalten. In vielen Fällen ist es wirtschaftlicher, auf einen Gewinn zu verzichten oder sogar einen kleinen Verlust hinzunehmen, als sich lauf langwierigen Streitereien einzulassen. Bei ungewissem Ausgang dieser Prozesse kosten sie nur Arbeitskraft, Nerven und Geld.

Ein Verzeichnis ausländischer Rechtsanwälte für die Wahrnehmung von Interessen deutscher Unternehmer können Sie von der „Germany Trade & Invest“ (www.gtai.de) anfordern. Sie enthält die Adressen von Rechts- und Patentanwälten in allen europäischen Ländern. Benötigte ich mal anwaltliche Hilfe im Ausland, habe ich mich zuerst von der zuständigen Auslandshandelskammer beraten lassen. Soweit es erforderlich war, habe ich mir dann einen Anwalt genommen, der mir von Mitgliedern der Auslandshandelskammer empfohlen wurde. Damit bin ich immer bestens gefahren.

In den folgenden Ausführungen werde ich die wichtigsten Punkte internationaler Kaufverträge in der Reihenfolge besprechen, wie sie in der Tabelle „Vertragsinhalte eines Außenhandels-Vertrages“ aufgelistet wurden. Dabei bietet sich die Unterteilung in formaljuristische und kaufmännische Vertragsinhalte an. Kann bei den formal juristischen Inhalten auf viele vorformulierte Vertragsklauseln zurückgegriffen werden, so müssen bei den kaufmännischen Vertragsinhalten mehr eigene Formulierungen gefunden werden.

Das ist bei den kaufmännischen Vertragsbedingungen nicht der Fall. Hier müssen oft eigene Formulierungen gewählt werden. Auf die Liefer- und Zahlungsbedingungen gehe ich in diesem Kapitel nur kurz ein. Wegen ihrer besonderen Bedeutung im Außenhandel widme ich ihnen jeweils ein eigenes Kapitel.

Formaljuristische Vertragsinhalte

1. Vertragspartner

Der Vertrag muss neben Ihrer genauen Anschrift auch die Ihres Vertragspartners enthalten. Achten Sie auf die korrekte Firmenbezeichnung, bei der auch die Rechtsform klar wiedergegeben sein muss. AG, GmbH, Ltd. und so weiter sind wichtige Bestandteile eines Firmennamens und müssen richtig und vollständig ausgeschrieben werden.

Wird die Rechtsform im Vertrag nicht erwähnt und später auf Dokumenten wie Rechnungen und Lieferscheine falsch wiedergegeben, können sich bei der Abwicklung von Auslandsgeschäften erhebliche Schwierigkeiten ergeben. So sind Firmenverwechslungen denkbar, oder es ergeben sich Probleme bei der Verzollung oder der Aufnahme der Dokumente beim „Dokumenten-Inkasso“. Stimmt beispielsweise die Firmenbezeichnung auf der Rechnung nicht mit der im Akkreditiv genannten überein, werden die Dokumente von Banken beanstandet.

Vertragsinhalte eines Außenhandels-Vertrages	
Formaljuristische Vertragsinhalte	**Kaufmännische Vertragsinhalte**
1. Genaue Bezeichnung der Vertragspartner, 2. Anwendbares Recht, Gerichtsstand, Sprache, 3. Gewährleistung, 4. Produkthaftung, 5. Liefertermin und Lieferverzug, 6. Allgem. Geschäftsbedingungen, 7. Schiedsgerichtsbarkeit.	8. Vertragsgegenstand (präzise Warenbeschreibung), 9. Preis und Währung, 10. Lieferbedingungen (Kapitel 6), 11. Zahlungsbedingungen (Kapitel 7), 12. Mängelrügen, Reparatur- und Kundendienst, Schadensersatzbegrenzung, 13. Vertragsdauer und Kündigung.

Das kann zu Zahlungsverzögerungen oder den kompletten Ausfall von Zahlungen führen.

2. Anwendbares Recht, Gerichtsstand, Sprache

Inländische Vertragspartner unterstehen grundsätzlich dem gleichen (deutschen) Recht. Das ist bei Auslandsgeschäften anders. Hier gibt es naturgemäß zwei verschiedene Rechtsordnungen, nämlich die des Exportlandes oder die des Importlandes. Deshalb muss festgelegt werden, welches Kaufrecht auf den Vertrag anwendbar ist. Das kann das UN-Kaufrecht oder das Kaufrecht eines Landes sein. Dazu zwei Ratschläge aus der Praxis:

- Akzeptiert Ihr ausländischer Vertragspartner deutsches Recht, vereinbaren Sie mit ihm, dass auf den Vertrag ausschließlich deutsches Recht unter Ausschluss des UN-Kaufrechts Anwendung findet.
- Besteht Ihr ausländischer Vertragspartner auf der Vereinbarung des Rechts seines Staates und erwarten Sie dadurch Nachteile, treffen Sie keine Vereinbarung zum anwendbaren Recht. Dadurch kommt automatisch das UN-Kaufrecht zur Anwendung.

Gerade unter Kostengesichtspunkten ist eine eindeutige Regelung des Gerichtsstandes sehr wichtig. Bei einem ausländischen Gerichtsstand fallen schon deshalb deutlich höhere Kosten an, weil meistens ein am Gerichtsort ansässiger Anwalt beauftragt werden muss, dessen Honorar nur sehr schwer zu kontrollieren ist. Fehlt eine Vereinbarung über den Gerichtsstand, hat der jeweilige Beklagte einen Heimvorteil.

Bei der Entscheidung über den Gerichtsstand müssen Sie auch beachten, wie lange ein eventuelles Gerichtsverfahren dauern kann und ob sicher ist, dass ein Urteil auch vollstreckt werden kann. Häufig ergeben sich gerade hier erhebliche Schwierigkeiten. Deshalb wählen beispielsweise Exporteure gerne folgende Formulierung in ihren Verträgen:

„Gerichtsstand ist Hamburg. Der Exporteur ist aber berechtigt, auch bei jedem anderen zuständigen Gericht zu klagen."

Wenn Sie vergessen festzulegen, welche Sprache als maßgebliche Vertragssprache gilt, haben Sie sich häufig mit Missverständnissen auseinanderzusetzen, die sich aus unterschiedlichen Übersetzungsmöglichkeiten eines einzigen Wortes ergeben können. Deshalb ist ein Passus wie „Der deutsche Text des Vertrages ist der maßgebliche Text" als zusätzliche Sicherung wichtig. Können Sie solche Absprachen nicht durchsetzen, müssen Sie den Vertrag daran nicht scheitern lassen.

3. Gewährleistung, Haftung

Mancher Newcomer im Außenhandel versucht, bei der Gewährleistung und Haftung sehr weitgehende und sich einseitig begünstigende Freizeichnungsklauseln durchzusetzen. Hier ist Vorsicht geboten, denn in vielen Ländern sind solche Vereinbarungen unzulässig und damit rechtswidrig. So kann beispielsweise im englischen Recht eine zwischen Kaufleuten vereinbarte Haftungs-Ausschlussklausel dahin gehend von einem Gericht beanstandet werden, dass sie nicht „fair" und „reasonable" (angemessen und zumutbar) ist. Damit ist der Wert der Vertragsklausel von Anfang an infrage gestellt.

Die Entscheidung über die Dauer der Gewährleistungsfrist ist Verhandlungssache. Nach dem UN-Kaufrecht beträgt sie zwei Jahre. Beachten Sie aber die einschlägigen nationalen Beschränkungen. So gilt in Großbritannien beispielsweise für elektrische Kleingeräte eine Mindestgewährleistungsfrist von bis zu zehn Jahren. Ein Hinweis im Kaufvertrag auf Gewährleistung nach deutschem Recht wäre hier also unwirksam.

4. Produkthaftung

Nach internationalem Verständnis sind Sie als Exporteur dafür verantwortlich, dass Ihre Exportwaren frei von Mängeln sind und vor allem Dritte durch sie nicht geschädigt werden dürfen. Wollen Sie die Folgen dieser Haftung (Rechtskosten, Schadensersatz, Schmerzensgeld), die als Produkthaftung bezeichnet wird, vertraglich auf den ausländischen Importeur abzuwälzen, werden Sie damit keinen Erfolg haben. Sie müssen immer damit rechnen, dass inländische und ausländische Gerichte einen Ausschluss der Produkthaftung für Ihre Exportwaren verwerfen werden.

Umgekehrt sind Sie als Importeur dafür verantwortlich, dass Ihre Importwaren, die Sie in Deutschland verkaufen, frei von Mängeln sind und Dritte durch sie nicht geschädigt werden. Beabsichtigen Sie für eventuelle Folgen der Produkthaftung den Exporteur verantwortlich zumachen, werden Sie damit oft scheitern. Es gelten im übertragenen Sinn die Ausführungen des vorangegangenen Abschnitts.

5. Liefertermin und Lieferverzug

In jedem Außenhandels-Vertrag muss der Liefertermin unmissverständlich vereinbart werden. Gewähren Sie eine Lieferfrist, kann die Lieferung jederzeit innerhalb dieser Frist erfolgen. Wenn auch in vielen Ländern Liefertermine wesentlich großzügiger gehandhabt als in Deutschland, so gilt das für Sie nicht. Sie müssen Ihre Zuverlässigkeit durch strikte Einhaltung vereinbarter Liefertermine ständig unter Beweis stellen.

Aus den unterschiedlichsten Gründen lässt sich manchmal ein Lieferverzug nicht vermeiden. Deshalb ist es wichtig, dass Sie für diesen Fall eine eindeutige Regelung vereinbaren, welchen Verzugsschaden Ihr ausländischer Kunde bei Ihnen geltend machen kann. Für unvorhergesehene Hindernisse (höhere Gewalt) wie Streiks, Krieg oder Naturkatastrophen sind Verzugsschäden grundsätzlich in einem Außenhandels-Vertrag auszuschließen.

6. Allgemeine Geschäftsbedingungen (AGB)

Im Geschäftsleben ist es nicht immer möglich, die Pflichten und Rechte von Käufer und Verkäufern bei jedem Kauf neu auszuhandeln. Deshalb haben fast alle Unternehmen Bedingungen in schriftlicher Form festgelegt, zu denen sie bereit sind, Waren einzukaufen. Diese so genannten „Allgemeine Geschäftsbedingungen (AGB)“ sind meistens auf der Rückseite von Angeboten, Bestellungen, Auftragsbestätigungen und Rechnungen abgedruckt oder sie werden diesen als Anlage beigefügt. Sie enthalten in der Regel neben den formaljuristischen Vertragsinhalten noch folgende Punkte:

- Lieferbedingungen,
- Zahlungsbedingungen,
- Folgen von Leistungsstörungen:
  - mangelhafte Lieferung: Der Exporteur liefert mangelhafte Waren.
  - Lieferungsverzug: Der Exporteur liefert nicht rechtzeitig.

- Annahmeverzug: Der Importeur nimmt die Lieferung des Exporteurs aufgrund von Verpackungsschäden nicht an.
- Zahlungsverzug: Der Exporteur bezahlt das Entgelt für eine Rücksendung bzw. für eine Mindermenge nicht.

Einige Importeure unterliegen immer noch einem weitverbreiteten Irrtum: Sie glauben, dass ihre auf der Rückseite von Warenanfragen oder Bestellformularen abgedruckten AGB automatisch im Ausland Gültigkeit erlangen. Das Gegenteil ist der Fall: Im Ausland sind deutsche AGB in der Regel null und nichtig. Sie gelten nur dann, wenn sie verbindlicher Bestandteil eines Kaufvertrages sind. Dazu müssen die AGB mindestens in der Landessprache des Vertragspartners vorliegen und vom ausländischen Vertragspartner ausdrücklich durch seine Unterschrift anerkannt worden sein.

Selbst wenn das geschehen ist, kann es passieren, dass Ihre AGB von ausländischen Gerichten nicht anerkannt werden. Sind beispielsweise Ihre Bedingungen nach amerikanischem Handelsbrauch weder angemessen noch üblich, müssen Sie damit rechnen, dass sie rechtsunwirksam sind.

Vermeiden Sie deshalb in Ihren internationalen Kaufverträgen Formulierungen, die Ihnen aus Deutschland bekannt sind. Greifen Sie lieber auf international anerkannte Regelungen zurück, die von United Nations (UN) und der Internationalen Handelskammer (ICC) aufgestellt wurden und weltweit Anerkennung gefunden haben. Neben dem UN-Kaufrecht, auf das ich am Ende dieses Kapitels noch eingehen werde, sind die folgenden Regelungen am bekanntesten:

- Lieferbedingungen gemäß Incoterms (Kapitel 6: „Lieferbedingungen (Incoterms)"),
- Zahlungsbedingungen gemäß „Einheitliche Richtlinien und Gebräuche für Dokumenten-Akkreditive (ERA 600)" und „Einheitliche Richtlinien für Inkassi (ERI 522)" (Kapitel 7: „Zahlungsbedingungen"; Kapitel 8: „Internationaler Zahlungsverkehr").

Ein beliebter Trick ausländischer Geschäftsleute ist, die AGB deutscher Vertragspartner ausdrücklich anzuerkennen, obwohl sie wissen, dass sie in ihrem eigenen Land rechtswidrig sind. Kommt es dann zu einem Streit im Ausland, wird oft zugunsten des deutschen Vertragspartners entschieden. Umgekehrt werden ausländische Unternehmer versuchen, bei Ihnen eigene Geschäftsbedingungen durchzusetzen, die sie einseitig begünstigen. Lassen Sie sich auf solche Verträge nicht ein, die nur Geld und Nerven kosten.

7. Schiedsgerichtsbarkeit

Um die Schwierigkeiten einer Prozessführung und Vollstreckung im Ausland zu vermeiden, wird häufig – insbesondere bei Streitwerten über 50.000,00 Euro – ein Schiedsgericht vereinbart. Dadurch erkennen die Parteien die Entscheidung ihres Rechtsstreites unter Ausschluss des ordentlichen Rechtsweges als bindend an. Solche Schiedsgerichte werden von namhaften nationalen oder internationalen Organisationen gebildet. Für deutsche Außenhändler sind die Schiedsgerichte der „Internationalen Handelskammer (ICC)“ und die der „Deutsche Institution für Schiedsgerichtswesen (DIS)“. Von Bedeutung. Folgende Vorteile haben Schiedsgerichtsverfahren für den Exporteur und den Importeur:

- Rechtsstreitigkeiten werden in einem überschaubaren Zeitraum mit geringeren Kosten als bei einer gerichtlichen Auseinandersetzung abgewickelt.
- Der Urteilsspruch eines Schiedsgerichtes ermöglicht im Anschluss an das Verfahren oft die Weiterführung der Geschäftsverbindungen.
- Die Urteile fällen branchenkundige Fachleute, die häufig einen Kompromiss zwischen den Vertragspartnern suchen.

Die Schiedsgerichtsbarkeit ist in Deutschland und den meisten Ländern der Welt in die jeweilige Rechtsordnung eingebunden. Das bedeutet, dass das Zivilprozessrecht einen Schiedsspruch dem rechtskräftigen Urteil des jeweiligen Gerichts gleichsetzt. Voraussetzung ist allerdings, dass der Schiedsvertrag ausdrücklich in Schriftform geschlossen ist. In dem Vertrag dürfen keine anderen Vereinbarungen enthalten sein als solche, die sich auf das Schiedsverfahren beziehen. Folgende Formulierung ist in internationalen Verträgen üblich:

„Alle aus dem gegenwärtigen Vertrag sich ergebenden Streitigkeiten werden nach der Vergleichs- und Schiedsordnung der Internationalen Handelskammer in Paris von einem oder mehreren gemäß dieser Ordnung ernannten Schiedsrichter endgültig entschieden“.

Deutsche Institution für Schiedsgerichtsbarkeit e. V., www.dis-arb.de
ICC Deutschland, www.icc-deutschland.de

Kaufmännische Vertragsinhalte

8. Vertragsgegenstand

Eine genaue und umfassende Beschreibung des Vertragsgegenstandes (also der Ware) ist der wichtigste Bestandteil eines Kaufvertrages. Wurde beispielsweise bei der Lieferung von Textilien nicht eindeutig festgelegt und von beiden Vertragsparteien schriftlich anerkannt, welche Maße, Farben, Mengen und Qualitäten zu liefern sind, wird es zwangsläufig Probleme geben. Dazu müssen Sie wissen, dass in Deutschland Stillschweigen unter Umständen Zustimmung bedeutet, in vielen anderen Ländern jedoch als Ablehnung gedeutet wird.

9. Preise
Es muss festgelegt werden, zu welchen Preisen der Exporteur dem Importeur seine Waren verkauft. Beispiel: aktuelle Preisliste des Exporteurs abzüglich 35 Prozent Rabatt.

10. und 11: Lieferbedingungen und Zahlungsbedingungen
Auch bei diesen Punkten kommt es immer wieder zu Meinungsverschiedenheiten. Deshalb sind eindeutige Formulierungen sehr wichtig. Die größte Rechtssicherheit haben Sie – wie bereits gesagt –, wenn Sie in Ihren Verträgen für Lieferbedingungen die Incoterms 2010 und für dokumentäre Zahlungsbedingungen die „ERA 600“ oder die „ERI 522“ der Internationalen Handelskammer von Paris (ICC) vereinbaren.

Vertriebsdienst der ICC Deutschland, www.icc-deutschland.de

12. Mängelrügen, Reparatur- und Kundendienst
Hier gilt es neben einer generellen Regelung festzulegen, wann gerügt werden muss, ob Ersatz zu liefern ist, ob eventuelle Reparaturen vom Importeur gegen Rechnungsstellung auszuführen sind und ob und in welchem Umfang Schadensersatz vom Exporteur zu leisten ist. Bei technischen Waren muss vereinbart werden, wer für den Kundendienst zuständig ist und für welchen Zeitraum die Lieferung von Ersatzteilen garantiert wird.

13. Vertragsdauer und Kündigung
Neben einmaligen Geschäften können Verträge für eine bestimmte Zeit oder eine unbestimmte Zeit abgeschlossen werden. Bei Verträgen auf eine unbestimmte Zeit muss die Beendigung durch eine Kündigung erfolgen, wobei die vereinbarten Kündigungsfristen einzuhalten sind. Wichtig ist, dass Sie in jedem Vertrag eine fristlose Kündigung aus wichtigem Grunde vorsehen: Das können beispielsweise ausbleibende Bestellungen oder Verzögerungen beim Zahlungsverkehr sein.

UN-Kaufrecht (internationales Kaufrecht)

Mit dem UN-Kaufrecht gibt es eine einheitliche Rechtsgrundlage für Kaufverträge im internationalen Warenverkehr. Es erfasst ausschließlich Verträge über die Lieferung von Waren. Es ist mittlerweile in fast 70 Staaten weltweit in Kraft getreten. Darunter befinden sich alle Staaten der Europäischen Union und der EFTA, Australien, USA, China, Russland und viele osteuropäische Staaten.

Findet das UN-Kaufrecht Anwendung, werden folgende Sachfragen geregelt:

- Vom UN-Kaufrecht geregelt:
  - Zustandekommen eines Vertrages,
  - Rechte und Pflichten der Vertragsparteien,
  - Probleme bei Schlechterfüllung der Verkäufer- und Käuferpflichten.
- Vom UN-Kaufrecht nicht geregelt:
  - Gültigkeit des Vertrages und einzelner Klauseln,
  - Lieferbedingungen,
  - Zahlungsbedingungen,
  - Fragen des Eigentumswechsels,
  - Produkthaftung und Verjährung,
  - Vertragsstrafen und Schadenspauschalen,
  - Aufrechnung.

Wenden Sie das UN-Kaufrecht in Ihren Verträgen an, beachten Sie, dass es zum Teil erhebliche Abweichungen vom deutschen Recht gibt. Oft bietet unser Recht im Vergleich zum UN-Kaufrecht sogar Nachteile. Prüfen Sie deshalb vor Vertragsabschluss sehr sorgfältig, wo die Vor- und Nachteile des UN-Kaufrechts für Sie liegen. Wollen Sie sich nicht auf das UN-Kaufrecht einlassen, haben Sie immer die Möglichkeit, es wirksam mit der folgenden Formulierung auszuschließen:

„Die Anwendung des Wiener UN-Übereinkommens über Verträge über den internationalen Warenkauf vom 11. April 1980 wird ausgeschlossen. Für die Vertragsbeziehung gilt vielmehr das deutsche Recht des BGB/HGB."

Die wichtigsten Unterschiede zwischen dem deutschen Kaufvertragsrecht und dem UN-Kaufrecht sind die folgenden:

Vertragsabschluss
Im Gegensatz zum BGB und HGB können Angebote nach dem UN-Kaufrecht so lange widerrufen werden, bis der Empfänger das Angebot angenommen hat. Bloßes Schweigen oder Untätigkeit gilt dabei nicht als Annahme.

Weicht die Bestellung vom Angebot ab, gilt nach BGB die Bestellung als Ablehnung des Angebotes und damit praktisch als neuer Antrag zum Abschluss eines Kaufvertrages. Nach dem UN-Kaufrecht kommt der Vertrag mit dem geänderten Inhalt zustande, wenn die Abweichung unwesentlich ist.

Untersuchungs- und Rügepflicht
Der Importeur muss nach dem UN-Kaufrecht die eingegangene Ware unverzüglich untersuchen und eventuelle Mängel sofort dem Exporteur bzw. Spediteur melden. Eine so strenge Untersuchungs- und Meldepflicht kennt das HGB nicht. Hier haben Sie in der Regel einige Tage Zeit, den Mangel zu reklamieren.

Gewährleistung, Rechte des Importeurs
Das UN-Kaufrecht enthält für die Sachmängelhaftung allgemeine Vorschriften über Untersuchung und Rüge. Rechte wegen mangelhafter Lieferung hat der Importeur nur, wenn es sich um eine wesentliche Vertragsverletzung handelt. Eine Vertragsverletzung ist dann wesentlich, wenn im Vertrag vereinbarte zugesicherte Eigenschaften nicht erfüllt werden. Sie ist nicht wesentlich, wenn die vertragsbrüchige Partei diese Folge nicht vorausgesehen hat und vernünftigerweise auch nicht hätte voraussehen können.

Da die Gewährleistung nach dem UN-Kaufrecht ein breites Feld zum Streiten öffnet, achten Sie darauf, dass in Ihren Verträgen sehr genau beschrieben wird, welche Eigenschaften Ihre Ware hat. Technische Daten, Muster, Zeichnungen, Beschreibungen von Anwendungen, Nutzenerwartungen und Fotos können Wesentliches zu einer genauen Warenbeschreibung beitragen. Beliefern Sie einen Importeur mit vertragswidrigen Waren, stehen dem Importeur die folgenden vier Rechte zu:

- Nachbesserung,
- Herabsetzung des Kaufpreises,
- Ersatzlieferung und
- Schadensersatz.

Nachbesserung: Soweit es für Sie als Exporteur wirtschaftlich zumutbar ist, kann der Importeur von Ihnen innerhalb einer angemessenen Frist Nachbesserung (Beseitigung eines Mangels) der vertragswidrigen Ware verlangen. Der Nachbesserungsanspruch umfasst alle zum Zwecke der Nachbesserung erforderlichen Ausgaben, insbesondere die Transport-, Wege-, Arbeits- und Materialkosten.

Herabsetzung des Kaufpreises: Alternativ zur Nachbesserung kann der Kaufpreis herabgesetzt werden. Die Herabsetzung erfolgt nach folgender Formel:

$$\frac{\text{Marktwert der gelieferten Ware} \times \text{Vertragspreis}}{\text{hypothetischer Marktwert mangelfreier Ware}} = \text{herabgesetzter Kaufpreis}$$

Ersatzlieferung: Liegt eine sogenannte wesentliche Vertragsverletzung vor, kann der Importeur innerhalb einer angemessenen Frist eine Ersatzlieferung verlangen. Er hat auch das Recht, den Vertrag aufzuheben. Eine wesentliche Vertragsverletzung liegt vor, wenn die zugesicherten Eigenschaften der Ware nicht erfüllt werden und die Ware deshalb für Sie unbrauchbar ist. Voraussetzung ist allerdings, dass dieses für den Importeur nicht vorhersehbar war.

Schadensersatz: Grundsätzlich kann der Importeur bei jeder Art der Vertragsverletzung gegen Sie einen Schadensersatzanspruch nach Art. 45 UN-Kaufrecht geltend machen. Dabei kann Schadensersatz immer zusätzlich verlangt werden. Die Ausübung anderer Rechtsbehelfe steht dem nicht entgegen. Als Schäden kommen u. a. entgangener Gewinn, Reparaturkosten, Nutzungsausfall und die Beeinträchtigungen des Goodwills in Betracht.

Wenn Sie Unterlagen und Urteile zum UN-Kaufrecht suchen, klicken Sie zuerst auf die Website „Global Sales Law" (*www.cisg-online.ch).*

Außenhandels-Rahmenvertrag

Um mehr Rechtssicherheit bei wiederkehrenden Geschäften zu erreichen, empfiehlt es sich, dass Exporteur und Importeur einen Außenhandels-Rahmenvertrag abschließen. In diesem Vertrag werden neben den Formalitäten wie Vertragspartner, Gerichtsstand, Erfüllungsort, anwendbares Recht, Sprache und „Allgemeine Geschäftsbedingungen" auch die grundsätzlichen kaufmännischen Bedingungen der Zusammenarbeit geregelt. Dazu gehören Vertragsgegenstand, Teillieferungen, Lieferbedingung, Zahlungsbedingung, Verpackungsart und Markierung. Details wie Warenspezifikation, Menge, Liefertermin, Farbe und Größe können dann von Fall zu Fall vereinbart werden.

Üblich ist, dass in einem solchen Rahmenvertrag auch besondere Pflichten vom Exporteur und vom Importeur mit einfließen. So kann beispielsweise die Verpflichtung des Exporteurs in dem Rahmenvertrag festgehalten werden,

- dass er dem Importeur neue Waren aus seinem Sortiment zum Vertrieb anbietet.
- dass er in Deutschland keine weiteren Importeure mit Waren beliefert und keine Handelsvertreter einsetzt.
- dass den Exporteur mit Werbematerial versorgt und sich an Messekosten beteiligt.
- dass er für den Importeur ein Ersatzteillager einrichtet und die Belieferung sicherstellt.

Als Verpflichtung des Importeurs kann vereinbart werden,

- dass er eine bestimmte Menge der Importware in einem festen Zeitraum abnimmt.
- dass er ein eigenes Ersatzteillager unterhält,
- dass er keine Konkurrenzwaren anbietet.

* * * * * * *

Kapitel 6: Lieferbedingungen (Incoterms)

Versuchen Sie sich einmal klarzumachen, welchen Transportrisiken und anderen Gefahren eine Sendung von hochwertigen Werkzeugmaschinen aus Tokio nach Hamburg ausgesetzt ist. Wer soll die Risiken übernehmen – der Absender oder der Empfänger? Wer übernimmt die Kosten für Verpackung, Transport, Versicherung, Ein- und Ausfuhrabfertigungen und Beschaffung der Exportdokumente? Alle Kosten, die für diese Leistungen anfallen, sind oft so hoch wie der Wert einer ganzen Exportsendung.

Wenn diese vielen Punkte für jedes Warengeschäft neu zwischen Importeur und Exporteur auszuhandeln wären, käme es im internationalen Handel zu erheblichen Verzögerungen. Neben den sprachlichen Schwierigkeiten gibt es auch bei der Auslegung von Lieferbedingungen von Land zu Land (oft sogar von Hafen zu Hafen) sehr unterschiedliche Auffassungen. Dies erst recht, wenn die Schuldfrage bei einem größeren Transportschaden zu klären ist.

Zur Beseitigung dieser Unsicherheitsfaktoren wurde bereits 1936 von der „Internationalen Handelskammer" ein international anerkanntes Regelwerk zur Auslegung von Handelsbräuchen geschaffen und unter der Bezeichnung Incoterms (= **international co**mmercial **terms**) herausgegeben. Diese Handelsklauseln spielen bei Auslandsgeschäften eine herausragende Rolle, weil die Risikotragung und die Kostenregelung zwischen Importeur und Exporteur eindeutig festgelegt sind.

Risiko: Bei jeder Incoterm ist festgeschrieben, ab welchem Zeitpunkt des Warenversandes (frühestens ab Rampe, spätestens bei Anlieferung) das Risiko des Verlusts, des Abhandenkommens und der Beschädigung vom Exporteur auf den Importeur übergeht.

Kosten: Bei jeder Incoterm ist festgeschrieben, welche Transport-, Versicherungs-, Zoll- und sonstige Abwicklungskosten der Exporteur und welche der Importeur zu tragen hat.

Die Incoterms regeln bei einem Auslandsgeschäft nicht den Eigentumsübergang, den Gerichtsstand, etwaige Mängelrügen oder die Zahlungsbedingung. Diese Punkte sind unabhängig von den Lieferbedingungen zwischen Importeur und Exporteur zu vereinbaren.

Bei den Incoterms handelt es sich auch nicht, wie manchmal irrtümlich angenommen wird, um gesetzliche Vorschriften. Ihre Geltung hängt ausschließlich vom Willen der Vertragsparteien ab. Sie werden nur rechtskräftig, wenn sie zwischen Importeur und Exporteur im Kaufvertrag vereinbart worden sind.

Wenn Sie Incoterms verwenden, müssen Sie in Ihrem Kaufvertrag ausdrücklich angeben, dass es sich um die Bestimmungen der Incoterms in der Fassung des Jahres 2010 handelt. Das geschieht durch den Zusatz der Jahreszahl 2010 zur Lieferbedingung, also „Incoterms 2010“.

Grundsätzlich rate ich davon ab, die Vertragsformeln durch weitere Zusätze einzuschränken oder zu erweitern. Jeder Zusatz zu den Incoterms kann ihren Inhalt wesentlich verändern und plötzlich unbeabsichtigt neue Kosten und neue Risiken entstehen lassen.

Beispiel: Ein Exporteur hatte für eine EXW-Lieferung nach Singapur mit dem Importeur vereinbart, dass er die Transportversicherung bis nach Singapur übernimmt. Die Lieferbedingung lautete: *EXW Hamburg, Rampe Werk Hukstrasse 10, Transportversicherung bis Singapur übernimmt der Exporteur.* Beim Abladen des Containers auf dem Containerterminal in Singapur verunglückte die Sendung.

Der Zusatz „... *Transportversicherung bis Singapur übernimmt der Exporteur ...*“ veränderte den Inhalt der EXW-Lieferbedingung so, dass unklar war, wer für den Schaden in Singapur aufkommen musste – der Exporteur, der Importeur, der Containerterminal oder die Versicherung? Übrigens erklärte sich die Versicherung des Exporteurs nicht bereit, den Schaden zu übernehmen.

Seien Sie auch vorsichtig mit der Sprache. So werden in der Praxis manchmal Bezeichnungen für die Lieferklauseln in der jeweiligen Landessprache verwendet, wie zum Beispiel „Ab Werk“ anstelle von „Ex Works“. Da deutsche Varianten nicht immer eindeutig den beabsichtigten Incoterms zuzuordnen sind, empfehle ich Ihnen zumindest die englische Abkürzung hinzuzufügen bzw. anzuwenden. Sie erreichen damit eine wesentlich höhere Rechtssicherheit.

Incoterms 2010 im Binnenhandel

Im Binnenhandel werden überwiegend folgende Lieferbedingungen verwendet:

- ab Werk, ab Lager: Der Käufer trägt alle Versandkosten,
- frei Haus, frei Werk: Der Verkäufer trägt alle Versandkosten,
- unfrei, ab Bahnhof hier, frachtfrei: Käufer und Verkäufer teilen sich die Versandkosten.

Für diese Kurzfassungen gibt es keine rechtlich sicheren Definitionen und auch keinen Handelsbrauch. Was im Einzelnen gemeint ist, muss im Zusammenhang mit den gesetzlichen und vertraglichen Regelungen interpretiert werden. Problematisch dabei ist, dass viele Transport-Nebenleistungen wie Be- und Entladen, Wartezeiten und Informationspflichten mit den Klauseln kaum oder überhaupt nicht geregelt sind. Dieses trifft u. a. für den multimodalen Verkehr wie LKW – Bahn – LKW zu. Kommt es beispielsweise beim Entladen zu einem Schaden, ist oft unklar, wer für diese Nebenleistung verantwortlich ist.

Das ist bei den Incoterms anders: Werden sie vereinbart, ist klar geregelt, wer für die Haupt- und Nebenleistungen verantwortlich ist, wer die damit verbunden Kosten zu tragen hat und wer im Schadensfall die Verantwortung trägt. Deshalb ist es verständlich, dass sich die Incoterms auch im Binnenhandel immer mehr durchsetzen. Ich empfehle Ihnen deshalb, auch bei Inlandsgeschäften die Incoterms 2010 anzuwenden.

Gruppierung der Lieferbedingungen

Wie Sie aus der Abbildung „Lieferbedingungen Incoterms 2010“ entnehmen können, gibt es 11 Incoterms, die in zwei Gruppen unterteilt sind. Die erste Gruppe enthält sieben Incoterms. Sie können unabhängig von der gewählten Transportart und unabhängig davon verwendet werden, ob mehr als eine Transportart (Beispiel: LKW – Schiff – Bahn) eingesetzt wird. Sie sind also auch dann anwendbar, wenn für einen Transportabschnitt ein Schiff eingesetzt wird.

In der zweiten Gruppe der Incoterms sind der Ort der Lieferung und der Ort, bis zu welchem die Ware zum Käufer transportiert wird, grundsätzlich Häfen. Deshalb werden die vier Klauseln FAS, FOB, CFR und CIF auch als „See- und Binnenschiffsklauseln“ bezeichnet, bei denen auch besondere Warenbegleitdokumente wie der Ladeschein (bill of loading) und das Schiffs-Konnossement (bill of lading) vorgeschrieben sind.

Wird kurzfristig statt der Schiffsfracht die Luftfracht gewählt, kann das bei einer Akkreditiv-Zahlungsabwicklung dazu führen, dass aufgrund der „falschen“ Dokumente – Luftfrachtbrief anstelle von Schiffs-Konnossement – die Bank die Auszahlung des Akkreditiv-Betrages verweigert. Außerdem entsteht ein sogenannter „versicherungsfreier Raum“, d. h., die beteiligte Versicherung muss im Falle eines Schadens nicht zahlen. Achten Sie deshalb darauf, dass beim Wechsel einer Transportart auch die Dokumente angepasst werden.

Transportart

Auch ist vor der Vereinbarung einer Lieferklausel darauf zu achten, ob eine Klausel für eine Transportart überhaupt angewendet werden kann. Wird nämlich für einen bestimmten Transport eine ungeeignete Lieferbedingung verwendet, besteht im Schadensfall keine Klarheit, wo der Gefahrenübergang erfolgte.

Lieferbedingungen Incoterms 2010						
Abkürzung	Exportfrei-machung	Importfrei-machung	Transport-vertrag	Beispiele: Lieferort	Exporteur trägt Kosten für/bis einschließlich:	Gefahrenübergang an den Importeur:
Klauseln für alle Transportarten						
EXW ex works ab Werk	K	K	K	Ab Werk Hamburg, Rampe Sielweg 1	bis Rampe Sielweg 1	ab Rampe Sielweg 1
FCA free carrier frei Frachtführer	V	K	K	FCA-Airport Berlin, Lufthansa Airfreight	bis Airport-Berlin, Lufthansa-Airfreight	ab Airport-Berlin, Lufthansa-Airfreight
CPT carriage paid to frachtfrei bis	V	K	K	CPT-Hongkong, Yuen Long Highway 12	bis Bestimmungsort	ab Übergabe an den (ersten) Frachtführer
CIP carriage and insurance paid to frachtfrei versichert bis.	V	K	K	CIP-Santiago/Chile, Plaza de Armas	bis Bestimmungsort einschl. Versicherung	ab Übergabe an den (ersten) Frachtführer
DAT delivered at terminal geliefert Terminal	V	K	V	DAT-Hamburg, Terminal Altenwerder	bis Terminal Altenwerder (abgeladen), ohne Versicherung	ab Terminal Altenwerder
DAP delivered at place geliefert benannter Ort	V	K	V	DAP-Singapore, N Canal Road 10	bis Bestimmungsort (entladebereit), ohne Versicherung	am Bestimmungsort
DDP delivered duty paid geliefert verzollt	V	K	V	DDP-Haifa, Haifa Bay	alle Kosten incl. Zoll bis Bestimmungsort Haifa	am Bestimmungsort Haifa
Klauseln für den See- und Binnenschiffstransport						
FAS free alongside ship frei Längsseite Schiff	V	K	V	FAS-Kiel, Ostseekai	bis Kai, Verschiffungshafen Kiel	ab Übergabe am Kai, Verschiffungshafen Kiel
FOB free on board frei an Bord	V	K	V	FOB-Emden, Industriehafen	bis Lieferung an Bord des Schiffes im Verschiffungshafen	ab Lieferung an Bord des Schiffes im Verschiffungshafen
CFR cost and freight Kosten und Fracht	V	K	V	CFR-Kobe, Port Terminal	Seefracht bis Bestimmungshafen, Port Terminal	am Bestimmungshafen Kobe, Port Terminal
CIF cost insurance and freight Kosten, Versicherung und Fracht	V	V	V	CIF-Singapore, Keppel Terminal	Seefracht + Versicherung bis Keppel Terminal	am Bestimmungshafen Singapur, Keppel Terminal

V = Verkäufer K = Käufer

So wird zum Beispiel die Seefrachtklausel CIF manchmal auch für reine Straßengütertransporte verwendet. Bei dieser Klausel hat der Verkäufer die Gefahr des Verlustes oder der Beschädigung der Ware solange zu tragen, bis sie sich an Bord eines Schiffes befindet. Bei einem Landtransport kann eine Ladung aber nie an Bord eines Schiffes gelangen. Im Schadensfall kann deshalb nicht eindeutig festgestellt werden, zu wessen Lasten der Schaden geht.

Hier nun die elf verschiedenen Incoterms 2010:

EXW
Ex works (... named place of delivery)
Ab Werk (... benannter Lieferort)

Eine Lieferung nach EXW ist die Minimalverpflichtung für den Exporteur. Er muss die Ware auf seinem Gelände zur Verfügung stellen und die kommerziellen zoll- und außenwirtschaftlichen Dokumente liefern. Der Importeur muss den Transport, die Versicherung und die Zollabfertigung für die Ausfuhr und Einfuhr veranlassen und trägt alle damit verbundenen Kosten.

Der Importeur trägt alle Gefahren des Verlustes oder der Beschädigung der Ware ab dem Zeitpunkt, an dem sie ihm am benannten Lieferort ausgeliefert worden ist.

FCA
Free Carrier (... place of delivery)
Frei Frachtführer (... benannter Übergabeort)

Der Exporteur trägt die Kosten einer Warensendung bis zur Lieferung der Ware an einen Frachtführer oder an einen benannten Ort. Falls es erforderlich ist, hat der Exporteur die Ausfuhrzollabfertigung zu erledigen. Alle übrigen Leistungen hat der Importeur zu seinen Lasten zu erbringen.

Der Importeur trägt alle Gefahren des Verlustes oder der Beschädigung der Ware ab dem Zeitpunkt, an dem sie an einen Frachtführer oder an einen benannten Ort ausgeliefert worden ist.

CPT
Carriage Paid to (... place of destination)
Frachtfrei bis (... benannter Bestimmungsort)

Der Exporteur trägt die Kosten einer Warensendung bis zur Lieferung der Ware an einen Frachtführer oder einem vom Importeur benannten Ort. Der Exporteur hat also den Beförderungsvertrag abzuschließen und die bis zum benannten Bestimmungsort anfallenden Transportkosten zu tragen. Falls es erforderlich ist, hat der Exporteur die Ausfuhrzollabfertigung zu erledigen. Alle übrigen Leistungen hat der Importeur zu seinen Lasten zu erbringen.

Der Importeur trägt alle Gefahren des Verlustes oder der Beschädigung der Ware ab dem Zeitpunkt, an dem sie an einen Frachtführer oder einem von ihm benannten Ort ausgeliefert worden ist.

CIP
Carriage and Insurance Paid to (... place of destination)
Frachtfrei versichert bis (... benannter Bestimmungsort)

Zusätzlich zur CPT-Klausel obliegt es dem Exporteur, einen Versicherungsvertrag für den Transport der Ware bis zum Bestimmungsort abzuschließen und die dafür anfallenden Kosten zu übernehmen.

Der Importeur trägt alle Gefahren des Verlustes oder der Beschädigung der Ware ab dem Zeitpunkt, an dem sie an den beauftragten Frachtführer zum vereinbarten Zeitpunkt ausgeliefert worden ist.

DAT
Delivered at Terminal (... terminal at port or place of destination)
Geliefert Terminal (... benannter Terminal im Bestimmungshafen)

Der Exporteur stellt dem Importeur die Ware vom ankommenden Beförderungsmittel abgeladen zur Verfügung. Bis zu diesem Moment trägt der Exporteur alle Kosten. Er ist nicht für die Importabwicklung verantwortlich.

Der Importeur trägt alle Gefahren des Verlustes oder der Beschädigung der Ware ab dem Zeitpunkt, an dem sie ihm am benannten Terminal im Bestimmungshafen ausgeliefert worden ist.

DAP
Delivered at place (... place of destination)
Geliefert benannter Ort (... benannter Bestimmungsort)

Zusätzlich zur DAT-Klausel obliegt es dem Exporteur, dem Importeur die Ware am Bestimmungsort entladebereit zur Verfügung zu stellen und die entsprechenden Kosten zu übernehmen.

Der Importeur trägt alle Gefahren des Verlustes oder der Beschädigung der Ware ab dem Zeitpunkt, an dem sie ihm am Bestimmungshafen entladebereit ausgeliefert worden ist. Er ist auch für die gesamte Importabwicklung zuständig.

DDP
Delivered Duty Paid (... place of destination)
Geliefert verzollt (... benannter Bestimmungsort)

Die Klausel beinhaltet die Maximalverpflichtung für den Exporteur. Er trägt alle Kosten und Gefahren bis zum Bestimmungsort und erledigt auch die Aus- und Einfuhrzollabfertigung. Er muss also auch alle Abgaben für die Aus- und Einfuhr entrichten und alle Zollformalitäten erledigen.

Der Importeur trägt alle Gefahren des Verlustes oder der Beschädigung der Ware ab dem Zeitpunkt, an dem sie ihm am Bestimmungsort ausgeliefert worden ist.

FAS
Free Alongside Ship (... place of shipment)
Frei Längsseite Schiff (... benannte Verschiffungshafen)

Der Exporteur trägt die Kosten für die Lieferung der Ware an die Längsseite des Schiffes, das ihm der Importeur benannt hat, sowie die Ausfuhrzollabfertigung. Alle weiteren Transport- und Versicherungskosten trägt der Importeur.

Die Verlust- und Beschädigungsgefahr der Ware geht auf den Importeur über, sobald sich die Ware längsseits des Schiffes befindet.

FOB
Free On Board (... port of shipment)
Frei an Bord (... benannter Verladehafen)

Zusätzlich zur FAS-Klausel muss der Exporteur die Ware an Bord des vom Importeur benannten Schiffes im benannten Bestimmungshafen bringen. Die meisten Exporte erfolgen nach der FOB-Klausel.

Die Verlust- und Beschädigungsgefahr der Ware geht auf den Importeur über, sobald sich die Ware an Bord des Schiffes befindet.

CFR
Cost and Freight (... port of destination)
Kosten und Fracht (... benannter Bestimmungshafen)

Der Exporteur trägt die Kosten bis zur Lieferung der Exportware an Bord des Schiffes am vereinbarten Bestimmungshafen und erledigt die Ausfuhrzollabfertigung. Damit obliegt es ihm, auch den Frachtvertrag abzuschließen.

Die Gefahr des Verlustes oder der Beschädigung der Ware geht auf den Importeur über, sobald sich die Ware an Bord des Schiffes befindet.

CIF
Cost, Insurance and Freight (... port of destination)
Kosten, Versicherung und Fracht (... benannter Bestimmungshafen)

Zusätzlich zur CFR-Klausel muss der Exporteur einen Versicherungsvertrag für den Transport bis zum Bestimmungshafen abschließen. Die Versicherungssumme bei einem CIF-Verkauf beträgt immer 110 % des CIF-Rechnungswertes.

Die Gefahr des Verlustes oder der Beschädigung der Ware geht auf den Importeur über, sobald sich die Ware an Bord des Schiffes befindet.

Wahl von Lieferbedingungen

Bei der Wahl der für ein Auslandsgeschäft optimalen Lieferbedingung kommt es zunächst einmal darauf an, dass das für eine Ware passende Transportmittel gewählt wird. 1.000.000 Barrel Öl lassen sich nun mal nicht kostengünstig mit Flugzeugen transportieren, sondern nur mit einem großen Tankschiff.

Haben sich Importeur und Exporteur auf ein Transportmittel geeignet, muss im nächsten Schritt geregelt werden, welche Pflichten der Importeur und welche der Exporteur zu übernehmen hat. Hier geht es beispielsweise darum, wer den Transport zu veranlassen hat und wer für den Abschluss eines Versicherungsvertrages zuständig ist.

Die Übernahme dieser Pflichten wirkt sich naturgemäß (wie auch bei den Zahlungsbedingungen) auf die Beschaffungskosten einer Ware auswirken. Jedem Geschäftspartner müsste deshalb daran gelegen sein, die für ihn kostengünstigste Lieferbedingung zu verlangen.

Versuchen Sie bei Ihren ersten Exportgeschäften die Klausel „ex Works“ (EKW) durchzusetzen. Bei dieser sogenannten Ankunftsklausel muss der ausländische Exporteur die Ware auf dem Gelände zur Verfügung stellen, das Sie mit der Incoterm bestimmt haben. Meistens handelt es sich dabei um Ihr Firmengelände. Sie müssen sich weder um die Verzollung, den Transport und die Versicherung der Exportsendung kümmern noch müssen Sie die dabei anfallenden Kosten übernehmen. Wichtiger ist aber die Übertragung des Risikos auf Ihren ausländischen Geschäftspartner: Ab Bereitstellung der Ware auf Ihrem Gelände gehen sämtliche Transport- und Abfertigungsrisiken auf den Importeur über.

Beispiel der „Harmsen Import-Export GmbH“
Dass die Vereinbarung dieser Klausel für Sie als Exporteur allerdings nicht so ideal ist, wie es auf den ersten Blick scheint, zeigt das folgende Beispiel:

Die „Harmsen Import-Export GmbH“ schickte „FOB-Hamburg, Incoterms 2010“ Fischkonserven mit dem LKW nach Istanbul. Sie übergab die Ladung in Hamburg einem Spediteur. Damit war das Risiko auf den Importeur übergegangen. Auf dem Weg nach Istanbul geriet der LKW in einen Unfall und brannte vollständig aus. Da das Risiko bereits in Hamburg auf den türkischen Importeur übergegangen war, konnte Bernd Harmsen keine Ansprüche aus einer Transportversicherung geltend machen. Laut FOB-Bedingung war es die Pflicht des Importeurs gewesen, die Transportversicherung abzuschließen und die entsprechenden Kosten zu tragen.

Der türkische Importeur hatte aber – entgegen der vertraglichen Vereinbarung – keine Transportversicherung abgeschlossen. Da er sich mit wenig überzeugenden Argumenten weigerte, den Rechnungsbetrag für die Fischkonserven zu bezahlen, hätte die „Harmsen Import-Export GmbH" wahrscheinlich Probleme bekommen, die Forderung einzutreiben. Da sie aber eine Export-Schutzversicherung (Kapitel 9: „Transport, Verpackung, Versicherung") abgeschlossen hatte, erstattete die Versicherung den Schaden. Im Gegenzug hatte die „Harmsen Import-Export GmbH" ihre Ansprüche aus dem Kaufvertrag an die Versicherung abgetreten.

Bei diesem Transport wäre für die „Harmsen Import-Export GmbH" die Lieferbedingung DAP-Istanbul die günstigere gewesen. Sie hätte dazu das Transportmittel bestimmen und die Transportversicherung abschließen müssen. Im Gegenzug hätte sie aber die Verfügungsgewalt über die Ladung bis zur Übergabe an den Importeur in Istanbul behalten. Wäre also die Ware auf dem Transport beschädigt worden, hätte die „„Harmsen Import-Export GmbH" ihren Schaden bei der deutschen Versicherung direkt geltend machen können.

Importe

Für Ihre Importe liegt es nahe, dass Sie bei einem kombinierten Transport die Klausel "Delivered, Duty Paid" (DDP) wählen. Bei dieser sogenannten Ankunftsklausel muss der ausländische Exporteur alle Kosten und Risiken bis zu dem von Ihnen angegebenen Bestimmungsort tragen. Dazu gehört auch die Einfuhr-Zollabfertigung mit den dafür anfallenden Kosten.

Weil Exporteure aus der Ferne kaum einen Einfluss auf den Zoll ausüben können, wird von Exporteuren die Zollabfertigung ungerne übernommen. Um dennoch die Kontrolle über den Transport zu behalten, bevorzugen sie die Klausel „Cost, Insurance und Freight" (CIF). Bei etwa der Hälfte aller Importe nach Deutschland wird diese Klausel angewendet. Hier trägt der Exporteur alle Kosten und Risiken bis zu dem angegebenen Bestimmungshafen. Für die Einfuhr-Zollabfertigung und den Transport ab Bestimmungshafen ist der Importeur zuständig. Erwartet Ihr ausländischer Geschäftspartner diese Klausel von Ihnen, sollten Sie sich nicht dagegen wehren; sie ist marktkonform.

Seien Sie vorsichtig!

Wird über die Kosten und Risiken einer grenzüberschreitenden Lieferung verhandelt, ist klar, dass die stärkere Verhandlungsposition einer Seite auch darüber entscheidet, welche Klausel zur Anwendung kommt. Können Sie Ihre berechtigten Interessen nicht durchsetzen, und müssen eine von Ihrem ausländischen Geschäftspartner diktierte Lieferbedingung anerkennen, besprechen Sie den Transport mit Ihrem Spediteur oder mit Ihrer Versicherung. Sie werden Ihnen sagen, mit welchen Risiken und Kosten die Klausel verbunden ist und wie Sie sich gegen eventuelle Risiken schützen können.

Wird Ihnen wegen politischer oder kaufmännischer Risiken von einer Lieferbedingung abgeraten, hören Sie auf den Expertenrat. Es ist dann besser, ein Geschäft scheitern zu lassen, als unkalkulierbare Risiken einzugehen.

Seien Sie vorsichtig mit der Vergabe von Transportleistungen über elektronische Frachtbörsen! Sicherlich können hohe Kosteneinsparungen erzielt werden, diese sind aber auch mit erheblichen Risiken verbunden. So kommt es vor, dass Kunden bei der Übergabe einer Ladung gefälschte Transportdokumente vorgelegt werden. Haben sie die Ladung erst übernommen und stellen den Fehler (Fehlmengen, minderwertige Waren) fest, ist der LKW meistens längst verschwunden.

Gegen diese Machenschaften können Sie sich am besten schützen, indem Sie die Incoterms der C–Gruppe (CFR, CIF, CPT, CIP) oder der D-Gruppe (DAT, DAP, DDP) wählen, bei denen Sie den Spediteur für Ihren Transport bestimmen können. Arbeiten Sie dann noch mit seriösen und bekannten Speditionen zusammen, haben kriminelle Spediteure bei Ihnen keine Chancen.

Wenn Sie weitergehende Informationen zu den Incoterms 2010 wünschen, empfehle ich Ihnen das Buch „Incoterms 2010, die Regeln der ICC zur Auslegung nationaler und internationaler Handelsklauseln". Dieses Buch liegt auch den Ausführungen dieses Kapitels zugrunde. Sie können es direkt bei der „International Chamber of Commerce (ICC)" in Berlin bestellen:

ICC Deutschland e. V., www.icc-deutschland.de

* * * * * * *

Kapitel 7: Zahlungsbedingungen

Bevor ich die einzelnen international üblichen Zahlungsbedingungen im Wesentlichen aus der Sicht eines Exporteurs bespreche, lassen Sie mich einige Grundsätze und dann die wichtigsten Zahlungsausfallrisiken besprechen.

Sehr wichtig: Nehmen Sie als Exporteur nie eine Bestellung an, ohne vorher eine schriftliche Vereinbarung über die Bezahlung des Kaufpreises getroffen zu haben. Wer erst bei der Auslieferung einer Ware über die Hürden der Zahlungsbedingungen stolpert, für den ist es meistens zu spät: Häufig wird er seine Auslandsforderung ausbuchen müssen.

Bei den Verhandlungen mit Ihren ausländischen Geschäftspartnern dürfen Sie Kompromisse bei den Preisen, den Lieferbedingungen und den sonstigen Geschäftsbedingungen eingehen. Das gilt aber auf keinen Fall für die Zahlungsbedingungen. Kunden, deren zweifelsfreie Bonität Sie nicht über Jahre genau kennen, über die Ihnen keine erstklassigen Referenzen vorliegen und die nicht ihren Firmensitz in einem wirtschaftlich und politisch sicheren Land haben, dürfen Sie nur gegen Vorauskasse oder bestätigte Akkreditive beliefern. Lassen Sie sich auf keinen Fall auf Risikogeschäfte ein, um das schnelle Geld zu verdienen: Das wird Ihnen kaum gelingen, wohl aber Ihrem ausländischen „Geschäftsfreund“.

Der erfahrene Exporteur hält sich bei Verhandlungen über Zahlungsbedingungen grundsätzlich an folgenden Leitsatz:

„Sei flexibel im Preis, aber standhaft bei der Zahlungsbedingung“.

Zahlungsrisiken

Risiko „Unbekannte Kunden“: Sie kennen Ihre Kunden nicht. Zuverlässige Informationen von Geschäftspartnern, Auslandshandelskammern, Banken oder Auskunfteien liegen Ihnen nicht vor.

Risiko „Zweifelhafte Selbstauskünfte“: Liegt Ihnen eine Selbstauskunft vor, müssen Sie davon ausgehen, dass Ihr Geschäftspartner keine richtigen Angaben gemacht hat. Dieses gilt insbesondere für das Verkaufsprogramm, den Umsatz und die Bonität.

Risiko „Schwebendes Wechselkursrisiko“: Gleicht ein ausländischer Kunde eine Rechnung in einer Nicht-Euro-Währung aus, müssen Sie den Betrag in Euro umtauschen. Schwankende Wechselkurse können zu erheblichen finanziellen Einbußen führen.

Interessenkonflikte bei Zahlungsbedingungen	
Der Exporteur hat ein Interesse daran, • keine Risiken übernehmen (Lieferrisiko). • keine Kosten der Kreditfinanzierung übernehmen (Bestellerkredit). **Deshalb möchte der Exporteur** • die Zahlung möglichst früh erhalten. • die Ware möglichst spät liefern.	**Der Importeur hat ein Interesse daran,** • keine Risiken übernehmen (Zahlungsrisiko, Abnahmerisiko). • keine Kosten der Kreditfinanzierung tragen (Lieferantenkredit). **Deshalb möchte der Importeur** • die Zahlung möglichst spät leisten. • die Ware möglichst früh erhalten.

Risiko „Geldtransfer (Geldausfuhr)": Es kommt vor, dass ausländische Regierungen wegen politischer oder wirtschaftlicher Unruhen von einem Tag zum anderen jeden Geldtransfer ins Ausland verbieten. Das hat zur Folge, das ein vom Importeur bezahlter Rechnungsbetrag bei der ausländischen Bank liegt und nicht zum Exporteur transferiert werden kann. Ist der Exporteur gegen dieses Risiko nicht versichert, muss er im äußersten Fall mit einem Totalausfall seiner Forderung rechnen.

Wegen dieser vier Risiken wurden Zahlungsbedingungen und Zahlungsabwicklungsverfahren entwickelt, die bei richtiger Anwendung Zahlungsausfälle fast ganz ausschließen. Ihre Aufgabe als Exporteur ist es, bei Ihren Kunden die Zahlungsbedingung durchzusetzen, die für Ihr Geschäft die günstigste ist. Bei der Abwicklung können Sie sich dann auf den länderübergreifenden Bankenapparat verlassen. Hier wurden Verfahren entwickelt, die sich kaum noch vom nationalen Zahlungsverkehr unterscheiden.

Interessenkonflikte

So wie Sie für Ihr Unternehmen eine Zahlungsbedingung vereinbaren wollen, die für Ihre Interessen sicher ist, will es natürlich auch Ihr ausländischer Kunde. Dieser Interessengegensatz wird aus dem Schema „Interessenkonflikte bei Zahlungsbedingungen" deutlich.

Gegensätzliche Interessen: Aus liquiditäts- und zinstechnischen Gründen ist der Exporteur an einer möglichst frühen Zahlung interessiert, der Importeur dagegen an einer möglichst späten.

Vermeidung von Risiken: Um jedes Zahlungsausfallrisiko auszuschließen, möchte der Exporteur den Kaufpreis vor Lieferung der Ware erhalten. Auch möchte er den Importeur daran zu hindern, wegen einer Mängelrüge die Zahlung des Kaufpreises zu verweigern. Umgekehrt möchte der Importeur keine Zahlung leisten, bevor er die Ware nicht erhalten und nicht geprüft hat. Sein Ziel ist es, erst den vertragsgemäßen Zustand der Ware zu prüfen und dann zu zahlen.

Wie bei Inlandsgeschäften gilt auch für Auslandsgeschäfte: Hat Ihr Kunde eine Vorauszahlung geleistet, werden dadurch seine Ansprüche aus dem Kaufvertrag nicht beeinträchtigt. Selbst wenn er konkrete Zweifel an dem ordnungsgemäßen Zustand der Ware hegt und dennoch zahlt, liegt darin kein Verzicht auf die spätere Geltendmachung vertraglicher Ansprüche aus dem Kaufvertrag. Ist seine Mängelrüge berechtigt, wird er keine Probleme bei deutschen Gerichten haben, seine Forderung gegen Sie einzuklagen.

Umgekehrt ist die Situation eine ganz andere: Haben Sie Waren gegen offene Rechnung beispielsweise in ein Land der „Dritten Welt" geliefert und Ihr Kunde verweigert die Zahlung, werden Sie es schwer haben, Ihr Geld zu erhalten.

Durchsetzung von Zahlungsbedingungen

Welche Zahlungsbedingung Sie in welcher Währung bei Exportgeschäften durchsetzten können, hängt im Wesentlichen von folgenden Umständen ab:

- Marktstellung des Exporteurs bzw. des Importeurs,
- Marktlage für eine bestimmte Ware,
- Zahlungsgewohnheiten im Land des Importeurs,
- Dauer und Intensität der Geschäftskontakte,
- Bonität des Importeurs,
- politische Situation im Land des Importeurs.

Am wichtigsten ist zweifellos Ihre Marktstellung. Bieten Sie auf den Weltmärkten eine relativ konkurrenzlose Ware an, können Sie darauf hoffen, als Zahlungsbedingung die Vorauszahlung oder das Akkreditiv auf Euro-Basis durchzusetzen.

Wollen Sie allerdings das gleiche Geschäft mit einem internationalen Großkonzern wie Sony, IBM oder einem ausländischen Tochterunternehmen eines deutschen Großkonzerns abschließen, werden Sie diese Zahlungsbedingung kaum vereinbaren können. Begründet wird dieses nicht ganz zu Unrecht mit ihrer Bonität. Bieten Sie als Alternative ein Akkreditiv an, werden Sie mit dem Hinweis auf den erheblichen Verwaltungsaufwand und die relativ hohen Akkreditivkos-

Die bekanntesten Zahlungsbedingungen		
Zahlungsart	**Abwicklung der Zahlung**	**Üblich bei:**
<u>Nichtdokumentäre Zahlungsbedingungen:</u>		
Vorauszahlung (advanced payment)	Vor der Lieferung wird der gesamte Kaufpreis bezahlt	• Mustersendungen • unbekannten Kunden (bei starker Marktstellung möglich)
Anzahlung (down payment)	Ein Teil des Kaufpreises wird vor der Lieferung bezahlt	• Export von großen Anlagen gegen Anzahlungsgarantie
Zahlung bei Lieferung (cash on delivery)	Der Kaufpreis wird bei Lieferung der Ware bezahlt	• Zahlungen innerhalb der EU • unbekannten Kunden • Kleinsendung/Versandhandel
Zahlung nach Lieferung gegen Rechnung (clean payment)	Die Rechnung wird nach Erhalt der Lieferung vom Exporteur bezahlt	• Zahlungen innerhalb der EU • unter befreundeten Firmen • internationalen Konzernen
<u>Dokumentäre Zahlungsbedingungen:</u>		
Dokumente gegen Zahlung (documents against payment)	Eine vom Exporteur beauftragte Bank zieht den Rechnungsbetrag gegen Übergabe der vereinbarten Dokumente beim Käufer ein	• unbekannten Kunden • Kunden mit Bonitätsrisiko (Achtung: Annahmerisiko!)
Dokumenten-Akkreditiv (letter of credit)	Die Bank des Importeurs garantiert dem Exporteur die Zahlung, wenn alle Dokumente vollständig und fristgerecht eingereicht werden	• Übersee-Exporten • unbekannten Kunden • Kunden mit Bonitätsrisiko • politischen Risiken

ten ebenfalls auf Ablehnung stoßen. Sie haben dann nur noch die Möglichkeit, einzulenken oder auf das Exportgeschäft zu verzichten.

In der Tabelle „Die bekanntesten Zahlungsbedingungen“ habe ich die gängigsten Zahlungsbedingungen zusammengestellt. Sie lassen sich in folgende zwei Gruppen gliedern:

Gruppe 1: Nichtdokumentäre Zahlungsbedingungen
Vorauszahlung, Anzahlung, Zahlung bei Lieferung, Zahlung gegen Rechnung. Diese Bedingungen werden auch als ungesicherte Zahlungsbedingungen bezeichnet.

Gruppe 2: Dokumentäre Zahlungsbedingungen
Bei einer dokumentären Zahlungsbedingung wird Zug um Zug gegen Aushändigung von Dokumenten Zahlung geleistet. Um welche Dokumente es sich dabei handeln kann, wird im Kaufvertrag festgelegt (siehe dazu auch Kapitel 10: „Dokumente im Außenhandel"). Die bekanntesten dokumentären Zahlungsbedingungen sind „Dokumente gegen Zahlung" (auch „Dokumenten-Inkasso" genannt) und das „Dokumenten-Akkreditiv".

Gruppe 1: Nichtdokumentäre Zahlungsbedingungen

Vorauszahlung (prepayment, advanced payment)
Für Sie als Exporteur bedeutet die Vorauszahlung die günstigste und sicherste Zahlungsbedingung. Hier warten Sie erst den Zahlungseingang ab und liefern dann die Ware aus. Dagegen ist sie für den Importeur die schlechteste Bedingung, weil er nie weiß, was ihm geliefert wird. Deshalb setzt die Vorauszahlung ein hohes Maß an Vertrauen zwischen Ihnen und Ihrem ausländischen Partner voraus. Der Importeur hat keinerlei Gewähr dafür, dass er die Ware in einem vertragsgemäßen Zustand erhält.

In der Praxis werden Vorauszahlungen häufiger verlangt, als allgemein angenommen wird. Exporteure verlangen Vorauszahlungen grundsätzlich von ausländischen Kunden,

- mit Firmensitz in wirtschaftlichen und politischen Krisenländern und
- bei denen die Bonität wegen der großen Entfernung und der fremden Sprache nur schwer oder überhaupt nicht zu prüfen ist.

Wünschen Sie eine Vorauszahlung von beispielsweise 1.000,00 US $ von einem ausländischen Kunden, bitten Sie ihn mit folgender Formulierung, Zahlung für zu leisten:

Vorauszahlung durch Überweisung von US $ 1.000,00 (i.W. eintausend) auf unser Konto Nr. 12345678 bei der Hamburg-Bank (SWIFT-Adresse GINODER2 HH 7) bis spätestens zum 11.06.2012.

Anzahlung (down payment)
Die Anzahlung ist beim Export von hochwertigen Investitionsgütern üblich. Der Exporteur verlangt von seinem ausländischen Kunden bereits vor Fertigungs-

beginn eine Anzahlung. Die weiteren Raten werden dann nach Fertigungs-Fortschritt und nach Lieferung fällig. Dazu ein Beispiel aus dem Industrieanlagenbau:

- 20 % bei Vertragsabschluss,
- 30 % nach Eintreffen von mindestens 50 Prozent der Bauteile,
- 30 % nach Abnahme des Rohbaus,
- 15 % nach Abnahme der kompletten Anlage,
- 5 % nach Ablauf der Gewährleistungsfrist.

Für den Exporteur sind Anzahlungen Beschaffungskredite, mit denen die Herstellung der Exportwaren finanziert wird. Gleichzeitig stellen Sie die Abnahme der Exportwaren durch den ausländischen Importeur sicher. Das Risiko, dass der Importeur später fällige Teilzahlungen nicht leistet, bleibt jedoch bestehen. Der Exporteur kann sich gegen dieses Risiko absichern,

- indem er vom Importeur für die einzelnen Teilzahlungen Bankgarantien verlangt. Lehnt der Importeur fällige Zahlungen ab, kann der Exporteur die Beträge sofort bei der Garantie-Bank fällig stellen.
- indem er bei „Hermes" eine Versicherung gegen das Kreditausfallrisiko abschließt (siehe Kapitel 11: „Finanzierung und Hermesdeckung").

Zahlung bei Lieferung (cash on delivery, COD)
Die Vereinbarung „Zahlung bei Lieferung" bedeutet, dass die Ware nur gegen Zahlung des Rechnungsbetrages ausgehändigt wird, beispielsweise durch Nachnahme. „Cash" kann dabei neben der Barzahlung auch Bezahlung durch Scheck oder gegen eine quittierte Banküberweisung bedeuten.

Diese Zahlungsbedingung ist im Außenhandel auf Land- und Lufttransporte beschränkt, bei denen in der Regel Frachtbriefe ausgestellt werden. Der Zahlungsbetrag wird bei Anlieferung vom Spediteur oder Frachtführer eingezogen. Es besteht die Möglichkeit, dieses im Frachtbrief zu vermerken.

Zahlung gegen Rechnung nach Warenerhalt (clean payment)
Bei dieser Zahlungsbedingung, die auch als „Zahlung gegen Rechnung" bezeichnet wird, erfolgt die Rechnungsstellung in der Regel nach dem Versand der Exportware. Hat der Importeur die Ware erhalten und entspricht sie den vertraglichen Vereinbarungen, leistet er Zahlung. Bemängelt er die Qualität oder stellt er andere Fehler fest, muss der Exporteur damit rechnen, dass er den Ausgleich der Rechnung ganz oder teilweise verweigert.

Kommt ein ausländischer Kunde seinen Zahlungsverpflichtungen nicht nach, muss der Exporteur deshalb im schlimmsten Fall mit einem Totalausfall seiner

Forderung rechnen. Lieferungen ins Ausland gegen offene Rechnung dürfen deshalb nur dann erfolgen, wenn folgende Voraussetzungen gegeben sind:

- Der Exporteur pflegt mit dem Importeur seit vielen Jahren freundschaftliche Geschäftsbeziehungen. Bei seinem Zahlungsverhalten gab es nie Beanstandungen.
- Der Exporteur informiert sich laufend über den Importeur; es gibt keine Hinweise auf eine verschlechterte finanzielle Lage.
- Die Währungslage des Einfuhrlandes und die politischen Gegebenheiten sicher sind. Das trifft beispielsweise für die meisten Länder der Europäischen Union zu.
- Der ausländische Importeur ist auf die Importsendung angewiesen. Fällt sie aus, kommt es zum Stillstand bei der Herstellung von Waren.
- Bei der Exportware handelt sich um problemlose Ware ohne großes Qualitätsrisiko.
- Der Ausfall einer Forderung gefährdet nicht die Existenz des Unternehmens.

2. Gruppe: Dokumentäre Zahlungsbedingungen

Stark vereinfacht bezahlt bei den dokumentären Zahlungsbedingung der Importeur den Kaufpreis für eine Warenlieferung bei einer Bank. Im Gegenzug händigt ihm die Bank die Dokumente aus, mit denen er die Verfügungsgewalt über die Waren erhält und mit denen er die Waren zolltechnisch einführen kann. Um welche Dokumente es sich dabei nach Art, Form und die Anzahl handelt, wird im Kaufvertrag zwischen Exporteur und Importeur vereinbart. Heute werden etwa 15 Prozent aller Außenhandelsgeschäfte mit Hilfe von dokumentären Zahlungsbedingungen abgewickelt.

Um Unklarheiten und Missverständnisse bei der Abwicklung der dokumentären Zahlungsbedingungen zwischen den Vertragsparteien zu vermeiden, wurden – wie bereits im Kapitel 5: „Internationales Vertragswesen“ ausgeführt – von der Internationalen Handelskammer Paris (ICC) die „ERA 600“ und die „ERI 522“ geschaffen. Sie werden von mehr als 150 Ländern anerkannt. Die Broschüren können Sie direkt bei der ICC Deutschland (www.icc-deutschland.de) bestellen.

Die ERI 522 „Einheitlichen Richtlinien für Inkassi“ sind die Grundlage für das weltweite Inkassogeschäft. Sie enthalten u. a. Regeln zur Vorlage von Dokumenten, zur Bezahlung und wie zu verfahren ist, wenn der Importeur die Annahme der Dokumente verweigert.

Die ERA 600 „Einheitliche Richtlinien und Gebräuche für Dokumenten-Akkreditive" sind die Grundlage für die Ausstellung von Akkreditiven. Sie ermöglichen eine weltweit einheitliche Regelung und Abwicklung von Akkreditiv-Geschäften.

Banken, die dokumentäre Zahlungsbedingungen für ihre Kunden abwickeln, legen den Vertragsverhältnissen grundsätzlich die „Einheitlichen Richtlinien" zugrunde. Achten Sie bei Kaufverträgen mit dokumentären Zahlungsbedingungen darauf, dass die „Einheitlichen Richtlinien" Vertragsbestandteil sind. Werden Sondervereinbarungen getroffen, gelten diese vor den „Einheitlichen Richtlinien" der ICC (www.icc-deutschland.de).

Es gibt sehr viele unterschiedliche dokumentäre Zahlungsbedingungen. Ich beschränke mich auf die beiden folgenden Grundformen, die international die größte Bedeutung haben:

- Dokumente gegen Zahlung (dokuments against payment, D/P) und
- Dokumenten-Akkreditiv (letter of credit, L/C).

Die Abwicklung der dokumentären Zahlungsbedingungen ist mit nicht zu vernachlässigenden Kosten verbunden. Bei der Zahlungsbedingung „Dokumente gegen Zahlung" können sie bis 2,5 Prozent vom Rechnungsbetrag ausmachen und beim „Dokumenten-Akkreditiv" bis zu 5 Prozent. Es empfiehlt sich deshalb, die Aufteilung der Kosten im Kaufvertrag zu regeln. Üblicherweise trägt jeder Vertragspartner die Kosten „auf seiner Seite".

Dokumente gegen Zahlung (auch „Dokumenten-Inkasso")

Bei der Zahlungsbedingung „Dokumenten gegen Zahlung" versendet der Exporteur die Waren auf einer Transportroute, die nicht unmittelbar mit der Übergabe an den Importeur endet. Die Ware verbleibt zuerst im Lager eines Spediteurs oder in einem Zolllager. Der Importeur kann die Ware aus diesem Lager nur gegen Vorlage bestimmter Dokumente wie Handelsrechnung, Konnossement oder Lagerschein übernehmen. Diese werden ihm erst ausgehändigt, wenn er den vereinbarten Kaufpreis bezahlt hat. Der Importeur hat keine Gelegenheit, die Ware vor Zahlung des Inkassobetrages auf Mängel zu untersuchen.

Ohne diese Dokumente kann er die Waren zolltechnisch nicht einführen. Bei einem Akkreditiv verspricht die Bank dem Exporteur verbindlich Zahlung zu leisten, sobald er die Voraussetzungen des Akkreditivs erfüllt hat. Ein solches Zahlungsversprechen gibt es bei der Zahlungsbedingung „Dokumente gegen Zahlung" nicht. Die Bank des Importeurs gibt dem Exporteur kein Zahlungsversprechen.

Checkliste: Risikominimierung „Dokumente gegen Zahlung“

Bevor Sie einen Kaufvertrag mit einer dokumentären Zahlungsbedingung abschließen, klären Sie die folgenden Fragen:

1. Handelt es sich bereits um einen guten, serösen Kunden Ihres Unternehmens?
2. Wenn nicht, sind Sie über die Bonität des Käufers durch aktuelle Handels- und Bankauskünfte gut informiert?
3. Wie wird die politische und wirtschaftliche Entwicklung des Importlandes beurteilt?
4. Welche Erlöseinbußen können Sie verkraften, wenn ein anderer Käufer gesucht oder die Ware zurücktransportiert werden muss? Mögliche Kostenfaktoren: Transportkosten, Lagerkosten, Wertminderung, eingeschränkte anderweitige Verwendbarkeit.
5. Darf die Ware in das Käuferland eingeführt werden? Wie sind die Rechtsverhältnisse im Importland? Können Ansprüche gegen den Käufer ggf. gerichtlich durchgesetzt werden?
6. Bestehen Währungsrisiken?
7. Besteht im Land des Importeurs die zolltechnische Vorschrift, nicht abgefertigte Importwaren nach einer gewissen Frist automatisch zu versteigern oder zu vernichten?

Abwicklung „Dokumente gegen Zahlung“

Nach erfolgter Lieferung wird der Exporteur die im Kaufvertrag vereinbarten Dokumente zusammenstellen und sie bei seiner Bank zusammen mit einem Inkassoauftrag einreichen. Der Inkassoauftrag ist ein Formblatt, das die Bedingungen ausweist, nach denen die Dokumente dem Importeur ausgehändigt werden dürfen.

Die Bank des Exporteurs sendet die Dokumente an die Bank des Importeurs (Inkassobank). Nach Eingang wird die Inkassobank den Importeur benachrichtigen, dass die Dokumente eingetroffen sind. Sie teilt ihm mit, dass er gegen Zahlung des Inkassobetrages über die Dokumente verfügen kann. Nach geleisteter Zahlung überweist die Inkassobank den Inkassobetrag an die Bank des Exporteurs, die ihn dann dem Konto des Exporteurs gutschreibt.

Schema „Dokumente gegen Zahlung“

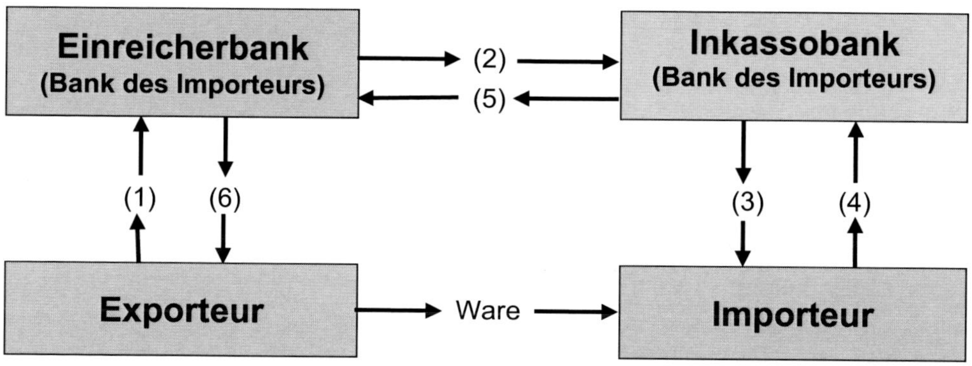

1. Der Exporteur reicht die Dokumente bei seiner Bank (Einreicherbank) zum Inkasso ein.
2. Zusammen mit den Dokumenten leitet die Einreicherbank den Inkassoauftrag an die Inkassobank (Bank des Importeurs) weiter.
3. Die Inkassobank legt dem Importeur die Dokumente vor und verlangt die Zahlung des Inkassobetrages.
4. Der Importeur leistet Zahlung bei der Inkassobank und erhält im Gegenzug die Dokumente ausgehändigt.
5. Die Inkassobank transferiert den Inkassobetrag an die Einreicherbank.
6. Der Inkassobetrag wird dem Konto des Exporteurs unter Abzug aller Gebühren und Spesen gutgeschrieben, soweit nicht anders vereinbart.

Wie gleich zu zeigen sein wird, ist die Abwicklung „Dokumente gegen Zahlung“ im Vergleich Abwicklung „Dokumenten-Akkreditiv“ kostengünstiger, dafür aber auch risikoreicher. Wie die folgenden Risiken zeigen, setzt diese Zahlungsbedingung ein großes Vertrauen in die Vertragstreue des Importeurs voraus und kann deshalb nur mit verlässlichen Kunden vereinbart werden.

Abnahme- und Delkredererisiko

Was passiert, wenn sich der Importeur weigert oder finanziell nicht in der Lage ist, das „Dokumenten-Inkasso“ einzulösen? Der Exporteur muss dann die Ware bis auf Weiteres am Bestimmungsort auf eigene Rechnung einlagern, versichern und mit dem Importeur die Abnahme der Ware neu verhandeln. Oft ist der Importeur dazu nur nach erheblichen Preiszugeständnissen bereit.

Der Exporteur kann sich auch einen neuen Käufer suchen oder veranlassen, dass die Lieferung an sein Unternehmen zurückgeschickt wird. Bei verderblichen Waren ist das aber kaum möglich. Beginnt sie zu faulen, muss sie oft weit unter dem Einstandspreis verkauft werden oder sie wird versteigert. Dieses ist ein beliebter Trick von unseriösen Geschäftsleuten, um Waren zu Spottpreisen zu erwerben, die sie vorher zu viel höheren Preisen bestellt hatten.

Dokumentenrisiko
Die am „Dokumenten-Inkasso“ beteiligten Banken sind lediglich verpflichtet, die Vollzähligkeit der erhaltenen Dokumente gemäß dem Inkassoauftrag zu prüfen. Sie haben keinerlei inhaltliche oder formelle Prüfungspflichten. Da die Dokumente keinen Prüfungs- oder Freigabevermerk enthalten – beispielsweise einer Bank –, kommt es vor, dass dem Importeur die Besichtigung oder sogar der Empfang der Ware mit falschen Dokumenten oder einfachen Kopien ermöglicht wird. Gegen ein kleines Trinkgeld öffnen sich in einigen Ländern bei Zollbehörden und Speditionen mit solchen unechten Dokumenten viele Tore. Um dieses Risiko auszuschalten,

- verschicken Sie an Importeure nie Kopien der Inkassodokumente zur Information. Mit den heutigen Büromaschinen können daraus leicht echt aussehende Originaldokumente erstellt werden.
- wählen Sie als Adressat der Ware eine Bank oder einen Spediteur Ihres Vertrauens. Das ist zwar manchmal etwas teurer, aber hier zu sparen wäre großer Leichtsinn.

Dokumenten-Akkreditiv (nachfolgend kurz: Akkreditiv)

Bei der Zahlungsbedingung „Dokumente gegen Zahlung“ bezahlt der Importeur den Rechnungsbetrag „Zug-um-Zug“ gegen Aushändigung der Dokumente, mit denen er die Ware beim Zoll auslösen kann. Beim Dokumenten-Akkreditiv erhält der Exporteur den Kaufpreis von einer Bank, sobald er die Dokumente eingereicht hat, die er im Kaufvertrag mit dem Importeur vereinbart hat. Die Bank zieht dann das Geld bei der Bank des Importeurs auf eigenes Risiko ein.

Weil das Akkreditiv im Außenhandel eine relativ große Bedeutung hat, bespreche ich ausführlich in folgender Reihenfolge:

1. Vereinbarungen im Kaufvertrag,
2. Abwicklung eines Dokumenten-Akkreditivs,
3. Bestätigung von Akkreditiven.

1. Vereinbarungen im Kaufvertrag

Der Exporteur schließt mit dem Importeur einen Kaufvertrag ab, in dem folgende Zahlungsbedingung vereinbart wurde:

„Zahlung der Kaufsumme aus einem bei der Bank des Importeurs zu eröffnenden Akkreditivs zugunsten des Exporteurs gegen Vorlage benannter Dokumente bis zum …“.

Im Kaufvertrag wird genau festgelegt, welche Dokumente vorzulegen sind. Es können Handelsrechnungen, Transport-, Zoll- und Versicherungsdokumente, Packlisten und Qualitätszertifikate sein. Mit diesen Dokumenten erfolgt der Nachweis für erbrachte Leistungen. Dazu zwei Beispiele:

Die Handelsrechnung gibt Auskunft über das zugrunde liegende Warengeschäft. In den „Einheitlichen Richtlinien und Gebräuche für Dokumenten-Akkreditive (ERA)“ ist festgelegt, welche Angaben eine Handelsrechnung enthalten muss. Werden in der Rechnung oder anderen Dokumenten vorsätzlich falsche Angaben gemacht, handelt es sich um Betrug.

TO WHOM IT MAY CONCEN

M/V. "EISENFELS"

FROM: HAMBURG TO: DUBAIJ

B/L. NR. = 5 =

GOODS: TRUCKS
WE HEREBY CERTIFY THAT THE ABOVE NAMED VESSEL IS NOT OWNED BY ANY PERSON OR COMPANY DOMICILED IN ISRAEL AND WILL NOT CALL AT ANY ISRAEL PORT OR PASS THROUGH ISRAEL WATER ON HER PRESENT VOYAGE: WE DECLARE FURTHERMORE THAT THE ABOVE VESSEL IS NOT ENTERED IN THE "BLACK LIST" BY ANY ARAB AUTHORITY:

FOR SHIPPING COMPANY

as agent

Hubertus Neuhaus

Muster "Black List Certificate"

Mit dem Konnossement wird dokumentiert, dass der Exporteur dem Verfrachter (Reeder) die Ware zur Beförderung übergeben hat. Mit der Übernahme hat sich der Verfrachter verpflichtet, die Waren an den berechtigten Inhaber des Konnossements auszuliefern. Was ein Konnossement enthalten muss, ist ebenfalls in den ERA festgelegt.

Leider werden in der Hitze von Vertragsverhandlungen mitunter Akkreditiv-Bedingungen anerkannt, die später nicht erfüllt werden können. Dazu zwei Beispiele, mit denen Exporteure schon sehr viel Ärger hatten.

Beispiel „Black List“: Das „Arab League Boykott Committee“ ist eine Vereinigung von arabischen Staaten, die beschlossen haben, Unternehmen zu boykottieren, denen enge wirtschaftliche

Beziehungen zum Staate Israel nachgesagt werden. Um die Boykottmaßnahmen besser kontrollieren zu können, werden diese Unternehmen in der sogenannten „Black List" (schwarze Liste) geführt. Bei Exporten in einige arabische Länder muss gemäß Akkreditiv eine schriftliche Erklärung abgeben werden, dass der Exporteur nicht auf der Black List geführt wird. Stellt sich später heraus, dass er doch auf der Liste geführt wird, wird das Akkreditiv verfallen.

Beispiel: 100 Prozent deutscher Ursprung: Von einigen Ländern werden Lieferanten-Erklärungen in den Akkreditiv-Dokumenten verlangt, dass eine Ware zu 100 Prozent deutschen Ursprungs sein muss. Diese Forderung lässt sich bei Industriegütern kaum erfüllen, denn irgendwelche Bauteile stammen meistens aus dem Ausland. Oft weiß der Hersteller eines Industriegutes das nicht einmal selbst. Kann er die Erklärung nicht beibringen, wird das Akkreditiv verfallen.

Wegen dieser Risiken empfehle ich Ihnen, Akkreditive sofort nach Eingang zusammen mit Ihrer Bank sorgfältig zu prüfen. Notfalls versuchen Sie umgehend Änderungen durchzusetzen, denn wenige Tage vor Verfall eines Akkreditivs ist das kaum noch möglich.

2. Abwicklung eines Akkreditivs

Der Importeur beantragt bei seiner Bank (Akkreditivbank) die Eröffnung eines Akkreditivs. Die Akkreditivbank prüft jetzt, ob der Importeur überhaupt kreditfähig und kreditwürdig ist und ob seine finanziellen Möglichkeiten ausreichen, dieses Geschäft abzudecken.

Fällt die Prüfung positiv aus, eröffnet die Akkreditivbank zugunsten des Exporteurs ein Akkreditiv und teilt das der Bank des Exporteurs mit, die als „avisierende Bank" bezeichnet wird. Diese „avisiert" („zeigt an") dem Exporteur dann, dass ein Akkreditiv zu seinen Gunsten eröffnet worden ist.

Nach erfolgtem Versand der Ware stellt der Exporteur alle im Akkreditiv vorgeschriebenen Dokumente zusammen und reicht sie bei seiner Bank zum Inkasso ein. Diese Dokumente werden dann an die Akkreditiv-Bank geschickt. Diese prüft jetzt sehr genau, ob die eingereichten Dokumente alle Bedingungen des Akkreditivs erfüllen. Fällt die Prüfung positiv aus, wird sie das Geld an die Bank des Exporteurs überweisen und Zug-um-Zug das Konto des Importeurs mit dem Gegenwert belasten.

Stellt die Akkreditivbank allerdings Unstimmigkeiten fest, teilt sie dieses dem Exporteur über seine Bank mit. Dazu findet das Formblatt „Dokumenten-Prüfung zu Akkreditiv-Nr. ...." Anwendung. Bei kleineren Ungereimtheiten gibt es bankintern die Möglichkeit, fehlerhafte Dokumente „auf dem kleinen Dienstweg" zu korrigieren. Bei schweren Fehlern ist das nicht mehr möglich. Der Ex-

Deutsche Exportbank
Frankfurt – Tokio – Singapore

Deutsche Exportbank
Dokumentar-Akkreditive
Frankenallee 109
60326 Frankfurt, Germany

Dokumenten-Prüfung zu Akkreditiv-Nr. A-467-72

Ergebnis der Prüfung

☒ Die Dokumente sind akkreditivgerecht

☐ Die Dokumente weisen folgende Unstimmigkeiten auf (gegebenenfalls Fortsetzung auf der Rückseite)

Behandlung im Falle von Unstimmigkeiten

Export

☐ Einreicher über die festgestellten Abweichungen unterrichtet und um Zustimmung gebeten, die Dokumente zu berichtigen/vervollständigen, soweit dies möglich ist

Falls noch Abweichungen bestehen bleiben:

☐ Zahlung / Negozierung / Akzeptierung unter Vorbehalt

☐ Weiterleitung auf Inkassobasis?

☐ Rückgabe der Dokumente zwecks Berichtigung / Vervollständigung?

☐ Kommentarlose Weiterleitung, da im Ausland zahlbar

☐

Import

☐ Weiterleitung der Dokumente an den Auftraggeber mit der Weisung, uns schriftlich zu bestätigen, dass sie anerkannt werden.

☐ Weiterleitung der Dokumente an den Auftraggeber mit der Weisung, uns zu ermächtigen, die Rückgabe der Garantie / Aufhebung des Vorbehaltes zu veranlassen.

☐

Frankfurt, 30. Januar 2012	Britta Hellmann	Uwe Piringo
Ort, Datum	2. Prüfung	1. Prüfung

Ergebnis der Dokumenten-Prüfung

Exporteur muss damit rechnen, dass das Akkreditiv verfällt und der Akkreditivbetrag nicht ausbezahlt wird.

Diese Abwicklung eines Akkreditivgeschäftes mag für Sie kompliziert aussehen, sie ist aber schnell zu lernen. Wie in der Abbildung „Schema eines Dokumenten-Akkreditivs" dargestellt, laufen alle Schritte immer in der gleichen Reihenfolge ab. Dabei werden entweder international standardisierte Formblätter verwendet oder es wird formlos auf vorformulierte Textbausteine zurückgegriffen.

3. Bestätigung von Akkreditiven

Bei normalen Akkreditiven haftet die Akkreditivbank, also die ausländische Bank des Importeurs, für die Zahlung des Kaufpreises. Nun kann es aber vorkommen,

- dass es die Akkreditivbank überhaupt nicht gibt (siehe weiter untern),
- dass die Akkreditivbank zahlungsunfähig ist oder
- dass die Akkreditivbank zwar zahlungswillig ist, aber wegen staatlicher Maßnahmen (Konvertierungs- und Transferbeschränkungen) ihren Zahlungsverpflichtungen nicht nachkommen kann.

Will sich der Exporteur gegen diese Risiken absichern, muss er im Kaufvertrag mit dem Importeur ein bestätigtes Akkreditiv vereinbaren. Die Akkreditivbank beauftragt dann eine weitere Bank – in der Regel die Hausbank des Exporteurs –, dem Akkreditiv ein eigenes, zusätzliches Zahlungsversprechen beizufügen. Die bestätigende Bank haftet dann genauso wie die Akkreditivbank für die Zahlung des Kaufpreises.

Zum Abschluss noch ein kleiner Trick: Wollen Sie etwas über die Bonität eines Landes oder einer Auslandsbank erfahren, fragen Sie ganz unverbindlich bei Ihrer Bank an, was die Bestätigung von Akkreditiven mit Kunden in diesem Land kostet. Liegen die Kosten höher als 1 oder 2 Prozent, sollten Sie auf jeden Fall das Exportgeschäft über die HERMES versichern oder die Bestätigung des Akkreditivs verbindlich mit Ihrer Bank vereinbaren. Eine hohe Bestätigungsgebühr weist regelmäßig auf ein erhöhtes Risiko hin.

Vorsicht!: Obwohl das Akkreditiv eine sehr sichere Zahlungsbedingung ist, bietet es dennoch ein breites Betätigungsfeld für kriminelle Geschäftsleute, wie das folgende Beispiel zeigt:

„Importeure" aus einem afrikanischen Land holten Angebote von deutschen Exporteuren ein und bestellten unverzüglich die Waren. Zum Beweis dafür, dass alles mit rechten Dingen zuging, wurden selbst erstellte Akkreditive mit gefälschten Absendern als Anlage den Bestellungen beigefügt. Rückfragen der

Schema eines „Dokumenten-Akkreditivs“

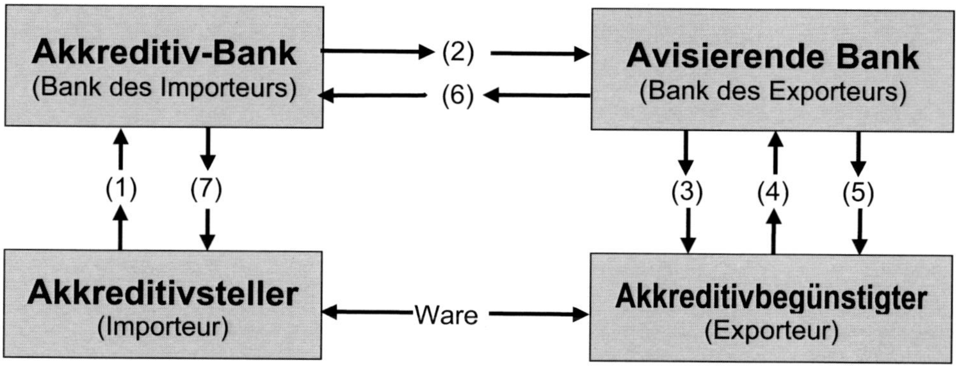

1. Der Importeur (Akkreditivsteller) eröffnet ein Akkreditiv über seine Bank (Akkreditiv-Bank).
2. Diese Bank schickt das Akkreditiv-Eröffnungsschreiben an die Bank des Exporteurs.
3. Die Bank des Exporteurs informiert den Exporteur über die Eröffnung des Akkreditivs.
4. Der Exporteur reicht die Dokumente über seine Bank bei der Bank des Importeurs zum Inkasso ein.
5. Nach Prüfung der Dokumente und Feststellung der Übereinstimmung mit den Akkreditiv-Bedingungen zahlt die Bank des Exporteurs den Forderungsbetrag an den Exporteur aus.
6. Die Bank des Exporteurs übersendet die Dokumente an die Akkreditiv-Bank und belastet sie mit dem Gegenwert des Akkreditivs und mit ihren Spesen und Gebühren.
7. Abschließend übersendet die Bank des Importeurs die Dokumente an den Importeur und belastet sein Konto mit dem Dokumentengegenwert. Dazu kommen dann noch die Gebühren und Spesen der beteiligten Banken.

deutschen Korrespondenzbanken an die Bank, die das Akkreditiv angeblich ausgestellt hatte (eine bekannte internationale Bank mit einem sehr guten Ruf), gingen somit an die Kriminellen zurück. Sie bescheinigten dann regelmäßig die Richtigkeit und Echtheit der Akkreditive. Wurden die Dokumente bei der Bank zum Inkasso eingereicht, kamen sie postwendend mit dem Vermerk „unzustellbar" zurück; die Bank hat noch nie existiert.

Gegen solche Betrügereien kann sich ein Exporteur schützen, indem er darauf besteht, dass sein Akkreditiv nur über eine deutsche Bank zahlbar gestellt wird.

Vorauszahlungen aus der Sicht des Importeurs

Um unnötige Wiederholungen zu vermeiden, wurden bisher nur die Zahlungsbedingungen aus der Sicht des Exporteurs behandelt. Sie gelten im umgekehrten Verhältnis natürlich auch für Importeure: Befindet sich ein Exporteur bei einer Zahlungsbedingung (Vorauskasse) in einer sehr sicheren Position, befindet sich der Importeur umgekehrt in einer sehr unsicheren Position. Bei der Zahlungsbedingung „Zahlung gegen Rechnung" ist es genau umgekehrt.

Auf ein Problem für den Importeur will ich aber noch besonders eingehen: Zählen Sie mit Ihrem Importgeschäft nicht zu den Großen einer Branche, müssen Sie davon ausgehen, dass Sie nur gegen Vorauskasse oder gegen ein Dokumenten-Akkreditiv beliefert werden. Das gilt insbesondere für Lieferungen aus Amerika und dem Fernen Osten.

Ich kenne viele Importeure, die seit Jahren ihre Importgeschäfte auf der Grundlage „Vorauszahlung" abwickeln und nie enttäuscht wurden. Ihre Geschäftspartner sind namhafte Produzenten oder Handelsfirmen, die eine so starke Marktstellung haben, dass sie die Zahlungsbedingungen vorgeben können. Ihr internationales Renommee ist die beste Garantie dafür, dass sie ihren Verpflichtungen aus einem Warengeschäft nachkommen.

Auch Sie werden bald entscheiden müssen, ob Sie die Zahlungsbedingung „Vorauskasse" akzeptieren oder nicht. Seien Sie vorsichtig und gehen das Risiko nur dann ein, wenn mindesten die folgenden vier Voraussetzungen erfüllt sind:

1. Es handelt sich um problemlose Waren ohne großes Qualitätsrisiko.
2. Es handelt sich um die gleiche Ware aus Folgeaufträgen. Vorangegangene Bestellungen wurden zu Ihrer vollsten Zufriedenheit ausgeführt.
3. Die Höhe der geleisteten Vorauszahlung gefährdet beim Ausfall der Lieferung nicht die Existenz Ihres Unternehmens.
4. Das Ansehen und die Bonität des Exporteurs wurden sehr sorgfältig geprüft; Negatives wurde Ihnen nicht bekannt.

* * * * * * *

Kapitel 8: Internationaler Zahlungsverkehr

Aufgabe des internationalen Zahlungsverkehrs ist die Abwicklung der Zahlungsbedingungen, die Sie im vorangegangenen Kapitel kennengelernt haben. So wie dort die dokumentären von den nichtdokumentären Zahlungsbedingungen unterschieden wurden, werden auch beim Zahlungsverkehr die dokumentären von den nichtdokumentären Zahlungsarten unterschieden.

Ich bespreche jetzt die einzelnen Zahlungsarten in folgender Reihenfolge, um dann am Ende dieses Kapitels noch auf die Themen „Wechselkurse", „Meldungen im Zahlungsverkehr" und den „Forderungseinzug im Ausland" einzugehen.

Dokumentären Zahlungsarten:	1. Dokumente gegen Zahlung und das 2. Dokumenten-Akkreditiv.
Nichtdokumentäre Zahlungsarten:	3. SEPA-Überweisung (Euro Zahlungsverkehr mit SEPA), 4. Überweisung außerhalb von SEPA, 5. Zahlung per Scheck, 6. Zahlung per Kreditkarte und per PayPal und 7. Zahlung gegen Wechsel.

Die nichtdokumentären Zahlungsarten erfolgen ohne Begleitung von Dokumenten und sind an keine besonderen Bedingungen geknüpft. Deshalb werden sie häufig auch als ungesicherte Zahlungsarten oder als reine Zahlungsarten (englisch: clean payment) bezeichnet. Im Gegensatz dazu erfolgt der dokumentäre Zahlungsverkehr immer im Zusammenhang mit Dokumenten. Für die Durchführung der nichtdokumentären und der dokumentären Zahlungsarten muss auf die vielfältigen Leistungen internationaler Banken zurückgegriffen werden. Ohne ihre Infrastruktur kann der Zahlungsverkehr nicht durchgeführt werden.

1. Dokumente gegen Zahlung

Bei der Zahlungsart „Dokumente gegen Zahlung" erfolgt die Zahlungsabwicklung unter Mitwirkung der Bank des Zahlungspflichtigen. Sie handelt als Vermittler zweier Handelspartner, sodass sowohl die Interessen des Exporteurs als auch die Interessen des Exporteurs geschützt werden.

Der Importeur erhält die Dokumente von der Inkassobank nur gegen sofortige Zahlung des Kaufpreises. Das Geld wird von der Inkassobank an die Bank des Exporteurs geleitet. Der Importeur kann die Ware vor Übergabe der Dokumente nicht ansehen. Diese Zahlungsart ähnelt einer Nachnahmelieferung. Eine besondere Zahlungsart ist das „Dokumente gegen Akzept".

„Dokumente gegen Akzept", (documents against acceptance (d/a)): Diese Zahlungsart entspricht der Zahlungsart „Dokumente gegen Zahlung" mit dem Unterschied, dass der Exporteur dem Importeur ein Zahlungsziel eingeräumt hat. Zur Absicherung legt (Fachwort: präsentiert) die Inkassobank dem Importeur einen nicht-akzeptierten Wechsel (Tratte) vor. Wird dieser vom Importeur rechtsverbindlich unterschrieben (akzeptiert), wird aus der Tratte ein Wechsel. Gegen diesen Wechsel händigt die Inkassobank dem Importeur die Dokumente aus, die er benötigt, um die Ware zu übernehmen und zolltechnisch einzuführen.

Die Inkassobank leitet den akzeptierten Wechsel an den Exporteur weiter, der ihn dann bei seiner Bank diskontieren lassen kann (sich den Barwert auszahlen lassen kann). Am Verfalltag beauftragt er seine Bank, dem Importeur den Wechsel zu Einlösung vorzulegen. Die Sicherheit dieser Zahlungsart wird durch die international übliche Wechselstrenge garantiert. Sollte dieses für ein Land nicht gelten, wird Ihre Hausbank Sie darauf hinweisen. Selbstverständlich dürfen Sie dann diese Zahlungsart nicht wählen.

2. Dokumenten-Akkreditiv

Wie ich im Kapitel 7: "Zahlungsbedingungen" ausgeführt habe, ist ein Dokumenten-Akkreditiv ein unwiderrufliches Zahlungsversprechen der Bank des Importeurs. Hat der Exporteur die im Akkreditiv vereinbarten Bedingungen erfüllt hat, muss die Bank des Importeurs Zahlung leisten.

3. SEPA-Überweisung

Der Begriff SEPA (Single Euro Payments Area) bezeichnet einen einheitlichen Euro-Zahlungsverkehrsraum, bei dem keine Unterschiede mehr zwischen inländischen und grenzüberschreitenden Zahlungen bestehen. Der SEPA-Raum umfasst derzeit alle EU-Mitgliedsländer sowie Island, Liechtenstein, Norwegen und die Schweiz. Als Zahlungsinstrumente stehen Ihnen die SEPA-Überweisung, die SEPA-Lastschrift und die SEPA-Kartenzahlungen zur Verfügung. Ich beschränke mich hier auf die SEPA-Überweisung.

Die SEPA-Überweisung ist die einfachste Art der Zahlungsabwicklung. Sie ermöglicht Unternehmern und Verbrauchern bargeldlose Euro-Zahlungen kostengünstig und bequem wie in ihrem Heimatland – mit Belegen oder per Online-Banking – durchzuführen. Anstelle von Kontonummer und Bankleitzahl sind IBAN und BIC zu verwenden.

Beispiel IBAN			
Länder-kennziffer 2 Stellen	Prüfziffer 2 Stellen	Bankleitzahl 8 Stellen	Konto-Nr. des Kunden 10 Stellen
DE	09	533 500 00	000 654 3211
IBAN: DE 09 5335 0000 0006 543211			

IBAN bedeutet „International Banking Account Number" und ist eine internationale Kontonummer. IBAN dient also der eindeutigen Identifikation von Konten. Ab Februar 2014 ist er bei Überweisungen und bei Zahlungen per Lastschrift innerhalb der Euro-Zone zwingend zu verwenden. Der BIC-Code, oft auch als SWIFT-Code bezeichnet, steht für „Bank Identifier- Code". Dieses Kennzeichen wird allen Banken zugeordnet, die länderübergreifend tätig sind.

4. Überweisungen außerhalb von SEPA

Überweisungen, die nicht unter das SEPA-Verfahren fallen (u. a. Beträge über 75.000,00 Euro, Stand März 2012), sind oft teuer. Allerdings ist die Zahlungsverkehrslandschaft stark in Bewegung geraten. Treibende Kräfte sind der Wettbewerb, der Kostendruck und der sich ständig vergrößernde Euro-Währungsraum. Auch gibt es laufend technologische Innovationen, die zu neuen Produkten, Verfahren und Infrastrukturen führen.

Wenn Sie regelmäßig Rechnungen im „Nicht-SEPA-Euro-Zahlungsverkehrsraum" zu bezahlen haben, vergleichen Sie die Gebühren einzelner Geldinstitute im Internet; sie weichen zum Teil erheblich voneinander ab.

5. Scheck-Zahlung

Neben den USA gibt es noch andere Länder, in denen es keinen (oder kaum) „Überweisungsverkehr" wie in Deutschland gibt. Zahlungen werden per Scheck oder mehr und mehr per Kredit- oder Kontokarte geleistet. In Europa war im letzten Jahrhundert die Zahlung per Scheck Standard, sie verliert aber immer mehr an Bedeutung. Dafür gibt es im Wesentlichen zwei Gründe:

Keine Einlösungspflicht: Die deutschen Banken und Sparkassen sind nicht mehr verpflichtet, Euroschecks einzulösen. Deshalb akzeptieren die meisten Exporteure keine Euroschecks mehr. Für sie ist das Risiko einfach zu groß, dass die Schecks nicht eingelöst werden und sie keine Zahlung erhalten.

Keine Auszahlungsgarantie: Für Verrechnungsschecks tragen Bankkunden und nicht die Banken das Fälschungs- und Scheckversandrisiko. Nicht zuletzt deshalb gibt es für Verrechnungsschecks keine Auszahlungsgarantie mehr. In

Schweden und Finnland werden zum Beispiel so gut wie keine Verrechnungsschecks mehr verwendet. Deshalb stößt er im In- und Ausland auf erhebliche Akzeptanzprobleme mit der Folge, dass immer weniger Schecks zum Einsatz kommen und folglich die Kosten für Scheckeinlösungen ständig steigen.

Wünscht einer Ihrer Kunden die Bezahlung einer Rechnung per Scheck, vereinbaren Sie mit ihm einen Bankenscheck. Es handelt sich um einen genormten Scheck in englischer Sprache, der in Euro oder einer Fremdwährung ausgestellt werden kann. Er wird an die Bank des Begünstigten geschickt oder an diesen selbst. Sie können sich den Scheck auch von Ihrer Bank aushändigen lassen und selbst dem Empfänger zuleiten. Denken Sie daran, dass Sie beim Bankscheck die gleichen Risiken tragen wie beim Verrechnungsscheck.

6. Zahlung per Kreditkarte und per PayPal

Kreditkarte: Bieten Exporteure ihre Waren in einem Online-Shop an, erwarten ausländische Kunden, dass sie ihre Rechnungen auch per Kreditkarte bezahlen können. Der Vorteil dieser Zahlungsart liegt für den Exporteur in seiner Sicherheit und in dem hohen Automatisierungsgrad bei den verwaltungstechnischen Abläufen. Kritisch zu sehen sind allerdings die relativ hohen Kosten, die zwischen 2 und 5 Prozent vom Überweisungsbetrag liegen können.

Wie bei der Lastschrift kann der Kunde eine Abbuchung zurückrufen. Für den Exporteur bedeutet diese Rückbuchung (Fachwort: Chargebacks) zusätzliche Kosten, die die Bank ihm für den Bearbeitungsaufwand in Rechnung stellt. Überschreiten solche Rückbuchungen eine Obergrenze von etwa 2 Prozent, ist die Bank berechtigt, den Kreditkarten-Vertrag zu kündigen. Folgender Gründe veranlassen Kunden, abgebuchte Zahlungen zurückzufordern:

- Der Kunde gibt an, die Ware nicht erhalten zu haben.
- Der Kunde reklamiert die erhaltene Ware.
- Der Kunde kann die Abbuchung nicht zuordnen.
- Die Gutschrift für eine Rücksendung wurde nicht rechtzeitig verbucht.
- Die Kreditkartennummer wurde durch Betrüger missbraucht.

PayPal: Viele Exporteure bieten Ihren Online-Kunden auch die Möglichkeit an, Rechnungen per PayPal zu bezahlen. Es handelt sich hierbei um einen Online-Zahlungsservice für Importeure und Exporteure, die ihre Waren weltweit online einkaufen und verkaufen. Sie können Zahlungen in mehr als 30 Währungen empfangen und leisten. Dabei ist das Bezahlen mit PayPal kostenlos. Die recht hohen Gebühren trägt immer der Zahlungsempfänger. Mitte 2012 gab es fast 250 Mio. PayPal-Konten. Deshalb gehört Paypal heute bereits zum Standard des „International Online Business“.

7. Zahlung gegen Wechsel

Zur Finanzierung von Außenhandelsgeschäften spielt der Wechsel eine wichtige Rolle. Ich werde ihn deshalb im Kapitel 11: „Finanzierung und Hermesdeckung“ noch einmal auf ihn zurückkommen.

Wechselkurse

Wechselkurse haben auf Ihre Exportrechnungen in der Euro-Währung keinen Einfluss; der Importeur muss den in Euro ausgewiesenen Rechnungsbetrag an Sie als Exporteur überweisen. Anders sieht es aus, wenn Sie Ihre Waren in einer anderen Währung als den Euro in Rechnung stellen. Das gilt beispielsweise für Exporte in den Fernen Osten und nach Nordamerika, die häufig auf US-$-Basis geliefert werden. Liegen Bestelldatum und Lieferdatum auseinander, müssen Sie damit rechnen, dass Sie weniger oder mehr Euro erhalten, als Sie geplant hatten.

Zum besseren Verständnis ein Beispiel: Ein deutscher Exporteur erhält am 25.02.2012 den Auftrag, an ein thailändisches Unternehmen Maschinen im Wert von 60.000,00 US-$ zu liefern. Die Lieferung erfolgt zwei Monate später. Am 25. Mai erhält der Exporteur vereinbarungsgemäß den Rechnungsbetrag auf seinem Konto in US-$ gut geschrieben.

Umtauschkurs:		**Sie verkaufen 60.000,00 US-$ und erhalten:**
bei Bestellung am 25.02.2011:	1 US-$ = 0,77 €;	60.000,00 US-$ x 0,77 = 46.200,00 €
bei Bezahlung am 25.05.2011:	1 US-$ = 0,65 €;	60.000,00 US-$ x 0,65 = 39.000,00 €
		„Verlust“: 7.200,00 €

Durch diese Aufwertung des €-Wechselkurses gegenüber dem US-$ hat der Exporteur am Zahltag 7.200,00 € weniger für die 60.000,00 US-$ erhalten als am Bestelltag. Er hat also einen „Verlust“ von 7.200,00 € hinnehmen müssen. Hätte der Wechselkurs umgekehrt am 25.02.2011 bei 1 US-$ = 0,65 € und am 25.05.2011 bei 1 US-$ = 0,77 € gelegen, hätte er einen Gewinn von 7.200,00 € erzielt.

Als Exporteur können Sie in vielen Fällen Ihre Rechnungen in Euro stellen, weil der Euro eine international anerkannte „harte Währung" ist. Ist das nicht der Fall und Sie befürchten Kursverluste, können Sie diese durch den Abschluss eines Devisen-Termingeschäftes absichern. Sie treten dann bei Ihrer Hausbank als Devisenkäufer auf und verpflichten sich, zu einem bestimmten Termin Devisen (hier US-$) gegen Euro zum vorher festgelegten Terminkurs einzutauschen.

Kursverlauf Euro ./. US-$		
Datum	**Euro**	**US-$**
31.12.2002	1	1,05
31.12.2003	1	1,23
31.12.2004	1	1,36
30.12.2005	1	1,18
29.12.2006	1	1,32
31.12.2007	1	1,47
31.12.2008	1	1,39
31.12.2009	1	1,44
31.12.2010	1	1,33
31.12.2011	1	1,29
04.08.2012	1	1,21

Dem Devisenkäufer – in der Regel Ihre Hausbank – müssen Sie dafür eine Kurssicherungsgebühr bezahlen, die bei unruhigen Finanzmärkten recht teuer sein kann.

Meldungen von Zahlungen gemäß § 59 AWV

In Deutschland kann jeder ohne Beschränkungen oder behördliche Genehmigungen Zahlungen in das Ausland leisten oder aus dem Ausland empfangen. Für diese Freizügigkeit sind jedoch die statistischen Meldevorschriften über ein- und ausgehende Zahlungen nach §§ 59 ff. Außenwirtschaftsverordnung (AWV) zu beachten.

Stark vereinfacht hat jede Privatperson und jedes Unternehmen Zahlungen von mehr als 12.500,00 Euro zu melden, die er von Gebietsfremden entgegennimmt (Personen, die außerhalb von Deutschland leben) oder an Gebietsfremde leistet. Als Zahlungen gelten u. a. Barzahlungen, Zahlungen mittels Lastschrift, Schecks, Wechsel und Überweisungen in Euro und in anderen Währungen.

Bei Überweisungen ist für die Meldung der Vordruck „Zahlungsauftrag im Außenwirtschaftsverkehr" zu verwenden, der in der Umgangssprache als Z1-Vordruck bezeichnet wird. Bei Scheck- und Wechselzahlungen und dokumentäre Zahlungen (Akkreditiv, Dokumente gegen Zahlung) ist der Z4-Vordruck zu verwenden. Beide Formblätter erhalten Sie von Ihrer Hausbank

Forderungseinzug im Ausland

Auch wenn Sie sich vornehmen, nur gegen Vorauszahlung oder ein Akkreditiv zu liefern, werden Sie irgendwann diesen Grundsatz bei sehr eiligen Geschäften oder sehr guten Geschäftsfreunden aufgeben. Es wird dann nicht mehr lange dauern, und Sie müssen Ihren Forderungen hinterherlaufen.

Fehlende Gläubigerschutzvorschriften sowie abweichende Normen und Gesetze erschweren Ihnen in vielen Ländern den gerichtlichen Forderungseinzug erheblich. So ist beispielsweise ein zwischen Ihnen und Ihrem ausländischen Geschäftspartner vereinbarter Eigentumsvorbehalt nach den Gesetzen vieler Länder gar nicht wirksam oder möglich; er ist also als Zahlungssicherungsinstrument nichts wert. Auch können Sie in den meisten Ländern eine Zwangsvollstreckung aus einem deutschen Titeln nicht betreiben. Unterschiedliche Sprachen und große Entfernungen tragen zu weiteren Problemen der Rechtsverfolgung bei.

Ich lege Ihnen nahe, gerichtliche Auseinandersetzungen mit ausländischen Geschäftspartnern zu vermeiden. Abgesehen von den hohen Kosten, dem hohen persönlichen Einsatz und der nervlichen Belastung ist der Ausgang gerichtlicher Schritte immer sehr ungewiss. Oft ist das auch nicht erforderlich, denn es bieten sich die folgenden drei Wege zum außergerichtlichen Forderungseinzug an, die von der „Harmsen GmbH“ immer wieder mit gutem Erfolg genutzt werden:

1. Forderungseinzug durch die Bank,
2. Forderungseinzug durch Inkasso-Unternehmen,
3. Forderungseinzug durch Auslandshandelskammern.

1. Forderungseinzug durch die Bank

Besprechen Sie mit Ihrer Hausbank die offene Kundenforderung, und bitten um Unterstützung beim Einzug Ihrer Forderung. Stimmt sie zu, reichen Sie die Rechnung zusammen mit den Mahnungen bei Ihrer Bank ein. Diese schickt die Unterlagen an die Bank Ihres Kunden. Unter Vorlage der Dokumente fragt die Bank den Kunden, warum er die Rechnung nicht begleicht. In vielen Fällen wird daraufhin mit ausschweifenden Erklärungen, Schuldzuweisungen und Entschuldigungen die Zahlung geleistet.

Dieses ist leicht nachvollziehbar, denn welcher Kunde will seiner Bank schon eingestehen, dass berechtigte Auslandsschulden nicht ausgeglichen werden. Hat er wirklich wirtschaftliche Probleme, wird er alles unternehmen, sein Gesicht zu wahren und seine Bank davon nichts wissen zu lassen. Dieses Verfahren ist ein freiwilliger Service einer Bank und wird ohne jeden Formalismus auf persönlicher Ebene abgewickelt; die Auslagen der Bank müssen Sie ersetzen.

2. Forderungseinzug durch Inkasso-Unternehmen

Zahlreiche Inkasso-Unternehmen bieten den Forderungseinzug im Ausland an. Zugeschnitten auf die Bedürfnisse im internationalen Handels- und Rechtsverkehr steht ihnen ein weltweites Netz von Partnerunternehmen und Rechtsanwälten für den Forderungseinzug zur Verfügung. Speziell entwickelte EDV-Programme erledigen die Routinearbeit und helfen, fallbezogene, individuelle Lösungen zu finden.

Die Kosten für den Forderungseinzug sind erheblich. Wird nach tatsächlichem Arbeitsaufwand abgerechnet – darauf dürfen Sie sich nie einlassen – können die Gesamtkosten schnell höher ausfallen als die Grundforderung. Insbesondere kleinere, ausländische Inkassounternehmen haben hier schon manchen Exporteur übervorteilt.

3. Forderungseinzug durch Auslandshandelskammern

Viele Auslandshandelskammern bieten deutschen Gläubigern ihre Hilfe beim Einzug offener Forderungen an. Die Erfolgsquoten können sich sehen lassen. So liegt sie beispielsweise in Italien, das im europäischen Vergleich Rekordhalter beim Zahlungsverzug ist, immerhin bei 60 Prozent.

Jahrelange Erfahrungen der Auslandshandelskammern mit Inkassoverfahren zeigen in den meisten Ländern, dass ein außergerichtliches Vorgehen dem Gläubiger oft schneller und natürlich kostengünstiger Erfolg bringt. Zivilrechtliche Gerichtsverfahren dauern viel zu lange und werden oft zuungunsten des ausländischen Gläubigers entschieden.

Der Forderungseinzug „vor Ort“ beim Schuldner bietet außerdem den Vorteil, dass Missverständnisse, die auf unterschiedlichen Geschäftsauffassungen oder Verkehrssitten beruhen, schnell ausgeräumt werden können.

Illegaler Zahlungsverkehr

Sind Sie im Ausland bekannt und haben Ihre ersten Auslandsgeschäfte erfolgreich abgeschlossen, müssen Sie damit rechnen, dass man Sie bitten wird, mit Scheingeschäften oder überteuerten Preisen Geld in die Europäischen Union zu transferieren. Es stammt meistens aus undurchsichtigen Geschäften, aus ungerechtfertigten Bereicherungen oder es gehört reichen Menschen, die ihr Vermögen im Ausland anlegen möchten. Da der Devisentransfer ins Ausland in vielen Ländern aus gutem Grund stark reglementiert ist, liegt die Versuchung nahe, illegale Kanäle zu benutzen.

Obwohl mit diesen und ähnlichen Geschäften viel Geld verdient werden kann, lassen Sie sich nie darauf ein. Unabhängig von der rechtlichen und moralischen Fragwürdigkeit solcher Geschäfte, machen Sie sich damit nur von Ihren ausländischen Geschäftspartnern abhängig. Viel schlimmer ist, dass Sie erpressbar werden. Wissen Sie heute, ob Ihr Geschäftspartner noch in fünf Jahren Ihr Geschäftsfreund ist? Auch müssen Sie mit der Aufdeckung solcher Devisenbetrügereien im Ausland rechnen, ohne dass Sie davon etwas erfahren. Wenn Sie dann das Land besuchen, dürfen Sie sich nicht wundern, wenn Sie verhaftet und zu einer langjährigen Freiheitsstrafe verurteilt werden.

* * * * * * *

Kapitel 9: Transport, Verpackung, Versicherung

Bei der Abwicklung Ihrer Import- und Exportgeschäfte sind Sie auf die Mithilfe von Dienstleistungsunternehmen angewiesen, ohne die eine ordnungsgemäße Auftragsabwicklung kaum möglich ist. Es sind meistens stark spezialisierte, international tätige Unternehmen im Finanzierungs-, Versicherungs-, Beförderungs-, Lagerungs- und Inspektionsbereich, von denen Sie einige schon kennengelernt haben.

Diese Dienstleister bieten in vielen Jahren Gewachsenes und in der Praxis bewährtes Spezialwissen zu Kosten an, die bei Eigenerbringung kaum möglich sind. Unternehmer, die im Außenhandel wenig Erfahrung haben, sind gut beraten, diese Dienstleistungen zu nutzen, um mangelnde Erfahrungen auszugleichen und Risiken zu senken. Das gilt besonders für Logistik- und Versicherungsangelegenheiten, die in diesem Kapitel behandelt werden.

Die Verantwortung für Themen Verpackung, Transport und Transportversicherung ergeben sich in der Regel aus dem Kaufvertrag und den Incoterms. Für eine Sendung Fischkonserven von Hamburg nach Singapur könnte es beispielsweise im Kaufvertrag heißen:

EXW Factory D 22529 Hamburg, Freimarkt 4, Incoterms 2010,
Verpackung: Handelsüblich, für den Seetransport voll geeignet.

Damit ist eigentlich eindeutig festgelegt, dass die „Harmsen GmbH“ als Exporteur für die Verpackung zuständig ist und der Importeur für den Transport und für die Transportversicherung. Was passiert aber, wenn beispielsweise folgende Risiken eintreten?

Mangelhafte Verpackung: Das Schiff gerät in einen Sturm und Salzwasser dringt in den Container ein und beschädigt die Konservendosen. Vielleicht wird der Importeur behaupten, die Verpackung sei nicht ordnungsgemäß gewesen.

Falsche Sparsamkeit: Um Transportkosten zu sparen, hat der Importeur als Schiff einen alten Seelenverkäufer gewählt. Der Transport dauerte nicht wie üblich acht, sondern 14 Wochen. Der vertraglich vereinbarte Liefertermin konnte nicht eingehalten werden. Für die verspätete Lieferung machte der Importeur die vereinbarte Vertragsstrafe bei der „Harmsen GmbH“ geltend.

Keine Transportversicherung: Entgegen der vertraglichen Vereinbarung hat der Importeur keine Transportversicherung abgeschlossen. Der Importeur weigert sich, die beschädigten Konservendosen anzunehmen.

Allein diese Risiken zeigen Ihnen, dass Sie Exportsendungen auch nach dem Verlassen „Ex Factory“ nicht aus dem Auge verlieren dürfen. Sie müssen die Transport- und Versicherungsleistungen kontrollieren, die Ihre ausländischen Vertragspartner zu erbringen haben. Vereinbaren Sie deshalb mit ihnen, dass sie Ihnen Kopien der in Auftrag gegebenen Transport- und Versicherungsleistungen per E-Mail oder per Fax zukommen lassen.

Anders sieht es aus, wenn Sie auf der Basis DDP, Incoterms 2010 (geliefert verzollt) Ihre Waren exportieren. Jetzt sind Sie für den Transport, die Transportversicherung und für die Einfuhrabwicklung im Bestimmungsland verantwortlich und müssen dafür sorgen, dass nichts schief läuft. Um das sicherzustellen, beauftragen Sie am besten eine namhafte Spedition mit folgenden Aufgaben:

- Abholen der Ware „Ex Factory“ vom Lieferanten der Exportwaren,
- Verpacken, Markieren und Zwischenlagern der Ware,
- Zollabfertigung der Ware,
- Beförderung der Ware zum Kunden,
- Versicherung des Transportes,
- Einfuhr und Zollabfertigung im Bestimmungsland.

Alle namhaften, internationalen Speditionen bieten für Import- und Exportsendungen diese Leistungen als Komplettservice aus einer Hand an. Sie sind gut beraten, wenn Sie zumindest für Ihre ersten Auslandsgeschäfte diesen Service in Anspruch nehmen. Die nachfolgenden Ausführungen sollen Ihnen helfen, den für Ihre Geschäfte optimalen Dienstleister zu finden.

Websites für Spediteure

Vorab empfehle ich Ihnen, ein paar Stunden durch das Internet zu surfen. Sie lernen dabei das umfangreiche Serviceangebot von vielen namhaften Speditionsgesellschaften und Verbänden auf sehr einfache Art und Weise kennen.

Frachtbörse „teleroute“, www.teleroute.de ist eine der bekanntesten Frachtbörsen im Internet. Hier sind sehr viele Informationen zu Laderäumen und Frachten zu finden. Alle „teleroute-Teilnehmer“ wurden auf ihre Zuverlässigkeit überprüft. Neue Nutzer der Business-to-Business-Site müssen sich anmelden.

Partnersuche online, www.logistikmarkt.de vermittelt Partner für Transport- und Logistik-Projekte. Das Verzeichnis listet Unternehmen und Dienstleister rund um die Logistik auf. Die kurz skizzierten Arbeitsschwerpunkte geben einen guten Überblick über die verschiedenen Anbieter.

Logistik-Plattform, www.letmeship.de präsentiert das Angebot der Paketdienste DHL, TNT, UPS und FedEx: Sie können den günstigsten Tarif für eine Sendung

Checkliste: Auswahl der Spedition

Ein zuverlässiger Spediteur ist die Grundlage für die ordnungsgemäße Abwicklung Ihrer Import- und Exportaufträge. Arbeiten Sie nur mit Speditionen zusammen, die die folgenden Anforderungen erfüllen:

1. Kann der Spediteur zuverlässige Kosten- und Wirtschaftlichkeitsvergleiche verschiedener Transportträger und -wege erstellen?
2. Kann er Sie verständlich über Transport- und sonstige Versandkosten beraten?
3. Verfügt er über Lager- und Abfertigungseinrichtungen am Versandort?
4. Hat er eine eigene Niederlassung oder zuverlässige Korrespondenten am Bestimmungsort für die Zollabfertigung und den Weitertransport?
5. Kennt er die Anforderungen an die Verpackung und den Einsatz von Ladehilfen?
6. Kennt er die Einfuhr- und Zollvorschriften der Einfuhrländer?
7. Bietet er Ihnen die Möglichkeit, durch Sammelverkehr Kosten und Zeit zu sparen?
8. Kann er Sie in Fragen der Transportversicherung beraten?
9. Kann er die Ausfertigung bzw. Beschaffung der Versanddokumente übernehmen?

wählen und in der „Business to Business (B2B)“- Plattform den Versandauftrag vergeben und online abwickeln.

Spediteur

Der Spediteur ist ein Unternehmer, der den Güterverkehr und alle damit zusammenhängenden Logistik-Dienstleistungen organisiert. Er schließt mit dem Versender gemäß § 453 (1) HGB einen Speditionsvertrag ab, in dem er sich verpflichtet, den Transport einer Ware und weitere Dienstleistungen (verpacken, lagern, ...) zu übernehmen.

Der Spediteur kann seine Leistungen mit dem Auftraggeber zum Pauschalpreis abrechnen. Es ist aber auch gängige Praxis, dass der Spediteur alle Transportleistungen und sonstigen Dienstleistungen getrennt nach dem tatsächlich angefallenen Kosten abrechnet und für sich eine Provision geltend macht. Bis zur

Bezahlung seiner Auslagen hat der Spediteur ein gesetzliches Pfandrecht an der Ware.

Auswahl von Spediteuren
Wenn Sie Kontakt mit einer mittelständischen Spedition aufnehmen, werden Sie feststellen, dass Ihnen alle Leistungen, die Sie anfragen, fest zugesagt werden, und dabei auf langjährige Erfahrungen verwiesen wird. Nicht selten können diese Zusagen – schon aufgrund des Geschäftsvolumens – nicht eingehalten werden und Aufträge werden von zweitklassigem Personal lieblos und ohne praktische Erfahrung abgewickelt. Gravierende Fehler bei Zollabfertigung oder bei der Beförderung treten deshalb zwangsläufig auf – und das alles nur um ein paar Euro zu bezahlen.

Achten Sie bei der Auswahl von Spediteuren darauf, dass die Sachbearbeiter mehrsprachig sind und über Handelspraktiken und Rechts- und Zollfragen Ihres Import- oder Exportlandes Bescheid wissen. Auch müssen sie sich im internationalen Transportwesen auskennen und den Umgang mit Dokumenten und die Zollabwicklung im In- und Ausland beherrschen:

- Bei der Wahl der Verpackung können erhebliche Kosten eingespart werden: Der richtige Einsatz von Containern, Paletten, Faltboxen, Isolierboxen und anderen Spezialbehältern schützt vor Transportschäden und ermöglicht die Ausnutzung günstiger Frachtraten.
- Durch die gezielte Auswahl der Frachtführer, der Transportmittel und der Transportwege sind erhebliche Zeit- und Kosteneinsparungen möglich.
- Die zuverlässige Beschaffung, Erstellung und Kontrolle von Exportdokumenten ist Grundvoraussetzung für eine ordnungsgemäße finanzielle und zollmäßige Abwicklung von Außenhandelsgeschäften. Treten Fehler auf, kann es zu einem totalen Ausfall des vereinbarten Kaufpreises kommen.

Besonders gute Erfahrungen habe ich mit den folgenden drei Speditionen gemacht, die alle ein weltweites Netz von Niederlassungen unterhalten. Das ist die beste Voraussetzung dafür, dass Export- und Importsendungen auch im Ausland fachgerecht und zuverlässig behandelt werden.

Kühne & Nagel (AG & Co.) KG, www.kn-portal.com,
DHL Vertriebs GmbH, www.dhl.de
Schenker Deutschland AG, www.schenker.de

Damit Sie beispielsweise bei Ihren ersten Exportaufträgen als kompetenter Gesprächspartner bei Speditionen auftreten können, bespreche ich jetzt die transportmäßige Abwicklung eines Exportauftrages, die sich in folgende Phasen unterteilen lässt:

1. Schritt: Warenausgangskontrolle,
2. Schritt: Verpackung und Markierung,
3. Schritt: (Zwischen)Lagerung,
4. Schritt: Versand des Exportware und
5. Schritt: Transportversicherung.

1. Schritt: Warenausgangskontrolle

Jede für den Export bereitgestellte Ware muss vor ihrer Auslieferung einer sorgfältigen Qualitätskontrolle unterzogen werden. Stellen Sie persönlich oder durch Mitarbeiter Ihres Lieferanten sicher, dass nur qualitativ einwandfreie Waren ausgeliefert werden. Ausländische Kunden sind nicht bereit, mit Exporteuren zusammenzuarbeiten, deren Waren Mängel aufweisen oder die vereinbarten Qualitäts- und Leistungsmaßstäbe nicht erfüllen. Sie müssen deshalb alles unternehmen, um zu verhindern, dass Ihr ausländischer Kunde falsche, unvollständige oder fehlerhafte Lieferungen erhält.

Insbesondere bei Akkreditivgeschäften verlangen ausländische Kunden gelegentlich vor dem Versand der Ware eine firmenexterne Endabnahme, um sicherzustellen, dass eine Ware auch wirklich der vereinbarten Spezifikation und Qualität entspricht. Für diese Aufgaben stehen Treuhandgesellschaften zur Verfügung, die als Nachweis für durchgeführten Kontrollen Inspektionszertifikate ausstellen. Diese werden dann Bestandteil von Dokumentensätzen, die für die Einlösung von Akkreditiven erforderlich sind. Zu den bekanntesten Treuhandgesellschaften gehört die „SGS-ICS-Gesellschaft für Zertifizierungen mbH und Umweltgutachter“ (www.de.sgs.com).

2. Schritt: Verpackung und Markierung

Mit der Verpackung soll ein Transportgut gegen normale und voraussehbare Gefahren, sowie gegen alle mit einer Reise verbundenen Einwirkungen geschützt werden. Bei der Festlegung der geeigneten Exportverpackung sind folgende Punkte zu beachten:

Art, Beschaffenheit, Gewicht und Abmessungen der Waren
Handelt es sich um feste, pulverförmige, flüssige oder gasförmige Waren? Sind die Waren zerbrechlich, korrosionsempfindlich, feuergefährlich, ätzend oder explosiv? Sind sie besonders schwer oder sperrig?

Transportart und Transportweg
Mit welchen Transportmitteln wird die Beförderung durchgeführt? Erfolgt die Beförderung im kombinierten Verkehr unter Verwendung von Paletten oder Con-

tainern? Wie lange dauert der Transport? Muss die Sendung häufig umgeschlagen werden? Sind Zwischenlagerungen notwendig?

Die Antwort auf viele dieser Fragen kennen Sie als Exporteur nicht. Hinzu kommt noch, dass für bestimmte Länder unübliche Verpackungsmittel und Verpackungsgrößen verlangt werden. Deshalb lassen Sie sich von Ihrem ausländischen Geschäftspartner genau vorschreiben, welche Verpackung er wünscht und schreiben diese im Kaufvertrag fest. Das hat zwei wesentliche Vorteile:

1. Wurde die Ware – wie vereinbart – verpackt und tritt dennoch ein Transportschaden auf, trägt dafür der Importeur das Risiko und die Verantwortung.
2. Falls die Verpackungskosten aus dem Rahmen fallen, können sie mit in der Angebots-Kalkulation berücksichtigt werden.

Verpackungsvorschriften
Viele Länder haben eigene Verpackungsvorschriften für Importwaren herausgegeben. So sind in manchen Ländern bestimmte Verpackungsmaterialien wie Holz, Holzwolle oder Stroh verboten. Beispielsweise dulden die USA, Kanada und Mexiko keine Einfuhr von Verpackungen aus Vollholz. Sendungen, bei denen diese Vorschriften nicht beachtet wurden, können beschlagnahmt werden. Sie müssen deshalb mit Ihrem Spediteur oder mit dem Importeur die ordnungsgemäße Verpackung Ihrer Waren abstimmen.

Verpackungsbezeichnung
Manche Exporteure machen sich nicht die Mühe, die Verpackung im Warenangebot genau zu beschreiben oder auf detaillierte Anweisungen des ausländischen Geschäftspartners zu warten. In ihrem Angebot benutzen sie deshalb die Bezeichnungen „handelsübliche Verpackung“ und „seemäßige Verpackung“. Für beide Bezeichnungen gibt es jedoch keine genauen und verbindlichen Auslegungen; lediglich Handelsbräuche geben an, was darunter zu verstehen ist. Deshalb kann es schnell zu Rechtsstreitigkeiten mit Kunden und Versicherungsgesellschaften kommen.

Verpackung durch Dritte
Die meisten Außenhandelsunternehmen können es sich aus Kosten- oder Platzgründen kaum leisten, Waren für den Export selbst zu verpacken. Das ist auch nicht erforderlich, denn es gibt viele Unternehmen, die sich auf Exportverpackungen für alle Länder der Welt spezialisiert haben. Anschriften können Sie von Ihrer Industrie- und Handelskammer oder Ihrem Spediteur erfragen. Vergessen Sie auch nicht das Internet. Unter dem Stichwort „Verpackung“ finden Sie viele interessante Informationen.

Checkliste: Exportverpackung

Mit dieser Checkliste können Sie die wirtschaftlichste Form der Außen- bzw. Versandverpackung bestimmen. Vergleichen Sie die verschiedenen zur Wahl stehenden Verpackungsformen und -arten gemäß den angeführten Kriterien.

Produktschutz:	• Ist die Ware gegen mechanische Einwirkungen wie Stoß, Druck, Fall und Vibration geschützt? • Ist die Ware gegen chemische Einwirkungen geschützt? • Ist die Ware gegen Hitze, Feuchtigkeit, Trockenheit und Kälte geschützt?
Produkthandhabung und Kontrolle:	• Erleichtert die Verpackung den Produktschutz bei Verladung, Lagerung und Kontrolle?
Ladehilfsmittel:	• Kann der Versand durch den Einsatz von Paletten, Gitterboxen, Containern usw. erleichtert bzw. wirtschaftlicher gestaltet werden?
Taragewicht:	• Können Kosten durch leichteres Gewicht der Verpackung (Taragewicht) vermieden werden?
Volumen:	• Ist der verfügbare Verpackungsraum optimal genutzt?
Vorschriften:	• Sind alle Vorschriften beachtet worden?
Einzelverpackung:	• Muss in mehreren Packstücken verschickt werden, um zusätzliche Zollbelastungen bei unterschiedlichen Zollsätzen für einzelne Artikel zu vermeiden?
Kundenanforderungen:	• Erfüllt die Verpackung die Anforderungen des ausländischen Kunden?

Kann Ihnen Ihr Spediteur bei einem speziellen Verpackungsproblem nicht weiterhelfen, können Sie sich an das „Institut für Beratung, Forschung, Systemplanung und Verpackungsentwicklung und Verpackungsprüfung an der Fachhochschule in Hamburg" wenden. Hier erhalten Sie nicht nur Vorschläge, sondern können auch Ihr Verpackungsmaterial überprüfen lassen (Institut für Beratung und Verpackungsprüfung in Hamburg, www.bfsv.de).

Einen guten Überblick über das vielfältige Angebot über Spezialpackmittel, Packmaterial und Serviceunternehmen bietet Ihnen ein Besuch der Interpack-Messe, die alle zwei Jahre in Düsseldorf stattfindet. Zur Information über Verpackungsanbieter ist auch der Interpack-Messekatalog sehr gut geeignet. Sie können ihn bei der Düsseldorfer Messegesellschaft mbH NOWEA kaufen. Auch auf der jährlich stattfindenden „Hannover Messe" sind Verpackungshersteller in großer Zahl vertreten.

Interpack, Messe Düsseldorf GmbH, www.messe-duesseldorf.de
Hannover-Messe, Deutsche Messe AG, www.messe.de

Wong Instruments
SINGAPORE
ORDER NO. 3-9876
1 – 3 / 2

Beispiel für eine Markierung

Markierung von Frachtgut

Wichtiger Bestandteil einer ordnungsgemäßen Verpackung ist eine klare und ausreichende Markierung der Packstücke. Damit soll erreicht werden, dass Waren auf dem Transportweg sachgemäß behandelt werden und sicher ihren Bestimmungsort erreichen. Dabei gilt die Regel, dass die Hinweise auf den Verpackungsstücken mit den Vermerken in den Versanddokumenten übereinstimmen müssen. In manchen Ländern ist bei Zuwiderhandlung mit empfindlichen Zollstrafen zu rechnen.

Es gibt aber auch versicherungstechnische Gründe. Ist ein Packstück richtig und ausreichend markiert und tritt ein Schaden ein, der auf eine Nichtbeachtung der Markierungszeichen zurückzuführen ist, muss der Verkehrsträger (häufig der Spediteur) den Schaden tragen. Ist dagegen der Schaden auf eine unzureichende, falsche oder sogar fehlende Markierung zurückzuführen, kann der Verkehrsträger den Schadensersatz ablehnen. Eine vollständige Markierung enthält:

- Name des Empfängers,
- Bestimmungshafen bzw. Bestimmungsort,
- Auftragsnummer des Empfängers,
- Anzahl und Eigennummer des einzelnen Packstücks,
- Bruttogewicht (über 1000 kg gesetzliche Vorschrift),
- Abmessungen (falls vom Einfuhrland gefordert),
- Ursprungsland (falls vom Einfuhrland gefordert).

Die Markierungsvorschriften entfallen im Haus-zu-Haus-Containerverkehr. Es genügt, im Container eine Packliste in der Sprache des Empfangslandes anzubringen.

Viele Länder haben ihre eigenen Markierungsvorschriften, die laufenden Änderungen unterliegen. Wenn Sie mit Speditionen zusammenarbeiten, die langjährige Erfahrungen mit den von Ihnen gewünschten Transportleistungen haben, können Sie relativ sicher sein, dass Markierungsfehler vermieden werden. Unabhängig davon müssen Sie die Beschriftung der einzelnen Verpackungseinheiten auch mit Ihrem ausländischen Geschäftspartner abstimmen.

Neutrale Verpackung
Als Exporteur laufen Sie immer Gefahr, dass Ihr ausländischer Geschäftspartner sich direkt an Ihren inländischen Lieferanten wendet, um Sie als Zwischenhändler aus Kostengründen auszuschalten. Wenn es heute auch sehr schwierig ist, sich dagegen zu schützen, sollten Sie es zumindest versuchen. Schreiben Sie deshalb Ihrem inländischem Lieferanten vor, die Waren, ihre Bezeichnung und Verpackung neutral zu halten. Diese Anweisung schließt ein, dass der Lieferant auch sonst alles vermeidet, was die Herkunft der Ware erkennen lässt.

Es gibt aber noch weitere Gründe, die für eine neutrale Verpackung sprechen. Die Verwendung von Marken, Zeichen, Etiketten im Empfängerland können Schwierigkeiten hervorrufen, wenn damit gegen bestehende Einfuhrvorschriften oder Markenschutzgesetze des Abnehmerlandes verstoßen wird. Ein weiterer Grund für die neutrale Verpackung kann sein, dass der ausländische Importeur eigene Handelsmarken verwenden will.

3. Schritt: (Zwischen)Lagerung

Lagerhalter sind Spediteure, Frachtführer, Kommissionäre und Lagerhausgesellschaften, die die gewerbsmäßige Lagerung und Aufbewahrung von Waren auf eine gewisse Dauer betreiben. Sie schließen dazu einen Lagervertrag (§ 467 HGB) mit dem Einlagerer ab. Dabei ist darauf zu achten, dass die eingelagerten Waren auch gegen Lagerrisiken (Feuer, Wasser, Diebstahl) versichert sind. Über die eingelagerte Ware stellt der Lagerhalter als Empfangsbestätigung einen Lagerschein aus.

Wenn Sie Platzprobleme mit Ihren Exportwaren haben, scheuen Sie sich nicht, das wirklich umfangreiche Dienstleistungsangebot von Unternehmen der Lagerwirtschaft in Anspruch zu nehmen. Selbstverständlich übernehmen sie die gesamte Ein- und Auslieferung von Groß- und Teilmengen nach Ihren Weisungen. Viele mir bekannte Außenhandelsunternehmen wickeln alle Auslieferungen über Unternehmen der Lagerwirtschaft ab und sparen erhebliche Raum- und Personalkosten. Jede namhafte Spedition betreibt das Lagergeschäft. Suchen Sie Anschriften oder Referenzen zu diesem Themenkreis, helfen Ihnen Spediteure bestimmt weiter.

Exkurs: Konsignationslager

Ein Konsignationslager ist ein Warenlager, das der Exporteur auf seine Kosten im Ausland unterhält; die gelagerten Waren bleiben also Eigentum des Exporteurs. Damit kann er seine ausländischen Kunden prompt beliefern und räumt ihnen auch die Möglichkeit ein, die Ware im eigenen Land auszuwählen, zu prüfen und zu kaufen. Von erheblicher Bedeutung für den Verkauf ist ein Konsignationslager dann, wenn eine Bestellung nach Mustern oder Warenproben nicht möglich ist. Zum Leistungsumfang vieler international tätiger Speditionen gehört heute die Unterhaltung von Konsignationslagern im Kundenauftrag.

Ein Konsignationslager hat also den Zweck, den Verkauf von Exportwaren zu fördern und die Kunden auf dem schnellsten Weg zu beliefern. Beabsichtigt ein Exporteur ein Konsignationslager im Ausland einzurichten, muss er zuerst prüfen, unter welchen Voraussetzungen und Bedingungen Verkäufe aus dem Lager überhaupt zulässig sind. Gibt es irgendwelche Devisen- und Einfuhrvorschriften, die einem kontinuierlichen Verkauf ab Lager entgegenstehen, ist Vorsicht geboten.

Auch muss vorher geklärt werden, welche Eingangsabgaben wann zu entrichten sind und ob ein zuverlässiger Versicherer den Lagerbestand gegen alle Risiken zu angemessenen Konditionen versichert. In Ländern, die von politischen und wirtschaftlichen Unruhen geprägt sind, wird das kaum möglich sein.

4. Schritt: Versand der Exportware

Als Exporteur müssen Sie dafür Sorge tragen, dass die Exportsendung termingerecht und unbeschädigt bei Ihren Kunden eintrifft.

Lassen sich Verzögerungen nicht vermeiden, teilen Sie es Ihrem Kunden rechtzeitig mit und nicht erst dann, wenn Sie den Liefertermin bereits überschritten haben. Nur so kann er für seine Planungen Maßnahmen treffen, die den entstehenden Schaden minimieren. Bei Akkreditivgeschäften entfällt mit der Verspätung sogar die Grundlage für die Bezahlung der Ware: Der Importeur kann die Gültigkeit des Akkreditivs durch seine Bank verlängern lassen, er kann es aber auch verweigern.

Neben Sicherheit und Pünktlichkeit müssen Sie beim Transport Ihrer Exportwaren auch die Transportkosten beachten, die in vielen Fällen einen erheblichen Teil der Gesamtkosten ausmachen. Nach meiner Erfahrung wird dem Kostenvergleich bei den einzelnen Beförderungsmöglichkeiten viel zu wenig Beachtung beigemessen, obwohl erhebliche Kosteneinsparungen möglich sind. In den Kostenvergleich sind auch die Transportnebenkosten für beispielsweise Versicherung, Verpackung und Versandpapiere mit einzubeziehen.

Die Zweckmäßigkeit eines bestimmten Transportes wird letztlich jedoch von der Haltbarkeit der Waren, von der Transportdauer, vom Volumen der Ware und von der Lieferart abhängen. Weitere Gesichtspunkte treten je nach Transportart und Ware hinzu. Grundsätzlich lassen sich fünf Transportarten unterscheiden:

- Seefrachtverkehr,
- Luftfrachtverkehr,
- Binnenschifffahrtsverkehr,
- Eisenbahngüterverkehr,
- Straßengüterverkehr.

Im Außenhandel überwiegen die ersten beiden Transportarten. Ich beschränke mich deshalb hier auf den Seefrachtverkehr und den Luftfrachtverkehr.

Seefrachtverkehr
Transportgüter erreichen in der Regel die Seehäfen per Bahn, LKW oder Binnenschiff. In einigen Ländern der Dritten Welt werden Waren mit Hilfe von kleinen Schiffen direkt zum Seeschiff transportiert und von diesem übernommen; es wird dann von einem wasserseitigen Umschlag gesprochen. Lassen Sie sich in jedem Angebot diese Umschlagskosten genau ausweisen. Zwar sind sie durch Tarife der Hafenverwaltungen und Kaibetriebe festgelegt, aber es gibt dennoch einen erheblichen Spielraum.

Die Kosten für den Transport (Seefracht) sind von der anzuwendenden Seefrachtrate und von dem Gewicht bzw. dem Kubikmaß einer Ware abhängig. Die meisten Seefrachten werden in US-$ je Frachteinheit angegeben, mehr und mehr aber auch in Euro. Auf die reine Seefracht können Zuschläge erhoben werden, wie zum Beispiel Schwergut-, Längen-, Nachnahme- und Hafen- und Winterzuschläge (Ostseehäfen).

Erhöhte Frachten sind für besonders wertvolle Waren und für feuergefährliche Waren zu bezahlen. Auf manchen Transportwegen ist die Seefrachtrate nach dem Wert der Ware gestaffelt. Seien Sie vorsichtig bei kleineren Sendungen, für die Mindestraten berechnet werden. Diese lassen sich in vielen Fällen durch den Sammelgutverkehr vermeiden. Hier entfallen die Mindestraten, da mehrere kleinere Frachtpartien vom Spediteur bzw. Schiffsreeder zu einer Gesamtpartie zusammengestellt werden. Dadurch kann sich die Transportdauer für Ihre Ware aber erheblich verzögern. Vereinbaren Sie deshalb einen festen Termin mit Ihrem Spediteur, bis zu dem Ihre Ware den Bestimmungsort erreicht haben muss.

Luftfrachtverkehr
Viele hochwertige, empfindliche und leicht verderbliche Waren sowie dringend benötigte Medikamente und Ersatzteile werden am schnellsten und sichersten mit dem Flugzeug transportiert. Die höheren Frachtkosten werden durch viele Vorteile aufgewogen, wie kurze Lieferzeiten, geringere Verpackungskosten, niedrigere Versicherungsprämien, geringeres Diebstahlrisiko und Vereinfachungen bei der Exportabwicklung. Mit dem Vordringen immer größerer Düsenfrachter hält die Tendenz hin zur Luftfracht ungebrochen an.

Ich kenne viele Exporteure und Importeure, die alle Waren per Luftfracht ein- und ausführen. Sie können so ihr Warenlager sehr klein halten und damit die Kapitalbindung auf ein Mindestmaß senken. Lassen Sie sich deshalb gerade bei kleineren Sendungen immer einen Kostenvoranschlag für Luft- und Seefracht geben. Interessant kann auch der kombinierte See- und Luft-Transport sein. Erfolgt die Verladung im Sammelverkehr, gibt es im Vergleich zur normalen Seefracht kaum noch eine Preisdifferenz. Der Importeur erhält seine Waren aber viel schneller und sicherer.

5. Schritt: Transportversicherung

Jeder verantwortungsbewusste Kaufmann wird nur Transportversicherungen abschließen, die nahezu alle Risiken abdecken. Hier zulasten des Transportrisikos zu sparen und einen ausländischen Billiganbieter zu wählen, wäre ein nicht zu verzeihender Fehler. Tritt ein Schaden ein, muss sichergestellt sein, dass der Begünstigte keinen finanziellen Schaden erleidet.

Wenn auf einem Transport die Ware beschädigt wird, sind Spediteure dagegen versichert. In der Regel muss aber eine gesonderte Waren-Transportversicherung abgeschlossen werden, weil in vielen Fällen die Haftungssumme des Spediteurs nicht ausreicht oder die folgenden Haftungsrisiken ausgeklammert sind:

- Streik und Aussperrung,
- Krieg und Unruhen,
- Beschlagnahme,
- Havarie (arabisch „Fehler, Schaden"),
- Handlungen und Unterlassungen des Abladers (derjenige, der das Landgut tatsächlich an das Schiff anliefert) und
- Rettung von Leben und Eigentum zur See.

In den meisten Fällen macht der Verfrachter im Frachtvertrag von dem Ausschluss dieser Haftungsrisiken Gebrauch. Aufgabe der Transportversicherung ist es deshalb, die durch Haftungsausschluss nicht gedeckten Risiken zu tragen. Außerdem kommt es vor, dass Reeder nachträglich bei Schadensmeldun-

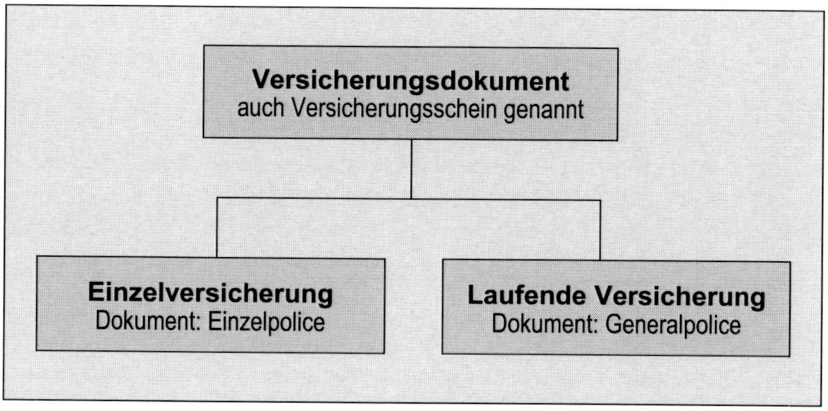

gen jede Haftung ausschließen, da sie sich angeblich korrekt verhalten haben. Hier ist dann nur noch eine Schadensregulierung durch eine Transportversicherung möglich.

Transportversicherungs-Verträge können Sie bei fast jeder großen Versicherungsgesellschaft abschließen. Wollen Sie sich hierzu sachkundig machen, wenden Sie sich am besten an Ihre Industrie- und Handelskammer und an den „Gesamtverband der Deutschen Versicherungswirtschaft".

Gesamtverband der Deutschen Versicherungswirtschaft (GDV), www.gdv.de

Versicherungsprämien sind bei gängigen, transportunempfindlichen Waren gering und dürften deshalb bei Ihren Kalkulationen nur eine untergeordnete Rolle spielen. Bei zerbrechlichen, stoß- und witterungsempfindlichen Waren sind die Prämien wesentlich höher und können leicht zweistellige Prozentzahlen (bezogen auf den Rechnungswert) ausmachen. Dies erst recht, wenn Sie bereits einige Transportschäden mit Ihrer Versicherung abwickeln mussten. Schon deshalb müssen Sie alles versuchen, Transportschäden zu vermeiden.

Einzelversicherung - laufende Versicherung

Normalerweise werden Waren-Transportversicherungen als Einzelversicherung vor Beginn eines Transports abgeschlossen. Der Versicherungsnehmer erhält darüber einen Versicherungsschein. Der Versicherungsschutz beginnt erst dann, wenn der Versicherer die Deckungszusage gegeben hat.

Die Einzelversicherung wird verwendet, wenn Warentransporte von Fall zu Fall unter speziellen Versicherungsschutz genommen werden oder wenn ein Beteiligter eine selbstständige Police (Versicherungsschein) verlangt. Das kann beispielsweise der Importeur bei einem CIF-Geschäft sein, oder eine Bank bei einem Kreditgeschäft oder einem Akkreditiv. Die Prämie wird individuell errechnet und hängt u. a. vom Ziel, dem Transportgut und dem Transportmittel ab.

Häufen sich in einem Unternehmen Transporte zu gleichen oder ähnlichen Bedingungen, ist der Abschluss einer laufenden Versicherung zweckmäßig. Sie wird in der Regel auf ein Jahr mit anschließender Verlängerung abgeschlossen. Die Urkunde über diese Versicherung heißt auch „laufende Police" oder „Generalpolice".

Es gibt immer wieder Exporteure und Importeure, die tragen in die Formulare falsche Versicherungssummen ein, nur um ein paar Euro an Versicherungsprämie zu sparen. Sie täuschen sich damit selbst eine ausreichende Deckung vor, denn im Schadensfall wird die Unterdeckung unweigerlich bemerkt. Um nämlich einen Schaden geltend zu machen, sind die Handelsrechnung und alle wichtigen Frachtdokumente bei der Versicherungsgesellschaft einzureichen.

Ein Vergleich der Rechnung mit der eingetragenen Versicherungssumme legt dann sofort die Mogeleien offen. Unter diesen Voraussetzungen kann der Versicherer die Regulierung des Schadens ablehnen. Sparen Sie deshalb nicht an den ohnehin schon sehr günstigen Prämien der Transportversicherer in der Hoffnung, es wird schon nichts passieren!

Export- und Import-Schutzversicherung

Wenn Sie als Exporteur Ihre Waren auf der Basis „CIF Bestimmungshafen" verkaufen, sind Sie verpflichtet, für die Sendung zugunsten des ausländischen Importeurs eine Transportversicherung abzuschließen. Für Sie hat das einen großen Vorteil: Lehnt ein Importeur die Annahme einer Warensendung ab, weil sie während des Transports beschädigte worden ist, können Sie den Anspruch direkt bei Ihrer Versicherung geltend machen. Sie haben damit zwar bei der Auftragsabwicklung einen höheren Verwaltungsaufwand, senken so aber das Zahlungsausfallrisiko erheblich.

Häufig können Sie aber nicht CIF liefern, sondern müssen gemäß Weisung des Importeurs oder aufgrund von Vorgaben einer ausländischen Regierung die FOB- oder die CFR-Klausel anerkennen. Es gibt zurzeit etwa 75 Staaten, die eine freie Wahl von Transportversicherungen stark einschränken (diskriminieren). Das geschieht im Wesentlichen auf drei Arten:

1. Verbot, Transporte für Importwaren außerhalb des Landes zu versichern,
2. Verbot, Lieferkonditionen zu vereinbaren, bei denen die Transportversicherung zwangsläufig im Ausland abzuschließen ist (CIF, CIP),
3. Verbot, Devisen für Versicherungsprämien auszuführen.

Das bedeutet für Sie, dass das Transportrisiko einer Exportsendung bereits bei Überschreiten der Reling des Seeschiffes im Verschiffungshafen auf den Importeur übergeht. Er ist also verpflichtet, eine Warensendung auch dann zu bezahlen, wenn sie auf dem Transportweg beschädigt oder zerstört worden ist. Was wollen Sie aber unternehmen,

- wenn der Importeur vertragswidrig keine Transportversicherung abgeschlossen hat und seinen Zahlungsverpflichtungen im Falle eines Transportschadens nicht nachkommt?
- wenn er das eingetretene Risiko (z. B. Krieg und Unruhen, Beschlagnahme) nicht versichert hat und sich ebenfalls weigert zu zahlen?
- wenn die ausländische Versicherung plötzlich behauptet, die Ware sei aufgrund einer falschen Verpackung stark beschädigt worden und lehnt deshalb jeden Schadensersatz ab?
- wenn die Versicherung zwar bereit ist zu zahlen, aber keine Devisen von der Staatsbank zugeteilt bekommt?

Bestimmt können Sie sich auch vorstellen, dass Ansprüche gegen ausländische Versicherungen, die nicht in Deutschland vertreten ist, nur schwer durchzusetzen sind. Einen Rechtsstreit im Ausland zu führen ist teuer und insbesondere in den Ländern der Dritten Welt kaum zu gewinnen. Richtet sich der Rechtsstreit gegen eine staatliche Versicherung in einem überschuldeten Land der Dritten Welt, können Sie sich ausmalen, wie groß Ihre Erfolgsaussichten sind, das Ihnen zustehende Entgelt zu erhalten.

Den Versicherungsgesellschaften sind diese Risiken bekannt. Als Ausweg haben sie die Export-Schutzversicherung entwickelt. Im Schadensfall leistet der Versicherer in der Regel solchen Ersatz, als ob die abgeschlossene Versicherung nicht bestanden hätte. Dies kann für Sie beispielsweise als Exporteur lebensnotwendig sein. Haben Sie den Kaufpreis für die unbrauchbar gewordene Sendung noch nicht erhalten, erstattet der Exportschutz-Versicherer den nachgewiesenen Schaden.

Analog zur Export-Schutzversicherung gibt es auch die Import-Schutzversicherung. Wenn Sie als Importeur die Transportversicherung nicht abschließen können und befürchten müssen, dass Ihnen im Schadensfall nicht der gesamte Schaden erstattet wird, sind Sie gut beraten, eine Import-Schutzversicherung abzuschließen.

Die Prämienberechnung für die Export- oder Import-Schutzversicherung ist recht unterschiedlich: In Abhängigkeit vom Risiko berechnen einige Versicherungen Prämien, die oft erheblich unter denen der regulären Prämien für Transporte liegen. Andere berechnen die vollen Prämien, die bei gewöhnlichen

Transporten zu bezahlen sind. Allerdings können die Prämien nachträglich gesenkt werden, wenn der Nachweis für einen CIP-Transport erbracht wird oder wenn die Schadensquote gering ist.

Verhalten im Schadensfall

Trotz aller Vorsichtsmaßnahmen lassen sich Transportschäden nie ganz vermeiden. Informieren Sie schon beim Verdacht auf einen Schaden sofort Ihre Versicherung. Sie wird Ihnen sagen, was Sie zu veranlassen haben. Eine gute Versicherung zeichnet sich weniger durch günstige Prämien aus, als mehr durch die Unterstützung, die sie Ihnen bei einer Schadensabwicklung gewährt. Wichtig dabei ist auch die Kulanz, die sie bei einer Schadensabrechnung zeigt.

Werden in Ihrem Unternehmen Importsendungen beispielsweise per LKW angeliefert, obliegen Ihnen die folgenden Pflichten im Schadensfall:

Untersuchungspflicht: Untersuchen Sie sofort nach Eingang einer Warensendung jede Verpackungseinheit auf äußerliche Beschädigungen. Schon beim Verdacht eines Schadens darf der Empfang einer Ware mit einem Vorbehalt auf den Versanddokumenten bestätigt werden.

Schadensbesichtigung: Haben Sie einen äußerlich nicht erkennbaren Schaden festgestellt, fordern Sie unverzüglich den Spediteur, den Frachtführer oder sonstige Dritte zur gemeinsamen Schadensbesichtigung auf. Lassen Sie sich den Schaden bescheinigen.

Schadensminderungspflicht: Tragen Sie alles dazu bei, den entstandenen Schaden zu mindern und weiteren Schaden abzuwenden. So dürfen Sie beispielsweise keine Ware im Regen stehen lassen, die Sie schon durchnässt empfangen haben.

Informationspflicht: Benachrichtigen Sie unverzüglich einen Havarie-Kommissar und beauftragen Sie ihn mit der Begutachtung des Schadens. Die Anschrift des Havarie-Kommissars können Sie bei Ihrer Versicherung erfragen. Seine Kosten werden Ihnen im Rahmen der Schadensregulierung erstattet.

Zusammenstellung der Dokumente: Zur Schadensabwicklung müssen Sie folgende Unterlagen zeitnah an die Versicherungsgesellschaft zur Schadensregulierung schicken: Original des Versicherungsscheins, Frachtdokumente, Handelsrechnung, Bericht des Havarie-Kommissars, Rechnung für die Entsorgung der Sendung.

* * * * * * *

Kapitel 10: Dokumente im Außenhandel

Dokumente haben im Außenhandel eine große Bedeutung, denn ohne sie können keine Export- oder Importgeschäfte abgewickelt werden. Sie sind insbesondere erforderlich

- für die Ausfuhr- und Einfuhrverzollung,
- für den Leistungsnachweis,
- für das Inkasso.

Ein sorgfältiger Umgang mit Dokumenten ist beim Ausfüllen, bei der betriebsinternen Ablage und beim Aushändigen an Vertragspartner, Banken und Speditionen stets von größter Bedeutung. Viele der Dokumente sind Urkunden und unterliegen strengen Formvorschriften, die beim Ausfüllen kaum einen Ermessensspielraum zulassen. Wenn Sie Fragen zu den Dokumenten haben, wenden Sie sich an die für Sie zuständige Industrie- und Handelskammer.

Erforderlich für die Ausfuhr- und Einfuhrverzollung

Die Ausfuhr und Einfuhr von Waren ist ohne Dokumente nicht möglich. Nur mit Dokumenten kann geprüft werden, ob Ein- und Ausfuhrverbote eingehalten werden und nur mit Dokumenten kann die Einfuhr und Ausfuhr von Waren zolltechnisch im Inland und im Ausland abgewickelt werden. Deshalb werden an die ordnungsgemäße Ausstellung von Dokumenten hohe Anforderungen gestellt. So hat beispielsweise der Exporteur bei Rechnungen darauf zu achten, dass sie

- klar leserlich in der vorgeschriebenen Sprache ausgestellt sind.
- keine Verbesserungen wie Streichungen, Rasuren usw. aufweisen.
- inhaltlich mit den übrigen Warenbegleitpapieren übereinstimmen.
- formgerecht und rechtsverbindlich unterschrieben sind.
- erforderlichenfalls von Handelskammern oder Konsulaten beglaubigt wurden.

Erforderlich für den Leistungsnachweis

Nach Abschluss eines Kaufvertrages muss er vom Exporteur und vom Importeur erfüllt werden. Dazu wird die Ware vom Exporteur zum Importeur transportiert und das Geld vom Importeur zum Exporteur. Beide Vorgänge müssen dabei dokumentiert werden, denn Exporteur und Importeur haben sich im Kaufvertrag zu genau festgelegten Leistungen verpflichtet. Werden diese Leistungen nicht erbracht, muss aufgrund der Dokumente eindeutig nachvollziehbar sein, wer für die Verletzung des Kaufvertrages verantwortlich ist.

Viele Dokumente beweisen also bestimmte Tatbestände. Mithilfe der Transportdokumente weist der Exporteur beispielsweise nach, dass er seiner Lieferpflicht – wie im Kaufvertrag vorgesehen – nachgekommen ist. Die Packliste enthält ergänzend eine genaue Beschreibung der Ware nach Art (Codenummern), Anzahl, Brutto- und Nettogewicht. Dokumente wie das Analysezertifikat, das Inspektionszertifikat oder der Lagerschein beweisen als Belege die Erfüllung bestimmter Vertragspflichten und haben damit eine große Bedeutung bei Schadensersatzforderungen.

Erforderlich für das Inkasso

Ich hatte im Kapitel 7: „Zahlungsbedingungen" bereits ausgeführt, dass Dokumente bei der Zug-um-Zug-Abwicklung der Zahlungsbedingungen „Dokumente gegen Zahlung" und „Dokumenten-Akkreditiv" eine wichtige Rolle spielen. Werden Exportdokumente von der Inkassobank beanstandet, erhalten Sie als Exporteur kein Geld und der Importeur nicht die für die Verzollung erforderlichen Dokumente. Ohne sie kann er die Waren nicht einführen.

Formblätter

Wenn Sie mit Banken, Versicherungen und Speditionen zusammenarbeiten, erhalten Sie die Formblätter, die für die Abwicklung der einzelnen Dienstleistungen erforderlich sind, in der Regel kostenlos. Andere Formblätter, die Sie beispielsweise für die Verzollung, Außenhandelsüberwachung und Außenhandelsstatistik und viele andere Zwecke benötigen, erhalten Sie von den Industrie- und Handelskammern und von folgenden Formularverlagen:

Verlag Carl H. Dieckmann, www.dieckmann-verlag.de
Wilhelm Köhler Verlag GmbH; www.koehler-Verlag.de

Diese beiden Formularverlage bieten neben einem umfangreichen Sortiment von Formblättern auch Software an, mit denen Formulare sehr einfach zu erstellen und auszufüllen sind. Viele Formblätter können auch über Schnittstellen an Ihr Datenbanksystem angebunden werden. Damit haben Sie die Möglichkeit, vorhandene Datensätze in die Formulare zu übernehmen. Sie sparen damit viel Arbeit und vermeiden vor allem Fehler.

Einteilung und Arten der Dokumente

Es gibt viele Möglichkeiten, die mehr als 100 bekanntesten Außenhandelsdokumente in bestimmte Gruppen zusammenzufassen. Ich habe die wichtigsten Dokumente, mit denen Sie es wahrscheinlich bei Ihren ersten Auslandsgeschäften zu tun haben, in fünf Gruppen unterteilt:

1. **Warenverkehrspapiere der Europäischen Union:** Aus- und Einfuhranmeldung in elektronischer Form, Formblatt INTRASTAT,
2. **Transport- und Lagerdokumente:** Konnossement, Durchkonnossement, Ladeschein, Lagerschein, Internationaler Frachtbrief und Luftfrachtbrief,
3. **Zolldokumente:** Handelsrechnung, Packliste, Konsulatsfaktura, Zollfaktura, Ursprungszeugnis, Warenverkehrsbescheinigung, Lieferantenerklärung,
4. **sonstige Dokumente:** Aufmaßliste, Gewichtsbescheinigung, Analysenzertifikat, Inspektionszertifikat, Gesundheitszertifikat,
5. **Versicherungsdokumente:** Einzelpolice, Generalpolice (siehe Kapitel 9: „Transport, Verpackung, Versicherung").

1. Warenverkehrspapiere der Europäischen Union

Ausfuhranmeldung mithilfe des Einheitspapiers
Für die Ausfuhr von Waren aus der Bundesrepublik Deutschland in Drittländer ist nach dem geltenden Zollrecht eine Ausfuhranmeldung mithilfe des EDV-Systems ATLAS (automatisiertes Tarif- und lokales Zollabwicklungssystem) in elektronischer Form erforderlich. Verwendet werden dabei die Exemplare 1, 2 und 3 des amtlichen Formulars „Einheitspapier der EU". Für die Einfuhr sind entsprechend umgekehrt die Exemplare 6, 7 und 8 des Einheitspapiers zu verwenden.

Das Einheitspapier in Papierform wird nur in ganz wenigen Ausnahmefällen von den Zolldienststellen der Europäischen Union anerkannt. Das ist beispielsweise der Fall, wenn ein EDV-System ausfällt.

Intrastat
Der Warenverkehr innerhalb der Europäischen Union (Intrahandel) mit Waren, die in der Europäischen Union hergestellt wurden, wird nur statistisch erfasst. Das geschieht mit dem Formular INTRASTAT, das ich im Kapitel 13: „Zoll – Handel mit EU-Ländern" besprechen werde.

2. Transport- und Lagerdokumente

Transport- und Lagerdokumente sind Dokumente, die den Versand und die Lagerung von Waren belegen. Bei den Dokumenten unterscheidet man die

- Dispositionsdokumente, die Waren vertreten von den
- Versanddokumenten, die lediglich den Versand von Ware nachweisen.

Dispositionsdokumente
Zu den bekanntesten Dokumenten, die eine Ware vertreten, zählen die folgenden:

Das Konnossement als das wichtigste Transportdokument für die Seeschifffahrt. Aussteller ist in der Regel eine Reederei.

Das Durchkonnossement (FIATA-FBL) als das wichtigstes Transportdokument für den kombinierten Verkehr (LKW – Schiff – Bahn). Aussteller ist in der Regel eine Spedition.

Das Flusskonnossement (auch Ladeschein genannt) als das wichtigste Transportdokument für die Binnenschifffahrt. Aussteller ist in der Regel eine Reederei.

Der Lagerschein als wichtigstes Lagerdokument für Lagereien. Aussteller ist der Lagerhalter, also derjenige, der das Lager betreibt.

Dem Inhaber dieser Dokumente, die auch als Dispositionspapiere bezeichnet werden, steht die alleinige Verfügungsberechtigung über die Waren zu, die die Dokumente vertreten. Das bedeutet also, dass mit der Übergabe dieser Dokumente nur der Inhaber der Dokumente über die Waren verfügen („disponieren") kann. Das gilt unabhängig davon, ob er Zahlungen geleistet hat oder nicht. Mit diesen Dokumenten ist sehr sorgfältig umzugehen, denn sie haben die Bedeutung von Wertpapieren. Deshalb können sie auch zur Finanzierung von Exportgeschäften bei jeder Bank beliehen werden.

Soll die Ware, die sich hinter einem solchen Dokument verbirgt, verkauft und übertragen werden, reicht ein einfaches Indossament des Indossanten an den Indossatar.

- Ein **Indossament** ist ein schriftlicher Übertragungsvermerk, der sich meistens auf den Rückseiten von Dokumenten befindet.
- Als **Indossant** (Verkäufer) wird dabei derjenige bezeichnet, der das Recht überträgt.
- Als **Indossatar** (Käufer) wird dabei derjenige bezeichnet, der das Recht erhält.

Der Indossatar ist also der neue Berechtigte und kann damit frei über die Waren verfügen, die in dem Dokument aufgeführt sind.

Versanddokumente
Zu den Dokumenten, die lediglich den Versand einer Ware nachweisen (deshalb der Name Versandnachweis), zählen die folgenden:

- **Der Internationale Frachtbrief** ist das wichtigste Dokument für den Straßen- und Bahnverkehr. Aussteller ist die Spedition oder die Bahn.
- **Der Luftfrachtbrief** ist das wichtigste Dokument für den Luftverkehr. Aussteller ist die Luftverkehrsgesellschaft oder ein Beauftragter.

Im Gegensatz zu den Dispositionspapieren haben Versandnachweise eine rechtlich schwächere Stellung. Weil sie keine Wertpapiere sind, bescheinigen sie auch keine Vermögenswerte; sie sind reine Beweisurkunden für den Abschluss von Beförderungsverträgen. Die Auslieferung der Waren erfolgt dabei an den im Dokument ausgewiesenen Empfänger. Dabei ist es nicht erforderlich, dass ihm Originale oder Duplikate des Versandnachweises ausgehändigt werden müssen. Ich bespreche die Transport- und Lagerdokumente in folgender Reihenfolge.

a. Seekonnossement (bill of lading): Es repräsentiert eine Ware,
b. Durchkonnossement (FIATA-BL): Es repräsentiert eine Ware,
c. Ladeschein bzw. Flusskonnossement: Er repräsentiert eine Ware,
d. Lagerschein (warehouse warrant): Er repräsentiert eine Ware,
e. Internationaler Frachtbrief: Er weist den Versand einer Ware nach,
f. Luftfrachtbrief (air waybill): Er weist den Versand einer Ware nach.

a. Seekonnossement (bill of lading, B/L)

Das Seekonnossement ist das Frachtdokument im Überseeverkehr und ist in allen Seefahrt treibenden Nationen gesetzlich geregelt. In der Bundesrepublik Deutschland wird es im HGB §§ 642 ff. behandelt. In ihm bestätigt der Verfrachter (Reederei), dass die Ware vollzählig und in äußerlich einwandfreiem Zustand an Bord genommen wurde. Der Verfrachter verpflichtet sich zur Herausgabe der Ware an den berechtigten Inhaber des Dokuments im Bestimmungshafen.

Der Exporteur überträgt dem Importeur mit der Übergabe des Konnossements das Besitzrecht an der Ware und damit auch das Eigentum. Jetzt kann der Importeur über die Ware weiter verfügen. Ist er beispielsweise Eigentümer einer Schiffsladung Kohle aus Australien, die eigentlich für Deutschland bestimmt war, kann er die Kohle während des Transportes auch nach Dänemark oder in die USA verkaufen, wenn ihm hier ein besserer Preis geboten wird. Zum Verkauf reicht – wie oben ausgeführt – ein einfaches Indossament.

b. Durchkonnossement (FIATA-FBL)

Die FIATA (Federation Internationale des Associations de Transitaires et Assimilés, Internationale Föderation der Spediteurorganisationen) ist die Dachorganisation von vielen Spediteurorganisationen aus fast allen Ländern der Welt. Um die durchgehende Beförderung mit mehreren Transportmitteln im kombinierten Verkehr (Kfz – Bahn – Schiff – Flugzeug – Kfz) zu vereinfachen, wurde von der FIATA das FIATA-FBL („multimodal transport bill of lading") eingeführt.

Dieses sogenannte Durchkonnossement wird also als Transportdokument verwendet, wenn die Beförderung in einer geschlossenen Transportkette im Haus-zu-Haus-Verkehr über See durchgeführt wird.

1. Shipper

Klaus Meurer GmbH
Amselweg 11
D-35041 Marburg

BILL OF LADING B/L NO. C/356.4

Reference No. 47-491

Nordland-Linie
Hamburg

COPY – NOT NEGOTIABLE

2. Consignee

Measuring Instruments Co, Ltd.
374 Aljunied Road
Singapore 1438

3.Notify address

Measuring Instruments Co, Ltd.
374 Aljunied Road
Singapore 1438

4. Pre-carriage by	Place of receipt by pre carrier
6. Vessel " Klingenberg"	7. Port of Loading Hamburg
8. Port of discharge Singapore	9. Place of delivery by on-carrier

10. Marks and Nos.	11. Number and kind of packages; description of goods	13. Grossweight	14. Measurement
Measuring Instruments Singapore 148 Ger-1234	1 wooden case Measuring Instruments Saturn, s-nt-30 Luna, l-ws-070 Jupiter, j-bl-670	450 kg	1.5m x 0.5m x 1.0m

Freight and Charges

Seefracht:
1,100,00 €

Shipped on board in apparent good order and condition unless otherwise stated and to be discharged at port of discharge or so near thereto as the vessel may safely get and be always afloat. Weight, measure, marks, numbers, quality, contents and value, although declared by Shipper in the bill of lading, are to be considered unknown unless the contrary has been expressly acknowledged and agreed to. The signing of the bill of lading is not to be considered as such an agreement.
In accepting this bill of lading the Merchant expressly accepts and agrees to all its stipulation, exceptions and conditions, on both pages whether written, printed, stamped or otherwise incorporated as fully as if they where all signed by the Merchant.
The Original bill of lading duly indorsed must be surrendered to the agent of the vessel above named at the port of discharge/final destination in exchange for the goods or the delivery order.
In witness whereof the number of the Original bill of lading stated above all of this tenor and date has been signed, one of which being accomplished the others to stand void.

15. Freight payable at	16. Place and date of issue
Hamburg	Marburg, November 10th, 2012
17. Number of Original Bs/L	18. Signed for the Carrier
4/Four	K. Hamsun Nordland-Linie KG

Muster eines See-Konnossements

Das Durchkonnossement deckt die Beförderung durch mehrere Transportunternehmer und den damit verbundenen Umschlag beim Wechsel der Transportmittel ab. Der Spediteur übernimmt die Verantwortung für die ordnungsgemäße Auslieferung am Bestimmungsort, für die von ihm eingesetzten Frachtführer und für sonstige Dritte, die beim Umschlag im Hafen tätig werden. Wie jedes Konnossement kann es auch durch Indossament (schriftlicher Übertragungsvermerk) übertragen werden.

c. Flusskonnossement (bill of lading, B/L)

Das Flusskonnossement ist das Frachtdokument der Binnenschifffahrt und wird in der Umgangssprache auch als Ladeschein bezeichnet. Es ist eine Verpflichtungsurkunde, durch die sich der Frachtführer zur Auslieferung der Waren an den berechtigten Besitzer des Flusskonnossements verpflichtet. Damit hat es die gleichen Eigenschaften wie jedes andere Konnossement: Es vertritt ebenfalls die Ware und kann durch Indossament weitergegeben werden.

d. Lagerschein (warehouse warrant, W/W)

Lagert ein Exporteur (Fachwort: Einlagerer) seine Waren vorübergehend in einem staatlich konzessionierten Lager ein, erhält er dafür als „Quittung" einen Lagerschein ausgehändigt. Der Lagerhalter darf die Ware jetzt nur noch gegen Rückgabe des Lagerscheins ausliefern. Allerdings können Lagerscheine – wie Konnossemente – durch Indossament weitergegeben werden. Wird die eingelagerte Ware in Teilen ausgeliefert, wird dies durch „Abschreibung" auf der Rückseite des Lagerscheines vermerkt. Der Abschreibungsvermerk ist vom Lagerhalter zu unterschreiben.

Die wirtschaftliche Bedeutung des Lagerscheines besteht hauptsächlich in seiner Verwendungsmöglichkeit als Kreditsicherungsmittel bei Banken. Solange sich die Ware auf See befindet, dienen der Bank die Verschiffungsdokumente wie das Konnossement als Sicherheit. Nach dem Eintreffen der Ware im Bestimmungshafen kann anstelle der Verschiffungsdokumente der Lagerschein als Sicherungsmittel verwendet werden. Die Ware kann dann erst nach erfolgter Freigabe (Fachausdruck: „Freistellung") durch die Bank ausgeliefert werden.

e. Internationale Frachtbrief

Der „Internationale Frachtbrief" ist das Transportdokument für den grenzüberschreitenden Eisenbahn- und Straßengüterverkehr. In ihm wird dem Absender

- die Übernahme der Sendung zum Transport an einen Empfänger außerhalb Deutschlands bestätigt und
- die Transportdurchführung und Ablieferung beim Empfänger garantiert.

Das in jedem Fall ausgestellte Frachtbriefdoppel gibt dem Absender die Möglichkeit, nachträglich über die Ware zu verfügen. Es erlischt, wenn

Namenslagerschein Nr.: 56356-DE

Ich lagerte ein aufgrund der Allgemeinen Deutschen Spediteurbedingungen (ADS) neueste Fassung, die auch gegenüber jedem Erwerber dieses Lagerscheins gelten, für Rechnung und Gefahr der Firma

Hof Export GmbH, D-20456 Hamburg, An der Alster 22, Tel: 040-29 39 10

auf meinem Lager

Lager- und Speditionsgesellschaft Siebert GmbH
D-20377 Hamburg, Hofweg 91

die nachstehend verzeichneten Güter:

Marke und Nummer	Zahl und Inhalt der Kolli	Inhalt	Angegebenes	Ermitteltes
			Bruttogewicht in kg	
HK-TAN-CO 234-67PO	40 cases	Balls TT-567	1.450 kg	2.000 kg

Auslieferung: **Entsprechend ADSp. § 48 C a) bin ich als Lagerhalter verpflichtet, das eingelagerte Gut nur gegen Aushändigung des Namenslagerscheines, insbesondere nicht lediglich gegen einen Lieferschein, Auslieferungsschein oder dergl. und im Falle der Abtretung nur an denjenigen Inhaber des Lagerscheines herauszugeben, der durch eine zusammenhängende Kette von dem Lagerschein stehenden Abtretungserklärungen legitimiert ist.**

Ich erkenne weiter an, dass ich dem legitimierten Rechtsnachfolger des Einlagerers nur solche Einwendungen entgegensetze, welche die Gültigkeit der Ausstellung des Scheines betreffen oder sich aus dem Schein ergeben oder mir unmittelbar gegen den Rechtsnachfolger zustehen. Mein gesetzliches Pfand- und Zurückbehaltungsrecht wird durch diese Bestimmungen nicht berührt. Bei Teilauslieferungen ist der Lagerschein zwecks Abschreibung vorzulegen.

Bearbeitung: Die Bearbeitung der Ware darf nur von dem laut Lagerschein Berechtigten vorgenommen oder veranlasst werden, soweit es sich nicht um Bearbeitungen handelt, die im Interesse der Erhaltung der Ware notwendig sind oder deren Vornahme im Lagerschein gestattet ist.

Versicherung: Die Ware ist durch mich für Rechnung, wen es angeht, versichert gegen Feuergefahr und Einbruchdiebstahl für die Dauer der Lagerung zum Tagesneuwert von

20.320,00 €

Die Speditionsversicherung (SVS gemäß ADSp. § 39 ff) habe ich mit folgender Versicherungssumme gedeckt:

23.000,00 €

eingelagert am: 17. Januar 2012

Hamburg, d. 17. Januar 2012

Herbert Hof

Stempel und Unterschrift des Lagerhalters

Muster eines Namenslagerscheins

DLK No. 15 1785	**LUFTFRACHTBRIEF AIR WAYBILL** NOT NEGOTIABLE NICHT BEGEBBAR ISSUED BY AUSGESTELLT VON:	air waybill number 375 438

Airport of departure	Airport of destination	Flight/Day
Frankfurt	New York	LH 34, 15.9.2012

220-495 211 455

Consignees account no.
TOP 123 456

Consignees name and address
SCHULTE AIRCARGO TERMINAL
JFK-International Airport
New York, N.Y.12340, USA

SCHULTE
& CIE. G.M.B.H.
International Airfreight Forwarders and Consolidators
Berlin-Düsseldorf – Frankfurt a.M. – Hamburg-München

Also notify
Tan Trading Cop. Ltd
56th Street, Lincoln Palace
New York, N.Y.34534, USA

Carrier certifies goods described below were received for carriage subject to the Conditions on reverse hereof, the goods then being in apparent good order and condition except as noted hereon.
Executed at 24th August, 2012, Frankfurt
S. Hanel
Signature of issuing carrier or its agent

Shippers account no.
56-3456

Shippers name and address
TOP PLUS GmbH
Königsberg Straße 11
D-35041 Marburg

Copies 1, 2 and 3 of this air waybill are originals and have the same validity

The Shipper certifies that the particulars on the face hereof are correct and agrees to the ADSp and the Conditions of Carriage on the participating Carriers
Signature of Shipper
Hans Beierlein
Schulte & CIE. G.M.B.H.
By Broker/Agent Frankfurt/ AIRPORT OFFICE

Currency	COD Amount	Remit COD amount to
€	44.000,00	Commerzbank, Marburg, Kto.-Nr. 965, BLZ 654 676 12

Insurance – if shipper requests insurance in accordance with conditions on reverse hereof, indicate amount of insurance in figures	Amount to be issued	ins. Rate	Declared value for carriage	Val. Rate
	50.000,00	3,2 %	NVD	

No of packages	Actual gross weight in kg	Applicable Rating	Chargeable weight or vol. in kg	Rate per kg	Airfreight charge	PP CC	Nature and quantity of goods (incl. dimensions or volume) said to contain:
2	250,00	3.180,00	250,00	-,45	130,00	CC	Measuring instruments 30 X 50 X 80 cm

Documents accompanying AWB	Special handling information (including marks, numbers and method of packing
commercial invoices, packing list, customs invoice	1 box marked: AA-4532, TAN TRADING New York

PREPAID				
Weight/Vol. charge	Valuation charge	AWB fee	Other charges	Collect charges destination currency
Total prepaid charges				Weight charge
				Valuation charge

COLLECT		AGENTS DISBURSEMENTS					Other charges incl. COD fee
Weight/Vol. charge 130,00	Valuation charge	AWB fee	Insurance	Handling	Cartage	TOTAL	
Total collect charges 169,00		2,00	8,00	4,00	10,00	24,00	COD
COD Amount 44.000,00		COD fee 27,50	Total to be collected	Delivery only against collection of this amount			Total collect

Muster eines Luftfrachtbriefes

- der Empfänger den Frachtbrief eingelöst hat, die Ware angenommen hat oder sein Recht auf Verfügung wahrgenommen hat und
- die Sendung in das Zollgebiet des Bestimmungslandes gelangt ist.

Für die Beförderung im internationalen Straßengüterverkehr wird ein vierteiliger Vordruck verwendet, dessen Teile alle als Originale gelten. Sie müssen vom Absender und vom Frachtführer unterzeichnet werden. Im Zeitalter des Online-Handels kann die Unterschrift auch durch Druck oder Stempel erfolgen.

f. Luftfrachtbrief (air waybill, AWB)

Der Luftfrachtbrief ist das Frachtdokument der Luftfrachtgesellschaften. Es wird in der Regel vom IATA-Agenten (Spediteur) oder vom Carrier, z. B. Singapore Airways, in drei Originalen (für den Luftfrachtführer, den Empfänger und den Absender) ausgestellt und unterschrieben. Daneben gibt es noch eine Kopie als Auslieferungsbestätigung. Der Luftfrachtbrief ist kein Wertpapier und dient als

- Beweis für den Abschluss des Beförderungsvertrags und für den Empfang der Waren zur Beförderung.
- Versandliste, auf der die Transportstücke und gegebenenfalls besondere Anweisungen des Absenders eingetragen sind.
- Frachtrechnung und Versicherungsschein, sofern eine Versicherung durch Vermittlung des Frachtführers abgeschlossen wurde.
- Zolldokument und Auslieferungsbestätigung.

Die IATA (International Air Transport Association) ist der Dachverband von 230 Fluggesellschaften (Stand: 01.01.2012). Das Ziel der IATA ist die Förderung des sicheren, planmäßigen und wirtschaftlichen Transportes von Menschen und Waren in der Luft.

International Air Transport Association, www.iata.org

3. Zolldokumente

In allen Ländern der Erde muss die Zollanmeldung auf vorgeschriebenen, recht unterschiedlichen amtlichen Formularen abgegeben werden. Wie Sie bereits wissen, ist dies für die Europäischen Union das Einheitspapier in elektronischer oder papiermäßiger Form. Den amtlichen Formularen sind weitere Dokumente beizufügen, die genaue Informationen über das zugrunde liegende Handelsgeschäft enthalten. Diese Dokumente werden als Zolldokumente bezeichnet. Hier die bekanntesten Dokumente:

a. Handelsrechnung, Packliste,
b. Konsulatsfaktura,
c. Zollfaktura,

d. Ursprungszeugnis,
e. Warenverkehrsbescheinigung,
f. Lieferantenerklärung.

a. Handelsrechnung und Packliste

Die Handelsrechnung ist das wichtigste Dokument im Zusammenhang mit den zoll- und devisenrechtlichen Bestimmungen der Europäischen Union. Sie wird vom Exporteur ausgestellt, der allerdings mögliche Vorgaben vom Importeur berücksichtigen muss. Damit Sie als Exporteur die Vorsteuer geltend machen können, muss die Rechnung die folgenden Pflichtangaben enthalten:

- Vollständiger Name und Anschrift des Exporteurs,
- Vollständiger Name und Anschrift des Importeurs,
- Ausstellungsdatum und eindeutige Rechnungsnummer,
- Menge, Umfang und Art der gelieferten Waren,
- Preis je Einheit ohne Steuer, einschl. Preisminderung oder Rückerstattung,
- Datum der Lieferung und der zu leistenden Zahlung,
- Steuersatz, Steuerbetrag bzw. Hinweis auf Steuerbefreiung,
- Steuer- bzw. Umsatzsteuer-Identifikationsnummer (Ust-IdNr.).

Die Packliste ist eine vom Exporteur ausgestellte genaue Aufstellung aller Packstücke (Kisten, Container, Pakete, ...) mit Markierung, Art, Gewicht und Beschreibung des Inhalts. Sie gibt Auskunft über die einzelnen in den Packstücken enthaltenen Waren und ihre Gewichte. Zur Vereinfachung der Importverfahren im Ausland ist es sinnvoll, Sendungen Packlisten beizufügen.

b. Konsulatsfaktura (Consular Invoice)

Die Konsulatsfaktura entspricht inhaltlich weitgehend der Handelsrechnung. Sie ist jedoch auf einem Vordruck des Konsulats des Importlandes zu erstellen und vom Konsulat zu unterschreiben.

Die Konsulatsfaktura (Consular Invoice) dient als Unterlage für die Verzollung im Importland und macht Angaben über das Ursprungsland, über die Angemessenheit der Preise und über die Geschäftsbedingungen. Dadurch soll das Importland vor Manipulationen geschützt werden. So ist es ein beliebter Trick, durch überhöhte Rechnungen Geld ins Ausland zu transferieren. Die Ausstellung bzw. Beglaubigung der Konsulatsfaktura erfordert bisweilen eine längere Bearbeitungszeit und ist nicht kostenfrei.

c. Zollfaktura (Costums Invoice)

Dieser Rechnungstyp wird auf Formularen der Zollämter des Importlandes ausgestellt und ist vom Exporteur zu unterschreiben. Sie dient als Unterlage für die Verzollung im Importland und hat u. a. das Ursprungsland der Ware zu bescheinigen; dadurch kann das Ursprungszeugnis entfallen. Die Zollfaktura ist also eher ein Wert- und Ursprungsdokument, das u. a. von den USA und einigen zum Commonwealth gehörenden Ländern wie Kanada, Nigeria, Jamaika und Neuseeland verlangt wird.

d. Ursprungszeugnis

Das Ursprungszeugnis (UZ) zählt zu den wichtigsten Dokumenten im Außenhandel. Es handelt sich um eine öffentliche Urkunde, die von den Behörden zahlreicher Länder als Voraussetzung für die Einfuhr einer Ware verlangt wird.

Das trifft beispielsweise für eine Reihe von Ländern in Lateinamerika, Afrika und Asien zu, die bei der Einfuhr ein Ursprungszeugnis verlangen. Mit diesem Dokument wird nachgewiesen, dass die bestellte Ware auch tatsächlich aus dem Ursprungsland stammt (beispielsweise Ursprung Deutschland). Benötigen Sie ein Ursprungszeugnis, können Sie es bei den Industrie- und Handelskammern und bei den Handwerkskammern beantragen.

e. Warenverkehrsbescheinigung EUR.1

Vergleichbar mit dem Ursprungszeugnis ist die Warenverkehrsbescheinigung EUR.1, die auch Präferenznachweis genannt wird. Sie wird benötigt für die zollfreie oder zollbegünstigte Ausfuhr in Länder oder Ländergruppen, mit denen die Europäischen Union Freihandels- oder Assoziierungsabkommen geschlossen hat. Solche Abkommen gibt es beispielsweise mit Ägypten, Chile, Island, Mexiko, Schweiz, Südafrika und Tunesien wurden zweiseitig abgeschlossen.

Im Handel zwischen den -Länder und den Ländern der Europäischen Freihandelszone (EFTA: Island, Lichtenstein, Norwegen, Schweiz) kann mit der Warenverkehrsbescheinigung EUR.1 nachgewiesen werden, dass eine Ware ihren Ursprung in diesen Ländern hat. Ist das der Fall, können gewerbliche Güter (keine Produkte aus Land- und Forstwirtschaft und Ernährung) zollfrei in die EFTA-Länder eingeführt werden.

Warenursprung und Präferenzen online: www.wup.zoll.de

f. Lieferantenerklärung (LE)

Der Aussteller (Exporteur) einer Lieferantenerklärung bescheinigt dem Empfänger (Importeur), dass die gelieferte Ware in der Europäischen Union hergestellt worden ist. Diese Erklärungen werden in der Regel als Ursprungsnachweis für die Ausstellung von „Warenverkehrsbescheinigungen EUR.1" oder „Ursprungserklärungen" auf Rechnungen verwendet. Mit diesen Erklärungen kann der Exporteur seinen Kunden Zollvergünstigungen bei der Einfuhr ermöglichen.

Wie unter „Ursprungszeugnis" ausgeführt, können Ursprungszeugnisse bei Industrie- und Handelskammern (IHKs) beantragt werden. Dieses ist nur möglich, wenn den Kammern dazu die entsprechenden Lieferantenerklärungen vorliegen. Wenn beispielsweise die „Harmsen GmbH“ bei der IHK ein Ursprungszeugnis für Herings-Konserven beantragt, legt sie dem Antrag eine Lieferantenerklärung der „Rügen Herings GmbH“ vor, die die Dosen hergestellt hat. Stark vereinfacht lautet die von ihr abgegebene Lieferantenerklärung wie folgt:

Die „Rügen Herings GmbH“ erklärt, dass die in diesem Dokument aufgeführten Fischkonserven Ursprungserzeugnisse der Europäischen Gemeinschaft sind und den Ursprungsregeln für den Präferenzverkehr mit Europäischen Gemeinschaft entsprechen.

Wenn Sie Lieferantenerklärungen abgeben müssen, lassen Sie sich den genauen Text vom Zoll oder von Ihrer IHK vorgeben. Lieferantenerklärungen sind öffentliche Urkunden und unterliegen wie viele andere Dokumente strengen Formvorschriften, die kaum einen Ermessensspielraum zulassen.

4. Sonstige Dokumente

Es gibt mehr als 100 gängige Dokumente im Außenhandel, von denen aber viele nur gelegentlich verlangt werden. Sie können aufgrund von Ein- und Ausfuhrbestimmungen oder auf besonderen Wunsch des Importeurs erforderlich sein. Dazu gehören auch Zertifikate, die Auskunft geben über die Qualität und Beschaffenheit einer Ware, über Maße, Gewichte und Stückzahlen. Mit der Ausstellung dieser Dokumente werden Treuhandgesellschaften und der TÜV Technischer Überwachungs-Verein (TÜV) beauftragt:

TÜV Deutschland, www.tuv.com/de/Deutschland
SGS-ICS-Gesellschaft für Zertifizierungen mbH, www.de.sgs.com

Am bekanntesten sind die folgenden Dokumente:

Qualitätszertifikat
Ein Qualitätszertifikat soll sicherstellen, dass die vertraglich vereinbarte Qualität einer Ware auch geliefert wird. Abgesehen von hochwertigen Einmalgeschäften und Erstbestellungen ist die Vereinbarung von Qualitätszertifikaten zwischen nicht-staatlichen Importeuren und Exporteuren eher die Ausnahme, weil sie teuer sind und die Exportabwicklung verzögern. Werden dennoch ohne überzeugende Argumente Qualitätszertifikate verlangt, wird das oft als Misstrauen aufgefasst. Fallen Kosten für diese Zertifikate an, wird der Exporteur sie dem Importeur in Rechnung stellen.

Globalcontrol
Aktiengesellschaft

Seibelstraße 24 D-22587 Hamburg	Gartenstraße 56 D-81245 München	Schillerstraße 78 D-14163 Berlin

Zertifikat
Certificate **No 68L3 / P342 6758**

CERTIFICATE OF INSPECTION OF VESSEL´S HOLDS

In pursuance of an order received from:	PEKING IMPORT CO., LTD. Tan Industry Building, 100 Huli Ave. 2991 PRC-Peking 395044		
requesting to carry out the instructions summarised as under:	inspection of vessel´s holds		
of a consignment designated as:	6.340,00 kg		German milling wheat in bulk of crop 2011
	test weight	::	75/78 kg/hl min
	moisture	::	13.5 pct max
	protein on dry basis	:	14 pct min
	foreign matters		02 pct max
	content of fusarium kernel has not exceed		0.7 pct
Contract N.:	CH-496 342-722		
located on board	MS „Goslar 453“		
from Bremen	to Peking on January 27th, 2011		

We certify as follows:
Before commencement of loading we have inspected holds no. 1, 2, and 3 of the above mentioned vessel and confirm their fitness to receive and store grain during transportation without any risk to the quality and condition of grain. All holds are free from rust, glass and other dirt, from life infestation and without foreign smell.

Hamburg, January 16th, 2012
Globalcontrol AG
H. Liebrecht
ppa. H. Liebrecht

Inspektionszertifikat

Gesundheitszertifikat (health certificate)
Viele Staaten verlangen für den Import von landwirtschaftlichen Waren (einschließlich lebender Tiere) und von medizinischen Erzeugnissen Gesundheitszertifikate. Damit soll u. a. die Echtheit von Medikamenten bestätigt oder die Übertragung von Krankheiten verhindert werden.

Aufmaßliste (list of measure)
Bei der Aufmaßliste handelt es sich um eine im Holzhandel gebräuchliche Aufstellung des Exporteurs über die gelieferte Ware. Sie enthält genaue Angaben über die Gattung, Qualität, Einzelmasse, Stückzahl und Gesamtgewicht des gelieferten Holzes. Sie dient dem Abnehmer somit als Nachweis dafür, dass der Lieferant die Ware vertragsgemäß geliefert hat.

Gewichtsbescheinigung (certificate of weight)
Eine Gewichtsbescheinigung bestätigt, dass das vom Exporteur in der Rechnung angegebene Bruttogewicht dem tatsächlichen Verladegewicht entspricht. Die Angaben werden insbesondere für den Transport benötigt.

Vermeiden Sie Fehler

In der Praxis kommt es immer wieder vor, dass Exporteure erst von ihren ausländischen Kunden erfahren, dass die Einfuhr von Waren wegen fehlender oder falscher Genehmigungsunterlagen erschwert wird oder nicht möglich ist. Die nachträgliche Beschaffung solcher Dokumente kann sehr zeitaufwendig sein und zu erheblichen Terminverzögerungen und finanziellen Belastungen führen. Nach Möglichkeit sollte deshalb der Importeur im Bestimmungsland verbindlich vorgeben, welche Dokumente er für die Zollabfertigung benötigt.

Ich würde mich darauf aber nicht verlassen. Machen Sie sich deshalb vor der Ausfuhr einer Ware sachkundig, welche Genehmigungsunterlagen erforderlich sind und bei welcher Behörde sie zu beantragen sind. Informationen erhalten Sie von den zuständigen konsularischen Vertretungen, von Auslandshandelskammern und von Unternehmen, die berechtigt sind, diese Zertifikate auszustellen. Das trifft beispielsweise für die SGS-ICS-Gesellschaft für Zertifizierungen mbH zu, die Sie oben kennengelernt haben.

* * * * * * *

Kapitel 11: Finanzierung und Hermesdeckung

Viele Unternehmen scheitern nicht an fehlenden Aufträgen oder mangelnder Rentabilität, sondern an der Finanzierung. In den meisten Fällen ist dieses auf grobe Fehler der Unternehmensleitung zurückzuführen. Zeichnet sich beispielsweise ab, dass die von einer Bank eingeräumte Kreditlinie überschritten wird, so gehört es sich einfach, dieses der Bank unverzüglich mitzuteilen und die Gründe dafür offen zu legen.

Hält ein Unternehmer es zum wiederholten Male nicht für nötig, seine Bank über seine angespannte Liquiditätslage zu informieren, darf er sich nicht wundern, wenn ihm plötzlich die Kredite gekündigt werden. Stellt er in dieser Situation dem Kreditgeber keine zusätzlichen Sicherheiten zur Verfügung, kann es das Ende seines Unternehmens bedeuten. Damit es gar nicht erst soweit kommt, beachten Sie die folgenden fünf Finanzierungsgrundsätze, die sich im Geschäftsleben tausendfach bewährt haben:

1. Nehmen Sie nicht mehr und nicht weniger Kapital auf, als Sie zur Sicherung eines reibungslosen Betriebsablaufes benötigen.
2. Setzen Sie das aufgenommene Kapital so ein, dass es zum Zeitpunkt der Rückzahlung wieder in Geldform zur Verfügung steht.
3. Nutzen Sie das von Ihrer Bank gewährte Kreditvolumen ausschließlich zur Finanzierung Ihrer Auslandsgeschäfte.
4. Finanzieren Sie den laufenden Geschäftsbetrieb Ihres Unternehmens mit seiner Verwaltung, seiner Materialwirtschaft und seinem gesamten Marketing nur mit eigenen Mitteln.
5. Achten Sie auf ein gewisses finanzielles Polster, damit Sie nicht gleich beim Zahlungsverzug einiger inländischer oder ausländischer Kunden auf Kredite Ihrer Bank zurückgreifen müssen.

Unterschiedliche Interessen

Wie beim Preis, den Liefer- und Zahlungsbedingungen und dem Zahlungsverkehr stehen sich auch bei der Finanzierung von Auslandsgeschäften die Interessen von Exporteur und Importeur konträr gegenüber. Während dem Exporteur daran gelegen ist, möglichst schnell und risikolos den vereinbarten Kaufpreis zu erhalten, möchte der Importeur seiner Zahlungsverpflichtung möglichst spät nachkommen.

In diesem Kapitel steht die Finanzierung von Exportgeschäften im Vordergrund. Unter dem Druck der internationalen Konkurrenz sind nämlich Exporteure heute gezwungen, attraktive Finanzierungen anzubieten. Es kommt sogar vor, dass sie wichtiger sind als der Preis oder die Qualität der angebotenen Waren. Besonders bei Investitionsgütern muss sich der Exporteur oft auf Zahlungsbedingungen mit nennenswerten An- und Zwischenzahlungen einlassen. Eine solche Finanzierung kann beispielsweise wie folgt aussehen:

- 10 Prozent Anzahlung bei Vertragsabschluss,
- 35 Prozent Zwischenzahlungen jeweils nach Baufortschritt,
- 35 Prozent bei Abnahme der Anlage,
- 20 Prozent nach drei Jahren.

Zusammenarbeit mit einer Bank

Zur Finanzierung und Abwicklung von Außenhandelsgeschäften benötigen Sie ein Kreditinstitut mit Erfahrung im Außenhandel. Es muss einem internationalen Bankenkonsortium angehören und Filialen in allen großen Handelsmetropolen unterhalten. Sind diese Voraussetzungen nicht erfüllt, wechseln Sie zumindest für das Auslandsgeschäft Ihre Bankverbindung. Bedenken Sie bei der Wahl, dass das Image Ihrer Hausbank auch dem Ansehen Ihres Unternehmens nützt.

Falls es zu Kreditverhandlungen mit Ihrer Bank kommt, beantragen Sie immer mehr Kredit, als Sie wirklich benötigen, und sagen das auch Ihrer Bank. Wenn Sie dann mal eine höhere Kreditlinie als geplant benötigen, müssen Sie nicht gleich einen Bittgang zur Bank zutreten. Dieses ist für beide Parteien unangenehm und bringt Ihre Bank leicht in Versuchung, aufgrund eines höheren Risikos höhere Zinsen und Gebühren zu verlangen oder das Engagement zu überprüfen.

Vorbereitung von Gesprächen

Gewöhnen Sie sich an, jedes Gespräch mit Ihrer Bank sorgfältig vorzubereiten. Denken Sie daran, dass der Vertreter der Bank private und geschäftliche Informationen aus Ihnen herauslocken will, um Ihre persönliche Bonität und die Ihres Unternehmens beurteilen zu können. Bevor Sie die Finanzierung eines Auslandsgeschäftes mit Ihrer Bank besprechen, klären Sie folgende Fragen:

1. Wie hoch ist der Finanzierungsbedarf und welcher Finanzierungszeitraum ist realistisch? Seien Sie beim Bemessen großzügig.
2. Wie beurteilen Sie die Bonität Ihrer inländischen Lieferanten und ausländischen Exporteure und die wirtschaftliche und politische Lage des Exportlandes? Wie steht es mit dem Wechselkursrisiko?
3. Soll die Finanzierung durch staatliche Ausfuhrgewährleistungen des Bundes (HERMES) oder eine private Export-Kreditversicherung abgesichert werden?
4. Haben Sie mit Ihrem Kunden die Finanzierung besprochen und alle Möglichkeiten der Vorfinanzierung (Anzahlungen, Abschlagszahlungen) ausgelotet?

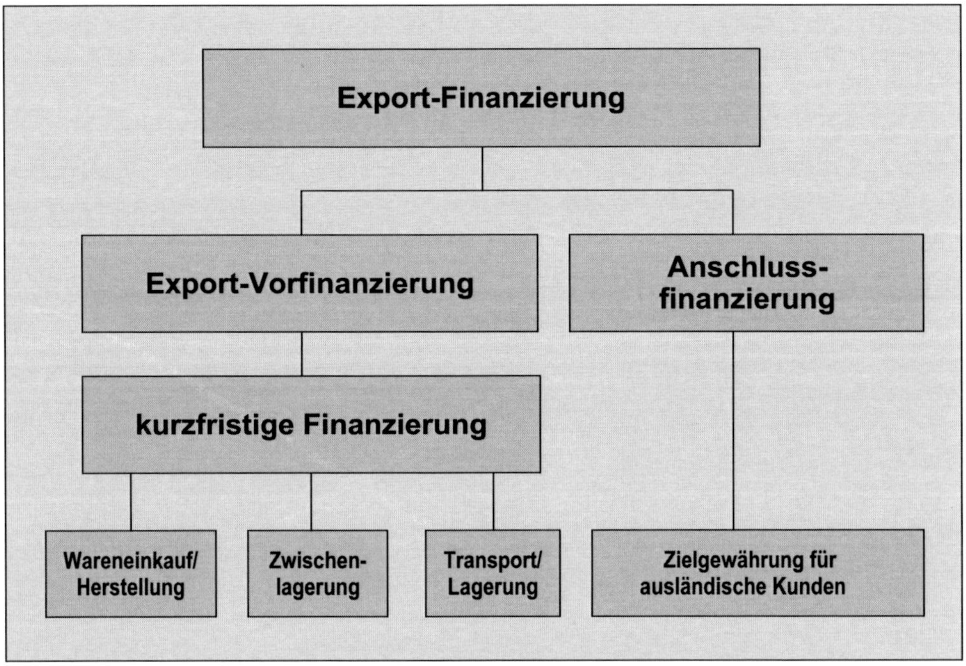

Finanzierung von Exportgeschäften

5. Besteht eine wirtschaftliche Gefahr für Ihr Unternehmen, wenn es zu Problemen bei dem zu finanzierenden Geschäft kommt?

Fristigkeit von Krediten

Das wichtigste Unterscheidungsmerkmal bei Krediten ist das nach dem Finanzierungszeitraum. Obwohl die Grenzen fließend sind, gelten Kredite mit Zahlungszielen bis zu einem Jahr als kurzfristig, solche von ein bis vier Jahren als mittelfristig und die darüber hinausgehenden als langfristig.

Die Grafik „Export-Finanzierung" zeigt Ihnen, welche Zeiträume im Außenhandel durch Kredite überbrückt werden können. Die Exportfinanzierung im weitesten Sinne beginnt mit dem Einkauf bzw. der Herstellung der Exportwaren. Sie umfasst dann noch die Finanzierung der Transport- und Lagerdauer und des Zahlungsziels. Nachfolgend behandele ich die verschiedenen Finanzierungsthemen in der folgenden Reihenfolge:

- Kurzfristige Exportfinanzierung
- Mittel- und langfristige Exportfinanzierung

- Exportleasing
- Bankgarantien im Auslandsgeschäft
- Export-Kreditversicherung

Kurzfristige Exportfinanzierung

Vereinfacht ausgedrückt bezieht sich die kurzfristige Exportfinanzierung auf den Zeitraum vom Versand einer Ware bis zum Eingang der Zahlung vom Importeur. Zur finanziellen Überbrückung dieses Zeitraums stehen folgende Kredite zur Verfügung:

1. Kontokorrentkredit,
2. Wechselkredit (Diskontkredit),
3. Exportfactoring und
4. Dokumentenvorschuss.

Neben dem Kontokorrentkredit hat der Wechsel bei der kurzfristigen Außenhandelsfinanzierung die größte Bedeutung. Ist die Bonität der am Wechselverkehr teilnehmenden Geschäftspartner untadelig, können relativ unbürokratisch kurzfristige Kredite zu sehr guten Konditionen aufgenommen werden.

1. Kontokorrentkredit (auch Dispokredit genannt)
Der Kontokorrentkredit ist ein Kredit für Ihr Geschäftskonto, über das alle Zahlungen abgewickelt werden. Üblich ist ein Kreditrahmen von etwa einem Monatsumsatz. Bekanntlich gewährt Ihnen dieser Kredit die größte Bewegungsfreiheit: Sie können über ihn in beliebigen Beträgen, zu beliebiger Zeit und in verschiedenen Formen (Abheben, Überweisen) verfügen. Ebenso können Sie beliebig hohe Rückzahlungen in verschiedenen Formen leisten (Einzahlungen, Kundenüberweisungen, Gutschriften von Schecks und Wechseln).

Mit dem Kontokorrentkredit sind Sie finanziell sehr beweglich, was natürlich seinen Preis hat. Selbst bei Kunden mit bester Bonität sind die Zinsen für diesen Kredit relativ hoch. Allerdings werden im Vergleich zu anderen Bankgeschäften nur geringe oder keine Bearbeitungsgebühren für die einzelnen Geschäftsvorfälle berechnet. Die Zinsen werden grundsätzlich nur nach dem tatsächlich in Anspruch genommenen Kredit belastet.

Deshalb kann der Kontokorrentkredit günstiger als andere Kredite sein, die optisch mit einem besseren Zinssatz ausgestattet sind. Bedenken Sie auch den geringen Verwaltungsaufwand eines Kontokorrentkontos. Halten Sie an die gewährte Kreditlinie ein, sparen Sie im Vergleich zu anderen Krediten viel Verwaltungsarbeit und erhebliche Kommunikationskosten. Dieses erst recht, wenn Sie Ihr Konto online via Internet führen.

2. Wechselkredit
Mit einem Wechsel können Sie in der Regel Warengeschäfte sehr günstig finanzieren. Allerdings haben diese Kredite auch ihre Tücken. Bevor Sie deshalb mit ausländischen Geschäftspartnern in den Wechselverkehr einsteigen, besprechen Sie das Thema unbedingt mit Ihrer Hausbank.

Stark vereinfacht ausgedrückt ist der Wechsel ein Vertrag, in dem sich der Importeur als Schuldner (Wechselnehmer) verpflichtet hat, dem Exporteur als Gläubiger (Wechselgeber) eine bestimmte Geldsumme an einem bestimmten Tag zu bezahlen. Der Kreditzeitraum beträgt meistens drei Monate. Dem Exporteur bietet ein Wechsel folgenden Nutzen:

Kreditmittel: Durch den Wechsel verpflichtet sich der Importeur, seine Geldschuld später zu begleichen. Bis dahin kann er die Ware oder einen Teil davon verkaufen und „zu Geld machen". Der Exporteur kann diesen Wechsel bei seiner Bank zum Inkasso einreichen, wenn er den gesetzlichen Vorschriften entspricht. Diese schreibt ihm den Gegenwert gut und gewährt ihm damit einen sehr günstigen Warenkredit. Der Wechsel ist also für den Importeur und für den Exporteur ein Kreditmittel.

Zahlungsmittel: Der Exporteur kann mit dem Wechsel auch seine Verbindlichkeiten ausgleichen. So ist es üblich, dass Exporteure Rechnungen für Lieferungen von Exportwaren mit Wechseln bezahlen.

Sicherungsmittel: Wer einen Wechsel als Wechselnehmer unterschreibt (akzeptiert), gibt ein abstraktes, d. h. vom Grundgeschäft losgelöstes Schuldversprechen ab. Wie beim Akkreditiv muss der Wechselnehmer auch dann den Wechselbetrag bezahlen, wenn nichts geliefert wurde oder die gelieferten Waren erhebliche Mängel aufweisen. Der Wechselnehmer haftet in jedem Fall für die Zahlung des Wechselbetrages.

3. Exportfactoring
Das Exportfactoring ist eine besondere Form der Finanzierung von Exportgeschäften. Exportfactoring bedeutet den laufenden Ankauf von kurzfristigen Forderungen aus Exportgeschäften durch Factoring-Banken, die meistens Tochtergesellschaften von Großbanken sind. Zwischen dem Exporteur und der Factoring-Bank (Factor) wird ein Rahmenvertrag abgeschlossen, der festlegt, welche Leistungen der Factor zu erbringen hat. Folgende Leistungen sind üblich:

- Ankauf von Exportforderungen mit sofortiger Bevorschussung der einzelnen Exportgeschäfte bis zu 80 Prozent. Die Restbeträge werden auf Sperrkonten verbucht, um damit mögliche Ansprüche zu begleichen, die aus Mängelrügen gegenüber Exporteuren geltend gemacht werden.

- Übernahme des Zahlungsausfallrisikos.
- Übernahme der Debitorenbuchhaltung einschließlich des Mahnwesens.

Die Kosten für das Factoring setzen sich aus der Factoring-Gebühr (etwa 1,0 bis 3,0 Prozent des Umsatzes) und den Zinsen zusammen. Diese errechnen sich für den Zeitraum vom Tag der Vorschusszahlung an den Exporteur bis zum Eingang der Zahlung vom Auslandskunden.

Neben der schnellen Geldbeschaffung liegt der wesentliche Vorteil des Exportfactorings in der Übernahme wichtiger Dienstleistungsfunktionen wie beispielsweise das Mahn- und Inkassowesen und die Bonitätsprüfung. Überlegen Sie sich aber gut, ob Sie diesen sensiblen Bereich in fremde Hände legen. Eine unberechtigte Mahnung kann schnell zum Verlust eines Kunden führen, ohne dass Sie davon etwas erfahren. Auch dürfen die relativ hohen Factoring-Gebühren nicht unterschätzt werden.

> **Exportvorschusskonto 345 234 22**
>
> Sehr geehrte Damen und Herren,
>
> Die uns zum Inkasso übergebenen Dokumente über Ihr Exportgeschäft E-2012-47 mit der Far East Import Ltd., Singapore bevorschussen wir mit
>
> 234.000,00 €
>
> und schreiben diesen Betrag zulasten des oben bezeichneten Vorschusskontos Ihrem Girokonto gut.
>
> Die Rückzahlung des Vorschusses hat nach Eingang des Inkassogegenwertes, spätestens jedoch bis zum 31. Oktober 2012, zu erfolgen.
>
> An Zinsen berechnen wir z. Z. 5,5 % p. a. zuzüglich 2,0 % p. a. Umsatzprovision. Eine Änderung des Zinssatzes behalten wir uns vor.
>
> Neben den vorstehend genannten Bedingungen gelten die Bedingungen des mit Ihnen geschlossenen Mantelsicherungsvertrages.
>
> Mit freundlichen Grüßen
>
> *Hauke Grunert*
>
> Hauke Grunert, Hansa Bank AG

Bevorschussung von Exportdokumenten

Beispiel Guss-Maschinen: Wegen der starken internationalen Konkurrenz muss ein Exporteur von Guss-Maschinen seinen Kunden die gleichen Zahlungsziele einräumen, wie sie im Inland üblich sind. Um sich vor Zahlungsausfällen zu schützen, verkauft er seine Forderungen an einen Factor und wälzt so das Delkredererisiko (Zahlungsausfallrisiko) auf ihn ab.

4. Dokumentenvorschuss

Der Dokumentenvorschuss ist die häufigste Form im kurzfristigen Exportkreditgeschäft. Es ist ein Kredit auf die Dokumente der Zahlungsbedingung „Dokumente gegen Zahlung“ oder eines „Dokumenten-Akkreditivs“. Um den Zeitraum vom Versand der Ware bis zum Eingang des Rechnungsbetrages auf seinem Bankkonto zu überbrücken, kann sich der Exporteur Dokumente wie das See- oder Durchkonnossement von seiner Bank bevorschussen lassen. Als Sicherheit überträgt der Exporteur der Bank das Eigentum an der Ware und die Auszahlungsansprüche aus der Bedingung „Dokumente gegen Zahlung“ bzw „Dokumenten-Akkreditiv“.

Die Höhe der Bevorschussung kann etwa 75 bis 85 Prozent betragen. Sie hängt ab von der Einschätzung der Bonität des Exporteurs, der Beschaffenheit und Verwertbarkeit der Dokumente, der Marktgängigkeit der Ware und den politischen und wirtschaftlichen Verhältnissen des Käuferlandes. Die Gesamtkosten für den Dokumentenvorschuss entsprechen den Zinssätzen, die für Kontokorrentkredite verlangt werden.

Wenn Sie einen Dokumentenvorschuss bei Ihrer Hausbank beantragen, müssen Sie bei Erstgeschäften mit einer längeren Bearbeitungszeit rechnen. Die Bank wird das Inkassorisiko sehr sorgfältig prüfen, denn sie weiß auch, wie schwierig die Rechtsverfolgung insbesondere in Übersee ist. Deshalb wird sie auch die Finanzierung in enger Abstimmung mit ihrer ausländischen Korrespondenzbank vornehmen.

Exkurs: Lombardkredit

Kontokorrentkredit, Wechselkredit und Dokumentenvorschuss sind Kreditarten, die grundsätzlich auch zur Finanzierung von Importgeschäften geeignet sind. Eine besondere Form der kurzfristigen Importfinanzierung ist der Lombardkredit, bei dem ein Kredit gegen die Verpfändung von marktgängigen Waren gewährt wird. Der Begriff geht auf die italienische Region Lombardei zurück, wo sich Kaufleute bereits im Mittelalter Geld auf diese Weise liehen.

Mit Lombardkrediten können Sie die Rechnungsbeträge Ihrer Importgeschäfte bezahlen, um so die Herausgabe von Dokumenten zu bewirken, die Sie für die Einfuhrabfertigung beim Zoll benötigen. Als Sicherheit verpfänden Sie Ihrer Bank (die Lombardbank) die Waren aus dem Importgeschäft. Ihre Bank ist berechtigt, die Waren nach einer angemessenen Frist von etwa vier Wochen zu verkaufen, wenn Sie Ihren Zahlungspflichten aus dem Kreditvertrag nicht nachgekommen sind.

Damit Sie die Waren auch verkaufen können, werden sie in einem neutralen Lagerhaus eingelagert und von der Bank partieweise freigegeben (siehe dazu „Lagerschein“ im Kapitel 10: „Dokumente im Außenhandel“). Als Sicherheit für jede Partie lässt sich die Bank die Forderungen abtreten, die Sie aus dem Verkauf der freigegebenen Waren erwerben.

Banken werden nur dann Lombardkredite gewähren, wenn Sie davon überzeugt sind, dass die verpfändeten Waren wertbeständig und ohne Risiko zu verkaufen sind. Das trifft sicherlich für börsennotierte Waren wie Holz, Metalle und Schweinehälften zu, nicht aber für gängige Konsumwaren. Abgesehen davon, dass beispielsweise Früchte, Weihnachtsartikel, Sportartikel oder Modeartikel nicht wertbeständig sind, fehlt den Banken das nötige Wissen, um aus ihrem Verkauf den gewährten Kreditbetrag zu erwirtschaften.

Aus diesem Grund und wegen des hohen Abwicklungsaufwandes findet der Lombardkredit beim Import von Konsumwaren kaum noch Anwendung.

Mittel- und langfristige Exportfinanzierung

Meistens liegt das Finanzierungsproblem beim ausländischen Kunden. So ist es gängige Praxis, dass ein Importeur versichert, sehr an einem Angebot interessiert zu sein und auch gerne einen Kaufvertrag unterschreiben würde. Er kann jedoch den in Euro angebotenen Kaufpreis bar nicht bezahlen. Auch findet er in seinem Land keine Bank, die ihm einen Euro-Kredit zur Verfügung stellt. Das Geschäft kann also nur dann abgeschlossen werden, wenn es dem Importeur gelingt, sein Zahlungsproblem auf Sie als Exporteur abzuwälzen.

Um das Geschäft nicht zu verlieren, könnten Sie die Finanzierung aus eigenen Mitteln übernehmen. Allerdings wäre das mit beachtlichen Risiken verbunden, die Sie mit Ihrem Unternehmen nur bei kleinen Aufträgen eingehen dürfen. Dafür gibt es Banken, Export-Kreditversicherungen und diverse Spezialinstitute mit weltweiten Verbindungen, die sich auf solche Finanzierungen spezialisiert haben. Sie werden Ihnen in der Regel ein Kredit-Modell anbieten, das zu Ihrem Warenangebot passt. Mit Ausnahme des „Exportleasings“ werde ich deshalb die vielen verschiedenen Kredit-Modelle nicht besprechen.

Hauptträger der mittel- und langfristigen Außenhandelsfinanzierung sind in Deutschland die Ausfuhrkredit-Gesellschaft mbH (AKA) und die KfW IPEX-Bank GmbH.

Ausfuhrkredit-Gesellschaft mbH (AKA). Die AKA ist eine Gründung deutscher Geschäftsbanken, der zurzeit mehr als 20 Banken angehören. Die Bank befasst sich nahezu ausschließlich mit der Finanzierung von Investitionsgüter-Exporten wie hochwertigen Maschinen und Industrieanlagen. Sie gewährt Lieferantenkredite an deutsche Exporteure oder Bestellerkredite an ausländische Käufer.

Wollen Sie für einen Exportauftrag eine AKA-Finanzierung in Anspruch nehmen, müssen Sie über Ihre Hausbank einen Kreditantrag stellen, über den der

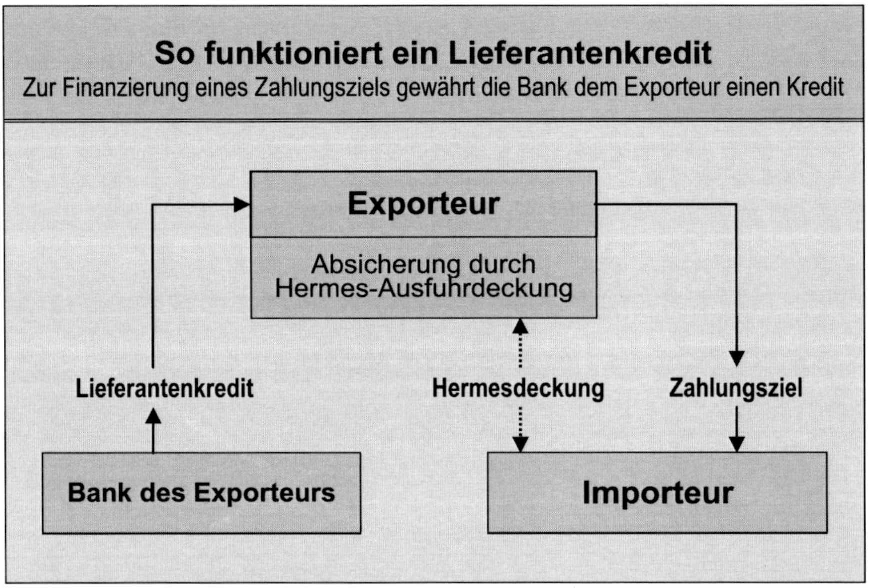

Kreditausschuss der AKA entscheidet. Zum Antrag gehört ein Finanzierungs- und Tilgungsplan, Kopien des Liefervertrages und etwaiger Leistungsversprechen Dritter, wie beispielsweise die HERMES-Deckungszusage.

Alle AKA-Kredite mit einer Laufzeit von mehr als 24 Monaten müssen durch eine Bürgschaft oder Garantie des Bundes (Hermesdeckung) gesichert sein. Wie ich gleich noch ausführen werde, tragen Sie damit nicht mehr die politischen und wirtschaftlichen Auslandsrisiken.

AKA Ausfuhrkredit-Gesellschaft, www.akabank.de

KfW IPEX-Bank GmbH: Die KfW IPEX-Bank ist ein 100-prozentiges Tochterunternehmen der Kreditanstalt für Wiederaufbau (KfW), die dem Bund und den Ländern gehört. Ihr Schwerpunkt liegt in der Exportfinanzierung von langlebigen Investitionsgütern, insbesondere des Maschinen- und Industrieanlagen-Baus.

Grundsätzlich werden im Rahmen der Exportfinanzierung Besteller- und Lieferantenkredite gewährt. Dabei hat sich das Kreditgeschäft der KfW IPEX-Bank in den letzten Jahren stark zu Bestellerkrediten verlagert. Sie sind besonders gefragt, da sie einerseits die Abwicklung des Kreditgeschäfts durch den Importeur ermöglichen und andererseits bei niedriger Selbstbeteiligung und günstigem Festzinssatz lange Laufzeiten bieten.

KfW IPEX-Bank, www.kfw-ipex-bank.de

Exportleasing

Das Exportleasing ist eine besondere Form der Überlassung von Investitionsgütern gegen eine regelmäßige Zahlung von Raten über einen vorher vereinbarten Zeitraum. Es ist für kleinere und mittlere Exporteure eine interessante Möglichkeit der Absatzfinanzierung, die auch dem ausländischen Kunden erhebliche Vorteile bietet. An einem Beispiel will ich Ihnen zeigen, wie das Exportleasing funktioniert und welche Vorteile es dem Exporteur und Importeur bietet.

Beispiel Textil-Maschinen: Ein Exporteur hatte eine Bestellung von Web-Maschinen im Wert von 2.100.000,00 Euro aus Tschechien unter dem Vorbehalt bestätigt, dass die Lieferung über das Exportleasing finanziert wird. Er übergab die Auftragsunterlagen einer Leasinggesellschaft, die die Bonität des Kunden prüfte.

Nachdem die Prüfung positiv ausgefallen war, übernahm die Leasinggesellschaft die Finanzierung des Exportgeschäfts. Sie schloss mit dem Unternehmen in Tschechien einen Leasingvertrag mit Kaufoption am Ende der Laufzeit von 10 Jahren ab. Die Vertragsbedingungen wurden so vereinbart, dass die Leasingraten aus dem Textilexport nach Deutschland finanziert werden konnten. Der deutsche Exporteur bekam sofort den vollen Kaufpreis überwiesen.

Diese Finanzierungsform setzt sich in Deutschland nur sehr zögerlich durch, obwohl sie dem Exporteur folgende Vorteile bietet:

Zahlungsausfallrisiko: Das Exportgeschäft wird zum reinen Inlandsgeschäft. Die Leasinggesellschaft bezahlt bei Abschluss des Kaufvertrages den Kaufpreis. Für den Exporteur entfällt damit ein mögliches Ausfallrisiko.

Wettbewerbsvorteil: Das Leasingangebot kann ein Wettbewerbsvorteil sein, weil der Exporteur zusammen mit der Ware ein komplettes Finanzierungsangebot anbieten kann.

Risikoübernahme: Die Bearbeitung vieler Risiken des Exportgeschäfts, vom Transport über Versicherungen bis zur Klärung rechtlicher und finanzieller Besonderheiten im Exportland, nimmt die Leasinggesellschaft dem deutschen Exporteur ganz oder teilweise ab.

Auch für einen Auslandskunden bringt das Leasing Pluspunkte:

Streuervorteile: Leasing ist in vielen Ländern steuerlich vorteilhaft, denn Leasingraten können als Betriebsausgaben von der Einkommensteuer abgesetzt werden.

Liquiditätsvorteile: Der Leasingnehmer verbessert seine Liquidität, weil er seine Kreditlinie für den Kauf der Ware nicht in Anspruch nehmen muss. So behält er finanziellen Spielraum für andere Investitionsvorhaben.

Bilanzneutralität: Weil die Ware nicht Eigentum des Leasingnehmers ist, muss er sie weder buchhalterisch noch steuerlich in seinem Vermögen ausweisen.

Bankgarantien im Auslandsgeschäft

Beispiel Fischkonserven: Bernd Harmsen hatte von einem chinesischen Unternehmen einen Auftrag Wert von 70.000,00 Euro erhalten. Da er das Unternehmen nicht kannte, bat er um Stellung einer Bankgarantie einer deutschen Bank im Wert von 70.000,00 Euro.

Nachdem sich Bernd Harmsen bereit erklärt hatte, die Garantieprovision von 1,5 Prozent/p. a. zu übernehmen, lag nach wenigen Tagen die Bankgarantie vor. In ihr übernahm die Bank die Gewähr dafür, dass Bernd Harmsen (der Begünstigte) die vertragliche Leistung (den Kaufpreis) auch erhielt. Hätte der Importeur den Kaufpreis nicht bezahlt, hätte Bernd Harmsen als Begünstigter die Bank aus der Bankgarantie in Anspruch nehmen können. Die Bank hätte Zahlung geleistet und das Konto des Importeurs mit dem gezahlten Betrag belastet.

Ebenso wie bei Akkreditiven sind Garantien Versprechen einer Bank, dem geschädigten Geschäftspartner zum Ersatz für den entstandenen Schaden einen bestimmten Geldbetrag zu bezahlen. Garantien werden relativ selten in Anspruch genommen, da alle Vertragspartner davon ausgehen, dass das zugrunde liegende Geschäft störungsfrei abläuft. Die Bankgarantie dient dem Begünstigten quasi als eine Versicherung.

Garantien werden von Banken im Auftrag von Kunden normalerweise abgegeben als

- Bietungsgarantie (Bid Bond).
- Anzahlungsgarantie (Advance-Payment-Guarantee).
- Lieferungs- und Leistungsgarantie (Performance-Guarantee).
- Zahlungsgarantie (Payment-Guarantee).

Bevor ich die einzelnen Garantiearten bespreche, eine dringende Warnung: Seien Sie mit dem Stellen von Garantien äußerst vorsichtig. Die Hoffnung, nicht aus einer Garantie in Anspruch genommen zu werden, ist trügerisch und sehr gefährlich.

Mir sind Fälle bekannt, bei denen es die Garantienehmer von Anfang an darauf abgesehen hatten, den Garanten aus der Garantie in Anspruch zu nehmen.

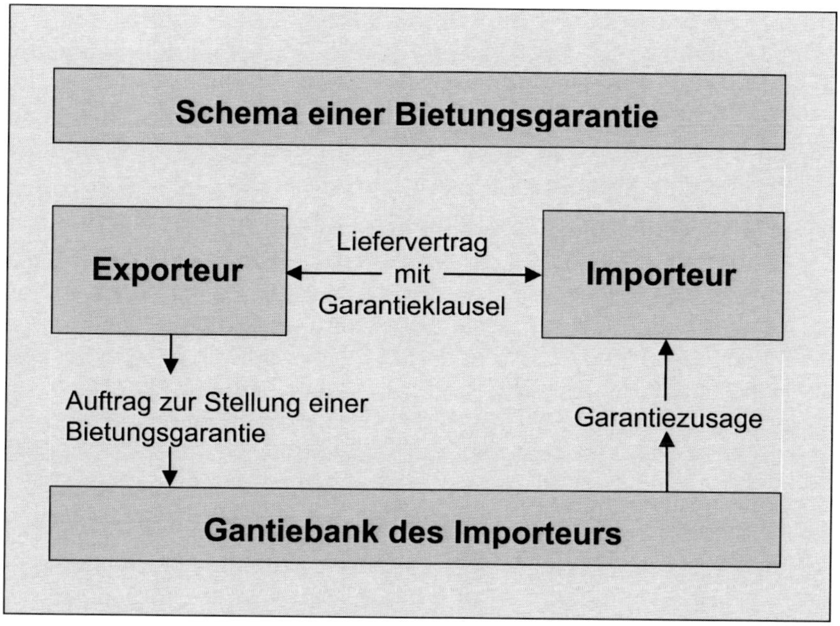

Plötzlich stimmten die technischen Leistungsmerkmale nicht mehr, der Liefertermin wurde wegen (manipulierter) Verzögerungen bei der Verzollung nicht eingehalten oder ein wichtiges Dokument entsprach nicht der vorgeschriebenen Form.

Bietungsgarantie (Bid Bond)

Häufig werden Großaufträge für Windkraftanlagen, Straßen, Brücken und U-Bahnen von Behörden im Rahmen von Ausschreibungen vergeben. Diese Behörden (Importeure) möchten eine Sicherheit dafür haben, dass Exporteure ihre Angebote bis zur Auftragserteilung aufrechterhalten, selbst wenn für sie die Preise und Vertragsbedingungen unbefriedigend sind. Als Sicherheit werden deshalb Bietungsgarantien verlangt. Exporteure müssen sie zusammen mit ihren Angeboten. Die Banken, die die Garantien stellen, werden oft von den Behörden vorgegeben.

Die Bank übernimmt mit der Bietungsgarantie für den Exporteur die Garantie, dass er die Vertragsbedingungen des Importeurs erfüllt. Ferner verpflichtet sich die Bank zur Zahlung einer Vertragsstrafe für den Fall, dass der Exporteur nach der Bestellung sein Angebot zurückzieht. Die Höhe des Garantiebetrages liegt in der Regel bei ca. 5 Prozent des Auftragswertes.

Anzahlungsgarantie (Advanced Payment Bond)
Eine Anzahlungsgarantie der Bank des Exporteurs sichert den Importeur in der Weise, dass er seine Anzahlung zurückerhält, wenn der Exporteur seinen vertraglichen Verpflichtungen – sowohl technisch als auch zeitlich – nicht nachkommt. Anzahlungsgarantien werden vor allem bei Geschäften mit hochwertigen Maschinen und bei Spezialanfertigungen verlangt.

Lieferungs- und Leistungsgarantie (Performance Bond)
Bei der Lieferungs- und Leistungsgarantie garantiert die Bank des Exporteurs die leistungsgerechte Erfüllung des Vertrages und die fristgerechte Lieferung. Bei verspäteter Lieferung, bei Schlechterfüllung oder Nichterfüllung ist die Garantiebank zur Bezahlung des garantierten Betrages an den Importeur verpflichtet. Die Höhe des Betrages richtet sich nach dem Schaden, der dem Importeur durch die nicht vertragsgerechte Lieferung des Exporteurs entstehen kann. Garantiebeträge bis zu 20 Prozent des Auftragswertes sind international üblich.

Zahlungsgarantie (Payment Guarantee)
Die Zahlungsgarantie dient der finanziellen Absicherung des Exporteurs für den Fall, dass der ausländische Abnehmer seinen Zahlungsverpflichtungen nicht nachkommt. Die Bank des Importeurs garantiert in diesem Fall dem Exporteur die Zahlung des Rechnungsbetrages. Tritt der Garantiefall ein, reicht der Exporteur die vereinbarten Dokumente bei der Garantiebank ein. Nachdem sie die Ordnungsmäßigkeit geprüft hat, zahlt sie dem Exporteur den Garantiebetrag aus. Wie Sie sehen, gibt es bei diesem Geschäft große Ähnlichkeiten mit dem Akkreditiv (Kapitel 7: „Zahlungsbedingungen").

Export-Kreditversicherung

In der Bundesrepublik gibt es neben der staatlichen Export-Kreditversicherung, auf die ich gleich eingehen werde, mehrere private Versicherungsgesellschaften, die die Versicherung von Auslandskrediten anbieten. Am bekanntesten sind die folgenden:

Coface Holding AG und Coface Kreditversicherung AG, www.coface.de
Euler HERMES Kreditversicherungs-AG, www.agaportal.de
R+V Allgemeine Versicherung AG, www.ruv.de

Versichert sind bei diesen vier Gesellschaften Forderungsausfälle durch

- Konkurse.
- gerichtliche und außergerichtliche Vergleichsverfahren.
- fruchtlose Zwangsvollstreckungen.
- nachgewiesene Uneinbringlichkeit von Forderungen.

Grundsätzlich werden von den privaten Versicherungsgesellschaften Lieferungen und Leistungen in Staatsländer wie Nordkorea und nach Kuba nicht versichert. Sie vertreten zu Recht die Auffassung, dass die Versicherung von staats- und wirtschaftspolitischen Risiken Aufgabe des Staates ist.

Lehnen Versicherungen die Deckung eines Exportgeschäftes ab, können Sie davon ausgehen, dass dieser Entscheidung sorgfältige Recherchen vorangegangen sind. Wenn Sie einen guten Draht zur Versicherung haben, versuchen Sie die Gründe für die Ablehnung herauszufinden. Sie müssen dieses erfahren, um daraus ableiten zu können, ob eine Zusammenarbeit mit dem ausländischen Kunden überhaupt noch sinnvoll ist.

Staatliche Export-Kreditversicherung (Hermesdeckung)

Die Euler HERMES Kreditversicherungs-AG und die Pricewaterhouse Coopers Aktiengesellschaft Wirtschaftsprüfungsgesellschaft bearbeiten im Auftrag und für Rechnung der Bundesrepublik Deutschland die staatlichen Export-Kreditversicherungen. Die Euler HERMES Kreditversicherungs-AG ist in diesem Konsortium der Federführer, woraus sich der Begriff „Hermesdeckungen" erklärt.

Beide Gesellschaften werden also ausschließlich als Vertreter im Namen und für Rechnung der Bundesrepublik Deutschland tätig. Sie beraten interessierte

Die bekanntesten Risiken des Außenhandels	
Wirtschaftliche Risiken (Vertragserfüllungsrisiken)	**Politische Risiken** (Länderrisiken)
• **Herstellungsrisiko:** Ware kann nicht oder zu spät hergestellt werden. • **Transportrisiko:** Beschädigung oder Verlust auf dem Transport. • **Abnahmerisiko:** Kunde nimmt die gelieferte Ware nicht ab. • **Lagerrisiko:** Beschädigung oder Verlust während der Lagerung. • **Qualitätsrisiko:** Lieferung minderwertiger Qualität. • **Währungsrisiko:** Verlustgefahr durch Wahrungsschwankungen. • **Zahlungsrisiko:** Kunde verweigert Zahlung.	• **Risiko Krieg, Unruhen:** Ware kann nicht eingeführt werden oder geht verloren. • **Enteignungsrisiko:** Verlustgefahr durch staatliche Willkür. • **Moratoriumsrisiko:** Gläubiger erhält sein Geld verspätet und oft nur teilweise. • **Konvertierungsrisiko:** Der Umtausch aus der Währung des Importlandes in eine Devisenwährung ist untersagt. • **Transferrisiko:** Aufgrund fehlender Devisen kann ein Transfer nicht realisiert werden. • **Zahlungsverkehrsrisiko:** Der Zahlungsverkehr mit dem Ausland wird durch staatlichen Eingriff vollständig unterbunden.

Unternehmen, nehmen Anträge entgegen und entscheiden, welches Verfahren für das einzelne Geschäft infrage kommt. Sie nehmen auch die weitere versicherungstechnische Abwicklung des Exportgeschäftes wahr. Dazu gehört auch die Prüfung und Regulierung eines eventuellen Entschädigungsantrages. Mit dieser staatlichen Export-Kreditversicherung steht in der Bundesrepublik ein umfangreiches Kreditversicherungssystem zur Verfügung, welches es den Exporteuren ermöglicht, auch Kunden in politisch instabilen Ländern zu beliefern.

Unterschiedliche Exportgeschäfte erfordern ein breites Spektrum verschiedener Deckungsmöglichkeiten. Dabei wird zwischen der Absicherung von Risiken vor dem Versand und nach dem Versand der Ware unterschieden.

Risiken vor dem Versand einer Ware: Fabrikationsdeckungen werden zur Deckung von Risiken während der Produktionsphase einer Ware vergeben. Bei der Herstellung einer Maschine ist das beispielsweise der Zeitraum vom Beginn ihrer Fertigung bis zu ihrem Versand. Fabrikationsdeckungen empfehlen sich besonders bei kundenspezifischen Spezialanfertigungen, die im Falle der Nichtauslieferung kaum an andere Kunden zu verkaufen sind.

Risiken nach dem Versand einer Ware. Für Risiken, die nach dem Versand einer Ware eintreten, gibt es zwei verschiedene Deckungsformen, nämlich

- das Kurzfristgeschäft mit einer Laufzeit bis zu 24 Monaten und
- das Mittel- und Langfristgeschäft mit einer Laufzeit über 24 Monate.

Kurzfristgeschäft

Die staatliche Export-Kreditversicherung bietet im kurzfristigen Exportgeschäft (bis 24 Monate Kreditlaufzeit) vier verschiedene Deckungsformen an:

- Kurzfristige Einzeldeckungen,
- Revolvierende (wiederkehrende) kurzfristige Einzeldeckungen,
- Ausfuhr-Pauschal-Gewährleistungen,
- Ausfuhr-Pauschal-Gewährleistungen-light.

In den Versicherungsvertrag, der für die einzelnen Deckungsformen abzuschließen ist, werden grundsätzlich alle deckungsfähigen Forderungen einbezogen. Wahlmöglichkeiten bestehen im Interesse einer leicht handhabbaren Deckungsform nicht. Es gibt nur einen Schadensfall: Der Bund entschädigt eine gedeckte Forderung, wenn der Importeur innerhalb von sechs Monaten nach Fälligkeit keine Zahlung geleistet hat.

Kurzfristige Einzeldeckung: Diese Deckungsform sichert die Geldforderungen deutscher Exporteure gegenüber ihren ausländischen Kunden ab. Bei den Lieferungen handelt es sich in erster Linie um Rohstoffe, Halbfertigwaren, Komponenten, Konsumgüter und Ersatzteile. Üblicherweise wird dabei nur eine Kreditierung von maximal sechs Monaten akzeptiert. Abgesichert ist das politische Risiko, die Insolvenz des Kunden und die Nichtzahlung innerhalb von sechs Monaten nach vereinbartem Zahlungstermin.

Revolvierende (wiederholende) Einzeldeckung: Liefert der Exporteur regelmäßig an einen ausländischen Kunden mit kurzfristigen Zahlungszielen, kann HERMES anstelle von Einzeldeckungen auch revolvierende Einzeldeckungen übernehmen. Im Deckungsumfang und in der Höhe des Entgelts unterscheidet sich dieses Verfahren nicht von der kurzfristigen Einzeldeckung. Die Abwicklung ist jedoch für den Exporteur wesentlich einfacher.

Ausfuhr-Pauschal-Gewährleistung (APG): Ein Schwerpunkt der staatlichen Ausfuhrdeckungen liegt bei der Ausfuhr-Pauschal-Gewährleistung. Gerade für die mittelständische Exportwirtschaft stellt die APG einen umfassenden, verwaltungsmäßig einfachen und kostengünstigen, dabei aber flexiblen Schutz dar. Inhaltlich ist die APG eine Sammeldeckung für viele Kunden in verschiedenen Ländern. Die Prämie ist meistens deutlich günstiger als diejenige für Einzeldeckungen. Zudem entfallen Antrags- und Prüfungsgebühren.

Ausfuhr-Pauschal-Gewährleistungen-light (APG-light): Die APG-light ist eine Pauschaldeckung für Ausfuhrgeschäfte, deren Kreditlaufzeiten vier Monate nicht überschreiten. Sie wird vor allem von kleinen und mittelständischen Exporteuren mit Jahresumsätzen bis zu einer Million Euro genutzt. Sie ist aber auch für größere Unternehmen mit nur geringem deckungsfähigem Exportumsatz geeignet. Im Rahmen dieser Police werden Exportgeschäfte mit Importeuren versichert, die ihren Sitz außerhalb der OECD-Kernländer (u. a. Australien, Japan, Kanada, Korea, Mexico, Türkei, USA) und außerhalb der Europäischen Union haben.

Organisation für wirtschaftliche Zusammenarbeit, www.oecd.org/berlin

Mittel- und Langfristgeschäft
Das Mittel-Langfristgeschäft der staatlichen Export-Kreditversicherung bezieht sich auf Exportkredite, deren Laufzeit 24 Monate überschreitet. Dabei beträgt die Laufzeit mittelfristiger Kredite bis zu fünf Jahren und die der langfristigen Krediten bis zu 15 Jahre. Für diese Kredite stehen weder Pauschalverträge noch revolvierende Einzeldeckungen zur Verfügung. Es werden grundsätzlich nur Einzeldeckungen gewährt.

Antragsverfahren
Voraussetzung für jede Risikoübernahme ist ein entsprechender Antrag des Exporteurs, in dem er das Exportgeschäft vollständig und richtig beschreibt. Es empfiehlt sich dringend, den Antrag frühzeitig einzureichen. Beim Verkauf von Investitionsgütern sollte dieses möglichst vor einem Vertragsabschluss erfolgen, damit bei den Vertragsverhandlungen die Bedingungen der Hermesdeckungen berücksichtigt werden können.

Wie bei jeder Kreditversicherung gilt auch bei der staatlichen Export-Kreditversicherung das Prinzip, die Exporteure am Ausfall zu beteiligen. Der Bund entschädigt nie den gesamten Ausfall einer gedeckten Exportforderung. Die Selbstbeteiligung des Exporteurs liegt zwischen 5 und 15 Prozent.

* * * * * * *

Kapitel 12: Zoll – Handel mit EU-Ländern

Bis auf wenige Ausnahmen sind für den Handel innerhalb der Europäischen Union sämtliche Zollgrenzen und sämtliche Zollformalitäten gefallen. Für diesen Warenverkehr gibt es also keine zollmäßige Behandlung mehr. Für Deutschland trifft das etwa für zwei Drittel des gesamten Außenhandelsvolumens zu. Am 1. Januar 2012 waren die folgenden 27 Länder Mitglieder der Europäischen Union:

Belgien, Bulgarien, Dänemark, Deutschland, Estland, Frankreich, Finnland, Griechenland, Großbritannien, Irland, Italien, Niederlande, Luxemburg, Lettland, Litauen, Malta, Österreich, Polen, Portugal, Rumänien, Schweden, Slowakei, Slowenien, Spanien, Tschechische Republik, Ungarn und Zypern (griechischer Teil).

Fachbegriffe

Um den Außenhandel mit den Gemeinschaftswaren (EU-Waren) und den Nicht-Gemeinschaftswaren (Nicht-EU-Waren) aus steuerlicher und zolltechnischer Sicht zu verstehen, merken Sie sich die folgenden wenigen Fachbegriffe; sie gehören zu Ihrem täglichen Handwerkszeug.

Intrahandel: Gegenstand des Intrahandels (innergemeinschaftlichen Warenverkehr) ist der Handel mit Gemeinschaftswaren. Das sind alle Waren, die in der Europäischen Union gewonnen oder hergestellt werden oder sich im zollrechtlich freien Verkehr befinden. Letzteres trifft für solche Waren zu, die von einem Unternehmen eines EU-Landes ordnungsgemäß eingeführt wurden – beispielsweise aus China – und an ein anderes Unternehmen in der EU verkauft wurden. Alle anderen Waren gelten als Nicht-Gemeinschaftswaren. Der Intrahandel wird unterteilt in „Versendung“ und „Eingang“:

- **Versendung:** Export von Waren von einem EU-Land in ein anderes EU-Land.
- **Eingang:** Import von Waren in ein EU-Land von einem EU-Land.

Extrahandel: Gegenstand des Extrahandels ist der grenzüberschreitende Warenverkehr der EU-Länder mit Drittländern (Nicht-EU-Ländern) wie China, Indien und den USA. Dazu gehört auch der Handel mit den vier Mitgliedsländern der Europäischen Freihandelszone (EFTA) Island, Lichtenstein, Norwegen und der Schweiz. Der Extrahandel wird unterteilt in „Ausfuhr“ und „Einfuhr“:

- **Ausfuhr:** Export von Waren von einem EU-Land in ein Nicht-EU-Land.
- **Einfuhr:** Import von Waren in ein EU-Land von einem Nicht-EU-Land.

Zollgebiet der Europäischen Union (Wirtschaftsgebiet): Das Zollgebiet umfasst grundsätzlich die Hoheitsgebiete der EU-Länder. Daraus ergibt sich, dass Waren innerhalb der Europäischen Union frei „zirkulieren“ können, wenn sie in einem EU-Land hergestellt oder von einem EU-Land eingeführt wurden. Für diese Waren, die sich zollrechtlich im „freien Verkehr“ befinden, wird beim Verkauf in ein anderes EU-Land kein Zoll fällig.

Außenzoll: Die Europäischen Union hat einen gemeinsamen Außenzoll. Es spielt deshalb keine Rolle, an welchem Ort der EU die Einfuhr aus einem Drittland (Nicht-EU-Land) erfolgt. Wenn Sie beispielsweise Waren aus der Ukraine importieren, kann die Einfuhrabfertigung an der polnischen oder deutschen Grenze erfolgen.

Umsatzsteuer: Warenlieferungen in die EU

Werden Waren von einem EU-Mitgliedstaat in einen anderen EU-Mitgliedstaat geliefert, ist für die umsatzsteuerliche Beurteilung zu unterscheiden,

- ob die Lieferung von einem steuerpflichtigen Unternehmen an eine Privatperson in einem anderen EU-Land geliefert wird oder

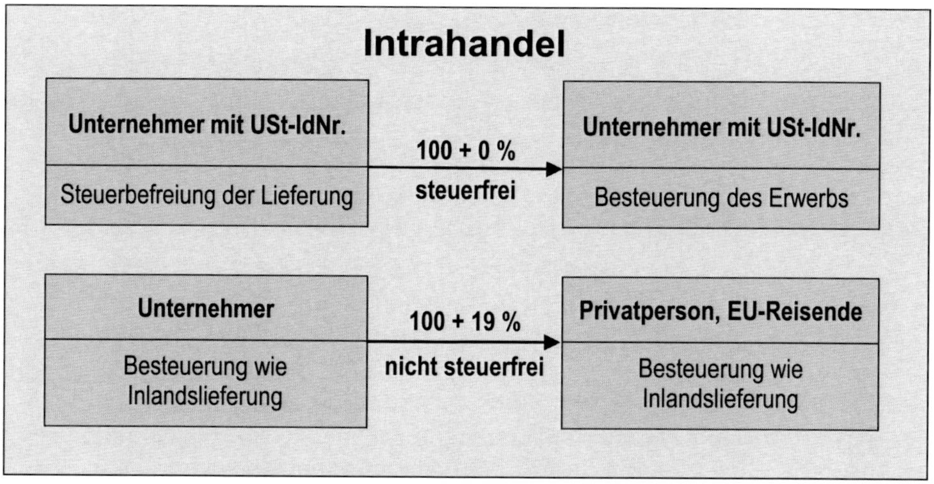

- ob die Lieferung von einem steuerpflichtigen Unternehmen an ein anderes steuerpflichtige Unternehmen in einem anderen EU-Land geliefert wird.

Lieferungen von Unternehmen an Privatpersonen
Werden Gemeinschaftswaren von Unternehmen in einem EU-Land an Privatpersonen (Endverbraucher) mit Sitz in einem anderen EU-Land geliefert, müssen sie grundsätzlich mit der ausländischen Umsatzsteuer abgerechnet werden. Wenn sich Bernd Harmsen also als Privatperson eine Golfausrüstung in Spanien kauft und sich nach Deutschland senden lässt, ist auf der spanischen Rechnung die spanische Umsatzsteuer ausgewiesen. Diese muss Bernd Harmsen zusammen mit dem Rechnungsbetrag für die Golfausrüstung an den spanischen Lieferanten überweisen.

Lieferung von Unternehmen an Unternehmen
Werden Gemeinschaftswaren von Unternehmen in einem EU-Land an Unternehmen mit Sitz in einem anderen EU-Land geliefert, sind sie grundsätzlich von der Umsatzsteuerpflicht befreit. Voraussetzung ist allerdings, dass die beteiligten Unternehmen den Vorschriften der Erwerbsbesteuerung unterliegen.

Um Manipulationen beim Intrahandel zu unterbinden und um Zahlen für die Wirtschaftspolitik der Europäischen Union zu erheben, sind Unternehmer verpflichtet,

- die „Steuer für den Erwerb“ in ihrer Umsatzsteuervoranmeldung auszuweisen,
- eine „Zusammenfassende Meldung“ und eine „Intrastat“ abzugeben.

Steuer auf den Erwerb (Erwerbssteuer)

Durch den Wegfall der Binnengrenzen und der Zollkontrollen war eine Erhebung der Einfuhrumsatzsteuer auf die Importe aus den EU-Ländern nicht mehr möglich. Da kein EU-Land auf die Einfuhrumsatzsteuer verzichten wollte, wurde die Technik zur Erhebung der Einfuhrumsatzsteuer geändert. Die Erhebung wurde von den Zollbehörden auf die Unternehmen verlagert, die nun statt der Behörden die Besteuerung der erworbenen Waren selbst vornehmen müssen.

Das bedeutet, dass alle Unternehmen, die Waren aus einem anderen EU-Land beziehen, darauf eine Steuer erheben müssen, nämlich die „Steuer auf den Erwerb", kurz Erwerbssteuer. Bemessungsgrundlage für diese Steuer ist das vom Lieferanten in Rechnung gestellte Entgelt. In der Umsatzsteuervoranmeldung sind die Bemessungsgrundlage und der Steuerbetrag anzugeben. Der Steuerbetrag kann mit der gleichen Voranmeldung als Vorsteuer wieder abgezogen werden, sodass damit **kein Zahlungsvorgang verbunden ist**.

Umsatzsteuer-Identifikationsnummer (UST-IdNr)
Um die korrekte Anwendung der erwerbssteuerlichen Regelungen der EU-Länder untereinander zu gewährleisten, sind die Mitgliedsländer verpflichtet, den Beteiligten eine UST-IdNr zu erteilen. Alle Unternehmen, die am innergemeinschaftlichen Handel teilnehmen, erhalten also für umsatzsteuerliche Zwecke neben ihrer Steuernummer zusätzlich eine eigene UST-IdNr. Diese kann schriftlich bei dem jeweils zuständigen Finanzamt beantragt werden.

Beispiel für die technische Abwicklung
Wenn die „Harmsen GmbH" Fischkonserven nach Großbritannien exportiert, muss auf der Rechnung die eigene UST-IdNr und die des britischen Kunden ausgewiesen werden. Mit der eigenen UST-IdNr weist die „Harmsen GmbH" dem Finanzamt nach, dass sein Umsatz nicht steuerbar ist und er deshalb auch keine Umsatzsteuer ausweisen muss. Indem er auf der Rechnung die UST-IdNr des britischen Kunden ausweist, erbringt er den Nachweis, dass dieser der Erwerbssteuer unterliegt.

Die Rechnungen müssen neben der UST-IdNr auch einen Hinweis auf die Steuerbefreiung der Lieferung enthalten, wie beispielsweise:

„Steuerfrei nach § 4 Nr. 1b in Verbindung mit § 6 a UStG" oder „steuerfreie innergemeinschaftliche Lieferung".

Wie bei der früheren Einfuhrumsatzsteuer werden die Sportartikel als innergemeinschaftliche Erwerbe jetzt mit der Erwerbssteuer in Höhe des geltenden Mehrwertsteuersatzes belastet (Steuersatz des Bestimmungslandes, hier also 19 Prozent). Dazu weist die „Harmsen GmbH" den Steuerbetrag zusammen mit der Bemessungsgrundlage in der monatlich abzugebenden Umsatzsteuervoranmeldung aus. Gleichzeitig zieht sie die Erwerbssteuer wieder als Vorsteuer ab.

Bei diesem Verfahren ist Bernd Harmsen als Geschäftsführer alleine für die Richtigkeit der USt-IdNr. seines EU-Kunden verantwortlich. Ich empfehle Ihnen deshalb, sich grundsätzlich die Gültigkeit der USt-IdNr. Ihrer EU-Geschäftspartner vom Bundeszentralamt für Steuern (www.bzst.bund.de) elektronisch bestätigen zu lassen. Das gilt besonders für neue Geschäftspartner.

Zusammenfassende Meldung (ZM)

Die Kontrolle der beidseitigen Angaben auf den Rechnungen erfolgt durch die Pflicht der Lieferanten, die Entgelte der einzelnen innergemeinschaftlichen Lieferungen mit dem Formular „Zusammenfassende Meldung" (ZM) zu melden. Wichtiger Bestandteil der Meldung sind die korrekten USt-IdNr. der Kunden.

Haben Sie also Gemeinschaftswaren ausgeführt, sind Sie verpflichtet, diese beim Bundeszentralamt für Steuern (BZSt) monatlich mit einer ZM via Internet zu melden. Diese muss – zusätzlich zur Umsatzsteuer-Voranmeldung – bis zum 25. Tag des Folgemonats beim BZSt eingegangen sein. Liegen Ihre Lieferungen pro Quartal unter 50.000,00 Euro, reicht eine quartalsweise Abgabe der „Zusammenfassenden Meldung".

Die Eintragungen auf der ZM werden von allen EU-Ländern erfasst und kontrolliert. Da alle beteiligten Unternehmen durch die UST-IdNr eindeutig identifiziert werden können und auch die Daten der Umsatzsteuervoranmeldung vorliegen, ist dieses relativ einfach. In Deutschland ist dafür das Bundeszentralamt für Steuern zuständig, das die Daten speichert und für Kontrollzwecke jeder Finanzbehörde eines anderen EU-Landes zur Verfügung stellt. Tauchen beim Vergleich der Daten Zweifel auf, hat jede Finanzbehörde das Recht, bei der jeweils zuständigen Behörde weitere Auskünfte einzuholen.

Achten Sie darauf, dass alle Belege für eine mögliche Prüfung vollständig und übersichtlich abgelegt werden, damit sie schnell und leicht zu finden sind. Folgende Belege werden für innergemeinschaftliche Lieferungen (Versendungsfälle) anerkannt:

- Doppel der Rechnung,
- Versendungsbeleg, insbesondere Frachtbrief, Konnossement, Posteinlieferungsschein oder deren Doppelstücke,
- Spediteurbescheinigung oder Versendungsbestätigung des Lieferanten in Bearbeitungs- oder Verarbeitungsfällen gemäß § 6a Abs. 1 Satz 2 UStG.

Kleinunternehmer-Regelung
Sind Sie Kleinunternehmer gemäß § 19 Umsatzsteuergesetz, brauchen Sie keine ZM abzugeben. Die Regelung können Sie für sich in Anspruch nehmen, wenn Ihr Umsatz im vorangegangenen Kalenderjahr 17.500 Euro nicht überstiegen hat. Im laufenden Kalenderjahr dürfen es voraussichtlich nicht mehr als 50.000 Euro sein.

Denken Sie aber daran, dass Sie als Kleinunternehmer die Vorsteuer aus Eingangsrechnungen nicht abziehen dürfen. Auch ist es Ihnen als Kleinunternehmer untersagt, auf den Ausgangsrechnungen weder die Umsatzsteuer noch die UST-IdNr. mit dem Hinweis auf Steuerbefreiung ausweisen. Beide Verbote weisen Sie bei Ihren Kunden sofort als Kleinunternehmer aus, der im Geschäftsleben nicht das höchste Ansehen genießt. Überlegen Sie sich deshalb gut, ob Sie die Kleinunternehmerregelung wirklich für sich in Anspruch nehmen wollen.

Intrahandelsstatistik

Da für den Handel zwischen den 27 Mitgliedsländern der EU keine Ausfuhrdokumente mehr erforderlich sind, fehlen statistische Angaben über Versendungen in EU-Länder. Dazu dient die **Intra**handels**stat**istik – kurz „Intrastat" genannt –, die die Warenlieferungen innerhalb der Europäischen Union erfasst. Auf der Grundlage dieser Daten werden Analysen zur europäischen Wettbewerbsfähigkeit, zur Im- und Exportabhängigkeit bei einzelnen Waren und zur Preisentwicklung im Intrahandel erstellt.

Die Daten für die Intrahandelsstatistik sind spätestens bis zum 10. Arbeitstag nach Ablauf des Berichtsmonats online dem Statistischen Bundesamt zu übermitteln. Am einfachsten ist es, wenn Sie die Website www.destatis.de öffnen und die Meldung via IDEV abgeben.

Auskunftspflichtig sind alle natürlichen (alle Menschen) und juristischen Personen (Unternehmen), die eine vom Finanzamt zugewiesene deutsche USt-IdNr. haben. Im Versendungsfall bedeutet dies, dass derjenige auskunftspflichtig ist, der eine innergemeinschaftliche Lieferung im Sinne des Umsatzsteuergesetzes ausführt. Entsprechend ist im Eingangsfall immer derjenige auskunftspflichtig, für den ein innergemeinschaftlicher Erwerb im Sinne des Gesetzes vorliegt.

Privatpersonen sind von der Auskunftspflicht befreit. Die Befreiung gilt auch für die Unternehmen, bei denen der Handel mit EU-Ländern den Wert von 500.000,00 Euro im Vorjahr nicht überschritten hat.

* * * * * * *

Kapitel 13: Zoll – Ausfuhr in Nicht-EU-Länder

In den vorangegangenen Kapiteln bin ich schon mehrfach auf den Zoll eingegangen. Dabei haben Sie sicherlich den Eindruck gewonnen, dass das Thema „Zoll" schwierig und sehr vielschichtig ist. Ohne eine spezielle Ausbildung können die vielen Zollbestimmungen, die sich obendrein auch noch ständig ändern, kaum bewältigt werden. Ich rate Ihnen deshalb, mit der gesamten Zollabwicklung Ihrer Import- und Exportgeschäfte einen Spezialisten zu beauftragen, am besten Ihre Hausspedition.

So verfährt auch die „Harmsen GmbH". Sie hat ihre Hausspedition „Schenker" mit dem „Haus-zu-Haus-Transport" aller Import- und Exportlieferungen und mit der gesamten zollmäßigen Ausfuhrabfertigung beauftragt. Kostenanalysen von Bernd Harmsen haben immer wieder gezeigt, dass sein Unternehmen die zolltechnischen Leistungen nicht zu den Kosten erbringen kann, die ihm dafür von einer Spedition in Rechnung gestellt werden. Auch benötigt er für Zollangelegenheiten keinen Spezialisten. So bleibt er unabhängig, spart viel Geld und kann sich auf seine Kernaufgaben konzentrieren.

Verfahren Sie wie „Harmsen GmbH", dürfen Sie nicht vergessen, dass Sie immer die Verantwortung für alle Zollvorgänge in Ihrem Unternehmen tragen. Deshalb dürfen Sie Ihrer Spedition auch nicht blind vertrauen. Eignen Sie sich deshalb das Wissen an, dass Sie benötigen, um Zollangelegenheiten selbst beurteilen und kontrollieren zu können. Ich werde mich deshalb hier auf das beschränken, was Sie am Anfang unbedingt im Umgang mit Zollbehörden und Speditionen wissen müssen.

Zoll

Das nationale deutsche Zollrecht wurde im letzten Jahrhundert weitgehend vom EU-Zollrecht (Europäische Union) abgelöst. Die Gesetze aus dem EU-Zollrecht werden EU-Verordnungen genannt. Sie haben unmittelbare Geltung und Wirkung in allen Ländern der Europäischen Union. Die Zollverwaltung hat folgende Aufgaben beim grenzüberschreitenden Verkehr:

- Überwachung der Aus- und Einfuhr von Waren,
- Erhebung von Zöllen bei der Einfuhr aus Drittländern,
- Überwachung der Einhaltung des Außenwirtschaftsgesetzes.

Wenn Sie irgendwelche Fragen zum Zoll haben, wenden Sie sich an das Zoll-Infocenter beim Hauptzollamt in Frankfurt am Main. Es ist die zentrale Auskunftsstelle für die gesamte Bundesverwaltung und beantwortet Fragen für Industrie und Handel, Gewerbe und Privatpersonen (*www.zoll.de/infocenter*).

Checkliste: Vor Vertragsabschluss sind die folgenden 7 Fragen zu klären:

1. Liegt Ihnen Ihre EORI-Nummer (früher Zollnummer) vor?
2. Wie lautet die Zolltarifnummer für die Exportware?
3. Ist eine Ausfuhrgenehmigung erforderlich?
4. Welche Dokumente in Form und Inhalt sind erforderlich?
5. Welche Bestimmungen im Exportland müssen beachtet werden?
   - Importbestimmungen, Einfuhrgenehmigungen, Einfuhrlizenzen,
   - Warenverkehrbescheinigungen für Zollersparnisse,
   - Vorschriften über Verpackung und Markierung,
   - Vorgeschriebene Normen und Standards für Ihre Waren.
6. Welche Einfuhrabgaben muss der Importeur entrichten?
7. Liegen Ihnen alle Informationen für eine Exportkalkulation vor?

EORI-Nummer (früher: Zollnummer)
Nicht zu verwechseln mit Umsatzsteuer-Identifikationsnummer ist die 17-stellige EORI-Nummer (**E**conomic **O**perators **R**egistration and **I**dentification). Sie dient der Registrierung und Identifizierung aller Wirtschaftsbeteiligten der EU. Zollrechtliche Handlungen sind ohne EORI-Nummern grundsätzlich nicht möglich. Ihre EORI-Nummer erhalten Sie auf Antrag von der Bundeszollverwaltung.

Bundeszollverwaltung, www.zoll.de/DE/Fachthemen/Zoelle/EORI-Nummer

Zolltarifnummer (auch Warencode genannt)
Neben der EORI-Nummer benötigen Sie noch die Zolltarifnummer, ohne die eine Ausfuhrabwicklung Ihrer Exportgeschäfte ebenfalls nicht möglich ist. Die achtstellige Zolltarifnummer ist für die eindeutige Identifikation von Waren und für die Ausfuhranmeldung erforderlich. Daneben dient sie – wie im EU-Warenverkehr – der Erfassung von Exporten beim Statistischen Bundesamt (siehe Intrastat im Kapitel 12: „Zoll – Handel mit EU-Ländern“).

Bei der Erstellung vieler Zolldokumente müssen Sie die richtige Zolltarifnummer angeben. Rechnungen, Lieferscheine und Packlisten müssen so aufgebaut sein, dass eindeutig erkennbar ist, welche Waren mit welcher Tarifnummer in welchen Packstücken verpackt sind.

Um die Zolltarifnummer für eine Exportware ermitteln können, benötigen Sie zuerst eine genaue Beschreibung. Für die Heringskonserven von der Insel Rügen kann das beispielsweise wie folgt heißen: „Heringe, zubereitet und haltbar gemacht in luftdicht verschlossenen Behältern, Ursprungs- und Lieferland Deutschland". Mit dieser Beschreibung kann die Zolltarifnummer für die Heringskonserven ermittelt werden. Sie lautet 1604.1291.

Ich empfehle Ihnen, die Zolltarifnummern für Ihre Exportwaren zusammen mit dem für Sie zuständigen Zollamt zu ermitteln. Sie haben zwar keinen Anspruch auf diese unverbindliche Beratung, aber meistens ist man sehr hilfsbereit. Es schleichen sich einfach zu schnell Fehler ein. Unabhängig davon zeige ich Ihnen an dem Beispiel „Heringskonserven", wie Sie methodisch bei der Suche nach Zolltarifnummern vorgehen müssen:

Wenn Sie auf der linken Spalte der Homepage des Zolls (www.zoll.de) den Begriff „elektronischer Zolltarif (EZT)" anklicken, gelangen Sie auf die Hauptseite des EZT. Klicken Sie jetzt in der Reihenfolge die Begriffe „zur Ausfuhr", „Einreihung" (oben in der horizontalen Menüleiste) und „Warennomenklatur" an, gelangen Sie auf die Seite mit den 21 Hauptsätzen des EZT.

Ganz links neben den Hauptsätzen steht ein Pluszeichen in einem kleinen Kasten. Mit einem Klick auf dieses Symbol können Sie das nächste Kapitel und dann weitere Positionen öffnen. Für die „Heringskonserven" sieht der Pfad bis zur richtigen Zolltarifnummer 1604.1291 wie folgt aus:

- Kapitel 16 bis 24: Waren der Lebensmittelindustrie, ...
- Kapitel 16: Zubereitung von Fleisch, Fischen oder Krebsarten, ...
- Position 1604: Fische, zubereitet und haltbar gemacht, ...
- Position 160412: Heringe
- Position 1604 1291: in luftdicht verschlossenen Behältern.

Das zweistufige Ausfuhrverfahren

Die Ausfuhr von Waren aus der Bundesrepublik Deutschland in Drittländer muss nach dem geltenden Zollrecht bei der zuständigen Zollstelle elektronisch angemeldet werden. Die Ausfuhr spielt sich dabei in der Regel nach folgendem **zweistufigem Schema** ab:

1. Schritt: Ausfuhranmeldung und Gestellung der Ware bei der Ausfuhrzollstelle (Binnenzollamt); hier erfolgt die Vorabfertigung.

2. Schritt: Gestellung der Ware bei der Ausgangszollstelle (Grenzzollamt, letzte Zollstelle der EU) und Ausfuhr der Ware aus der EU; hier erfolgt die endgültige Ausfuhrabfertigung.

Ausfuhrverfahren

Ausfuhr von Gemeinschaftswaren aus dem Zollgebiet der Europäischen Union (EU)

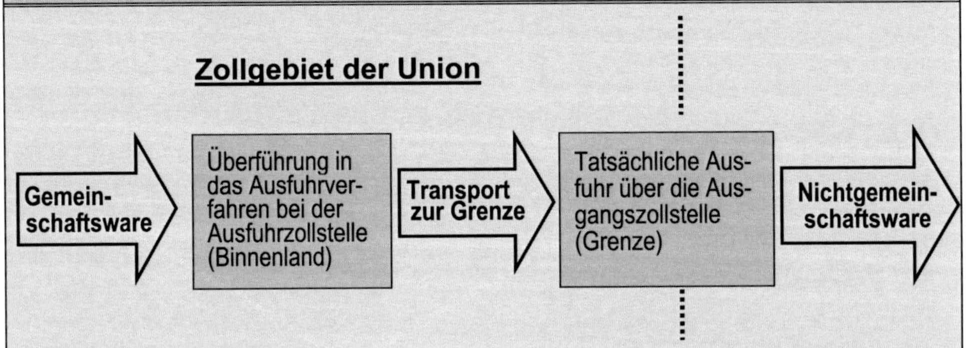

1. Schritt: Ausfuhrzollstelle

Gestellung der Ware mit der Ausfuhranmeldung bei der Ausfuhrzollstelle.

2. Schritt: Ausgangszollstelle

Gestellung der Ware mit dem Ausfuhrbegleitdokument bei der Ausgangszollstelle und Ausfuhr der Ware aus der EU.

zu 1. Schritt: Ausfuhranmeldung und Gestellung

Für die Ausfuhr von Waren ist eine Ausfuhranmeldung erforderlich. Im Zollgesetz der EU ist festgehalten, dass bei Warenlieferungen

- bis 800,00 Euro keine Ausfuhrpapiere erstellt werden müssen.
- zwischen 800,00 Euro und 3.000,00 Euro eine Ausfuhranmeldung erstellt werden muss, die direkt die Ware bis zur EU-Außengrenze begleitet.
- ab 3000,00 Euro eine Ausfuhranmeldung erstellt und vorab an die Ausfuhrzollstelle gesendet werden muss.

Zur Eröffnung des Ausfuhrverfahrens müssen Sie die für Sie zuständige Ausfuhrzollstelle mindestens 24 Stunden vor Beginn der Verladung von der beabsichtigten Ausfuhr informieren. Die Voranmeldung erfolgt in elektronischer Form über das IT-Verfahren ATLAS-Ausfuhr. Die Anmeldung erhält Angaben wie beispielsweise Ort, Beginn und Ende der Verladung und Beschaffenheit und voraussichtliche Menge der Exportware. Die Einzelheiten über die Vorankündigung werden in einer schriftlichen Vereinbarung festgelegt.

Nach der Anmeldung müssen Sie Ihre Exportsendung bei der Ausfuhrzollstelle „gestellen“ (vorführen) und eine Ausfuhranmeldung in elektronischer Form über das IT-Verfahren ATLAS-Ausfuhr abgeben. Unterlagen wie Rechnungen oder Ursprungszeugnisse sind in der Regel dazu nicht erforderlich.

Gestellung
Die Gestellung ist eine Mitteilung an die Zollbehörden, dass sich eine Warensendung bei der Zollstelle befindet. Sie hat grundsätzlich von der Person zu erfolgen, die die Waren mit sich führt (Lkw-Fahrer, Pilot usw.). Die gleiche Person muss eine sogenannte „summarische Ausgangsanmeldung“ abgeben – ein Dokument, aus dem hervorgeht, welche Waren ausgeführt werden.

Für die Ausgangsanmeldung werden die Exemplare 1, 2 und 3 des amtlichen Formulars „Einheitspapier der EU“ verwendet. Das Zollamt prüft jetzt die Ausfuhranmeldung und entnimmt Blatt 1 und Blatt 2. Blatt 3 wird gestempelt und begleitet nun die Ware bis zur EU-Außengrenze.

- Blatt 1 dient der Ausfuhrkontrolle,
- Blatt 2 dient der statistischen Erfassung und
- Blatt 3 begleitet die Ware zur EU-Außengrenze.

Sonderregelung Gestellung
Sie können beantragen, dass die Gestellung außerhalb des Amtsplatzes der Zollstelle erfolgt, beispielsweise auf Ihrem Firmengelände. Hierfür müssen Sie mit der Ausfuhranmeldung einen Antrag auf Gestellung Ihrer Exportsendung außerhalb des Amtsplatzes bei der Ausfuhrzollstelle abgeben. In diesem Antrag legen Sie den Ort und den Zeitpunkt fest, an dem Ihre Sendung zur Ausfuhr verladen wird. Natürlich sind Sie verpflichtet, Ihre Angaben strikt einzuhalten.

Zusammen mit der Ausfuhranmeldung ist die Zollstelle berechtigt, Ihre Exportsendung zu beschauen und eventuell Proben zu entnehmen. Stellt die Zollstelle fest, dass die Ausfuhr Ihrer Exportsendung zulässig ist, gibt sie die Waren zur Ausfuhr frei. Dieser Vorgang wird zollrechtlich als „Überlassung“ bezeichnet. Die Zollstelle bescheinigt die Freigabe mit dem Ausfuhrbegleitdokument (von der Zollstelle genehmigte Ausfuhranmeldung), das Sie Ihnen aushändigt.

Verzichtet die Ausfuhrzollstelle auf eine Prüfung Ihrer Exportsendung, dürfen Sie die Ware – nach Ablauf einer bewilligten Verladezeit – zusammen mit dem Ausfuhrbegleitdokument zur Ausgangszollstelle befördern.

Ein guter Rat!: Eine Zollbeschaupflicht der Zollstelle gibt es nicht. Meistens zieht die Zollbehörde nur Stichproben, mit denen sie dann die Angaben in der Ausfuhranmeldung überprüft. Je nach Vertrauensverhältnis zwischen einem

Exporteur und der zuständigen Zollstelle findet die Besichtigung von Importsendungen häufig oder selten, intensiv oder vereinfacht oder überhaupt nicht statt.

Eine Zollbeschau kann für Exporteure sehr aufwendig sein und den Betriebsablauf nachhaltig stören. Schon deshalb rate ich Ihnen, mit der Zollstelle, die für Sie zuständig ist, einen kooperativen und freundlichen Arbeitsstil zu pflegen. Arrogantes und überhebliches Auftreten schaden Ihnen nachhaltig.

Exkurs: Erstellen der Ausfuhranmeldung

Das Ausfüllen der Ausfuhranmeldung ist schwierig. Es muss mit Codierungen bzw. Schlüsseln gearbeitet werden, die viele Unternehmen mit nur wenigen Ausfuhrsendungen überfordern. Auch lohnt sich für sie nicht die Anschaffung einer eigenen ATLAS-Software. Um dennoch sicher und kostengünstig Ausfuhranmeldungen erstellen zu können, bieten sich dem Exporteur folgende drei Verfahren an.

1. Verfahren: Beauftragung eines „Zollbüros" als Vertreter
Dieses Verfahren wird als „Vertreterlösung" bezeichnet. Es wird ein privates Zollbüro eingeschaltet, das die Ausfuhranmeldung erstellt und die elektronische Kommunikation mit der Zollverwaltung übernimmt. Sie als Ausführer übermitteln dazu Dokumente wie die Handelsrechnung schriftlich oder elektronisch an das „Zollbüro". Dieses schickt Ihnen dann auf dem gleichen Weg das Exportbegleitdokument zurück. Die Kosten sind abhängig vom Leistungsumfang des Zollbüros und beginnen bei ca. 25,00 Euro je Ausfuhrvorgang.

Viele namhafte Speditionen bieten die Vertreterlösung an. Wenn Sie keine Spedition finden, die die Vertreterlösung anbietet, wenden Sie sich an Ihre IHK. Hier wird man Ihnen Speditionen nennen, die diese Dienstleistungen anbieten.

2. Verfahren: Einschaltung eines Dienstleisters/Softwareanbieters
Bei dieser sogenannten Online-Lösung erstellen Sie die Ausfuhranmeldung über ein Rechenzentrum selbst. Außer einem Internetzugang und einem Internetbrowser müssen Sie keine weiteren technischen Voraussetzungen erfüllen. Die Kosten sind abhängig von dem Leistungsumfang des Dienstleisters, welches vom Nutzer in Anspruch genommen wird. Die von der Zollverwaltung zertifizierten Softwareanbieter werden auf der Homepage www.zoll.de unter der Rubrik ATLAS / Teilnahmevoraussetzungen Liste veröffentlicht.

3. Verfahren: Nutzung der Internetzollanmeldung der Zollverwaltung
Bei diesem Verfahren können Sie die Software der Zollverwaltung kostenlos zur Erstellung Ihrer Ausfuhranmeldung nutzen. Nachdem Sie Ihre Daten vollständig eingegeben haben, wird Ihre Ausfuhranmeldung ausgedruckt. Haben Sie den

Ausdruck unterschrieben, legen Sie ihn der Ausfuhrzollstelle vor. Diese erstellt daraus das Exportbegleitdokument und händigt es Ihnen aus.

Wenn Sie Fragen zu diesen drei Verfahren haben, lesen Sie bitte dazu das Merkblatt der Zollverwaltung „ATLAS-Nutzung für kleine und mittelgroße Unternehmen“. Das Merkblatt können Sie kostenlos über die Internetseite der Zollverwaltung runterladen, *Zoll-Infocenter: www.zoll.de/infocenter*

zu 2. Schritt: Gestellung der Ware bei der Ausgangszollstelle

Ist die Prüfung der Ausfuhranmeldung ohne Beanstandungen abgeschlossen, erhält der Ausfuhrbeteiligte vom zuständigen Binnenzollamt das abgestempelte Blatt 3 zurück. Dieses Dokument begleitet nun die Waren bis zur EU-Ausgangszollstelle.

Die Ausgangszollstelle überprüft die Angaben in diesem Dokument mit der vorgeführten Ware und den Beförderungspapieren. Ergeben sich Anhaltspunkte für Unregelmäßigkeiten, ist die Ausgangszollstelle berechtigt, eine Beschau durchzuführen. Stellt sie im Rahmen der Prüfung Unstimmigkeiten fest, kann sie die Ausfuhr der Ware untersagen.

Stimmen die Angaben in dem Exportbegleitdokument mit der Ware überein, lässt die Ausgangszollstelle die Ausfuhr zu. Sie bestätigt den körperlichen Ausgang der Ware auf dem Blatt 3 und gibt es dem Ausführer auf Anforderung zurück. Da Exporte gemäß Umsatzsteuerrecht mehrwertsteuerfrei sind, muss der Ausführer einen dokumentären Nachweis dafür erhalten, dass die Ware das Wirtschaftsgebiet der EU verlassen hat.

Damit ist die zweite Stufe des Verfahrens abgeschlossen und das Ausfuhrverfahren beendet.

Steuerliche Behandlung von Ausfuhrlieferungen

Ausfuhrlieferungen, d. h. Warenlieferungen von der EU in ein Nicht-EU-Land, sind von der Mehrwertsteuer befreit. Die auf der Vorstufe anfallende Mehrwertsteuer wird durch den Vorsteuerabzug wieder ausgeglichen, sodass Sie die Ware ohne jede umsatzsteuerliche Belastung ins Ausland liefern können. Dort unterliegt sie gegebenenfalls der Umsatzsteuer des Empfängerlandes.

Zu unterscheiden von der Ausfuhrbehandlung aufgrund von Zollvorschriften ist die Ausfuhrbehandlung aufgrund sonstiger Steuervorschriften. Hierunter fallen die Verbrauchssteuern, die bei der Herstellung im Inland und bei der Einfuhr aus dem Ausland auf Branntwein, Bier, Tabakwaren, Mineralölerzeugnisse, Kaffee und Schaumwein erhoben werden. Diese Steuer belastet – ähnlich wie die Umsatzsteuer – nur den inländischen Verbrauch. Deshalb darf der Hersteller diese verbrauchssteuerpflichtigen Waren unversteuert ausführen. Bei der Ausfuhr dieser Güter sind viele, komplizierte Vorschriften zu beachten. Wenn Sie dazu weitere Informationen benötigen, ist das Zollamt für Sie der richtige Ansprechpartner.

Ausfuhrbeschränkungen aufgrund von Embargos

Embargos beschränken die Freiheit im Außenwirtschaftsverkehr gegenüber bestimmten Ländern. Je nach Umfang der Beschränkungen können drei Embargoarten unterschieden werden:

- Totalembargo,
- Teilembargo,
- Waffenembargo.

Totalembargos
Totalembargos enthalten umfassende Verbote im Außenwirtschaftsverkehr, die lediglich durch bestimmte Ausnahmen – beispielsweise zu humanitären Zwecken – abgemildert werden können. Das frühere gegenüber dem Irak bestehende Totalembargo wurde aufgehoben und durch ein Teil- und Waffenembargo ersetzt. Ein länderbezogenes Totalembargo besteht zurzeit nicht.

Teilembargos
Teilembargos sind dadurch gekennzeichnet, dass sich die Beschränkungen und Verbote nur auf bestimmte Wirtschaftsbereiche beziehen und nur bestimmte Handlungen und/oder Rechtsgeschäfte verbieten bzw. beschränken. Beispielsweise bei den Ländern Irak, Iran, Libanon, Simbabwe, Sudan und Weißrussland bestehen zurzeit Teilembargos, die den Handel mit diesen Ländern erheblich einschränken.

Waffenembargo
Waffenembargos enthalten ausdrückliche Beschränkungen bzw. Verbote für die Lieferung von Waffen, Munition und sonstigen Rüstungsgütern. Für ihre Ausfuhr werden zurzeit unter anderem in die folgenden Länder keine Genehmigungen erteilt (Stand: Januar 2012): Armenien, Aserbaidschan, Eritrea, Demokratische Republik Kongo, Sierra Leone und Simbabwe.

Zu den Themen Exportkontrolle, Ausfuhrgenehmigung, Embargos, Total-, Teil- und Waffenembargos gibt das Bundesamt für Wirtschaft und Ausfuhrkontrolle (BAFA) unentgeltlich Merkblätter heraus. Daneben stellt das Amt aktuelle Informationen und wichtige Gesetzestexte im Internet bereit.

Bundesamt für Wirtschaft und Ausfuhrkontrolle (BAFA), www.bafa.de

Ausfuhrgenehmigung

Unabhängig von den Embargos gibt es Genehmigungspflichten für eine Reihe von Waren, die in der Ausfuhrliste (Anlage AL zur Außenwirtschaftsverordnung) enthalten sind:

- Waffen, Munition und Rüstungsmaterial,
- Kernenergieanlagen, -materialien und -ausrüstungen,
- Sonstige Waren und Technologien von strategischer Bedeutung,
- Chemieanlagen und Chemikalien,
- Anlagen zur Erzeugung biologischer Stoffe.

Wenn Sie Hinweise von Lieferanten, Kunden, Behörden oder Kammern bekommen, dass für eine Exportware eine Ausfuhrgenehmigung und möglicherweise eine Importgenehmigung des Käuferlandes erforderlich ist, müssen Sie sofort hellhörig werden. Sie müssen unverzüglich klären, was daran wahr ist. Es ist Ihre Pflicht als Unternehmer, die Verbote und Genehmigungspflichten im Außenwirtschaftsverkehr eigenverantwortlich zu beachten.

Kennen Sie die Zolltarifnummer für eine Ware, klicken Sie auf der linken Seite der Homepage „www.zoll.de" den Begriff „elektronischer Zolltarif" an. Über die Fenster „zur Ausfuhr" und „geografisches Gebiet" kommen Sie auf die Seite „ETZ-online Ausfuhr". Hier finden Sie alle Details, die Sie aus der Sicht des Zolls bei der Ausfuhr beachten müssen. Haben Sie Probleme bei der Interpretation der vielen Angaben, wenden Sie sich an das Zoll-Infocenter beim Hauptzollamt in Frankfurt am Main. Es ist die zentrale Auskunftsstelle für die gesamte Bundesverwaltung und beantwortet Fragen für Industrie und Handel, Gewerbe und Privatpersonen.

Zentrales Zoll-Infocenter, www.zoll.de/infocenter

Antragsformular und Zuständigkeit

Die Prüfung der Genehmigungspflicht einer Ware nach der Ausfuhrliste ist schwierig und oft nur mit hohem technischen Sachverstand zu bewerkstelligen. Scheuen Sie sich deshalb nicht, fremde Hilfe in Anspruch zu nehmen, auch wenn das mit einigen Kosten verbunden ist.

Kommen Sie zu dem Ergebnis, dass Sie für ein Exportgeschäft eine Ausfuhrgenehmigung brauchen, müssen Sie einen formgebundenen „Antrag auf Erteilung Ausfuhr-/Verbringungsgenehmigung" an das Bundesamt für Wirtschaft und Ausfuhrkontrolle (BAFA) stellen. Zusätzlich zu diesem EU-einheitlichem Formular gibt es noch nationale Formulare, mit denen Ausfuhr- und Verbringungsgenehmigungen beantragt und erteilt werden. Alle diese Formulare erhalten Sie bei den meisten Industrie- und Handelskammern.

Hauptaufgabe des BAFA ist es, über Anträge auf Ausfuhr von genehmigungspflichtigen und rüstungsrelevanten Waren zu entscheiden. In vielen Fällen geschieht das in enger Zusammenarbeit mit dem Bundesministerium für Wirtschaft und dem Auswärtigen Amt. Dabei müssen alle Beteiligten die Ausfuhrkontrollbestimmungen des Außenwirtschaftsgesetzes und die Ausfuhrkontrollvorschriften der Europäischen Union beachten.

Carnet ATA – der Zollpassierschein

Für Berufsausrüstungen, Warenmuster, Proben, Messe- und Ausstellungsgüter, die nur vorübergehend in ein Land ausgeführt werden, wird die dortige Zollstelle eine Sicherheit (Kaution) für die eigentlich fälligen Einfuhrabgaben verlangen. Nach erfolgter Wiederausfuhr in die Bundesrepublik Deutschland werden die Sicherheiten zurückgegeben bzw. zurückerstattet.

Da dieses Verfahren sehr umständlich ist, wurde das Carnet ATA (Admission Temporaire / Temporary Admission) eingeführt. Es ist ein internationaler Zollpassierschein, der die vorübergehende Ein- bzw. Ausfuhr von Waren ins Ausland dadurch erleichtert, dass die Zahlung oder Hinterlegung von Zöllen nicht mehr erforderlich ist. Exporteure schätzen Carnets sehr, weil sie u. a. die folgenden Vorteile bieten:

- Carnets ermöglichen eine sehr einfache und zügige Grenzabfertigung.
- Carnets sind grundsätzlich ein Jahr gültig und können in dieser Zeit beliebig häufig benutzt werden.
- Bei Carnets entfallen teilweise die üblichen Ausfuhrdokumente wie Handelsrechnung und Ausfuhranmeldung.

Das Carnet ATA können Sie bei Ihrer Industrie- und Handelskammer beantragen, die es dann auch ausstellt und herausgibt. Alle Carnets sind fortlaufend nummeriert, um lückenlos nachweisen zu können, wo sie geblieben sind. Bei der Ausstellung erhebt die IHK eine Gebühr, die sich nach dem Warenwert richtet; eine Versicherung gegen Verlust des Carnets ist in diese Gebühr eingeschlossen. Das Carnet und die darin eingetragenen Waren müssen der Ausfuhrstelle zur Registrierung vorgelegt werden.

* * * * * * *

Kapitel 14: Zoll – Einfuhr aus Nicht-EU-Ländern

Nach Eingang und Prüfung eines Angebotes haben Sie sich entschieden, eine erste Bestellung im Wert von 1.300,00 Euro an Ihren neuen ausländischen Geschäftspartner zu vergeben. Wenn es auch nur eine kleine Bestellung ist, muss die Sendung später zolltechnisch abgewickelt werden. Dieser Vorgang heißt in der Fachsprache „Verzollung" und ist unabhängig davon erforderlich, ob ein Zoll zu bezahlt werden muss oder nicht. Damit bei der zolltechnischen Abwicklung nichts schief läuft, klären Sie die folgenden vier Themen sehr sorgfältig, bevor Sie eine Bestellung ins Ausland erteilen:

1. Ist für den Import eine Einfuhrgenehmigung erforderlich?
2. Ist für den Import ein Ursprungszeugnis oder eine Warenverkehrsbescheinigung erforderlich?
3. Welche Einfuhrabgaben sind zu entrichten?
4. Was ist bei der Einfuhr sonst noch zu beachten?

zu 1: Ist eine Einfuhrgenehmigung erforderlich?

Wie Sie Zolltarifnummer ermitteln können, habe ich Ihnen im vorangegangenen Kapitel gezeigt. Nach dem gleichen Verfahren können Sie auch die 11-stellige Zolltarifnummer für Einfuhren ermitteln. Mit ihr können Sie feststellen, ob für eine Ware eine Einfuhrgenehmigung erforderlich ist. Klicken Sie dazu auf der linken Seite der Homepage „www.zoll.de" den Begriff „elektronischer Zolltarif" an. Über die Fenster „zur Einfuhr" und „geografisches Gebiet" kommen Sie auf die Seite „ETZ-online Einfuhr". Hier finden Sie alle Details, die Sie aus der Sicht des Zolls bei der Einfuhr beachten müssen. Haben Sie Probleme bei der Interpretation, bitten Sie Ihr Zollamt um Hilfe.

Für nur etwa 5 Prozent aller Waren ist die Einfuhr in die EU eingeschränkt. Beispielsweise benötigen Sie für die Einfuhr folgender Güter eine Genehmigung vom Bundesamt für Wirtschaft und Ausfuhrkontrolle:

- Stahl und Eisen,
- Schuhe aus Vietnam.
- Textilien und Bekleidungswaren aus bestimmten Ländern,
- Keramik und Porzellan aus der Volksrepublik China,
- Glaswaren und Stahlwaren aus Ost-Europa und Asien.

Einige Waren dürfen generell nicht eingeführt werden. Das gilt beispielsweise für gesundheitsschädigende Dopingmittel aus Thailand oder aus China. Andere Güter wie Waffen oder vom Aussterben bedrohte Tier- und Pflanzenarten dürfen nur unter hohen Auflagen importiert werden. Haben Sie Fragen zu Einfuhrgenehmigungen, wenden sie sich an Ihr Zollamt oder an folgende Behörde:

Bundesamt für Wirtschaft und Ausfuhrkontrolle (BAFA), www.bafa.de

Zu 2: Sind Ursprungszeugnisse oder Warenverkehrsbescheinigungen erforderlich?

Beide Dokumente wurden bereits im Kapitel 10: „Dokumente im Außenhandel" beschrieben. Kurz zur Wiederholung: Ursprungszeugnisse sind nur erforderlich, soweit sie außenwirtschaftsrechtlich vorgeschrieben sind. Warenverkehrsbescheinigungen dienen der zollfreien oder der zollbegünstigten Einfuhr aus bestimmten Ländern oder Ländergruppen, mit denen die EU Freihandels- oder Assoziierungsabkommen geschlossen hat.

zu 3: Welche Einfuhrabgaben sind zu entrichten?

Der Zoll überwacht den Warenverkehr vor allem, um das Erheben der Einfuhrabgaben zu sichern. Das sind

- die Zölle und Abschöpfungen, die der EU zustehen und
- die Verbrauchssteuern und Einfuhrumsatzsteuern (EUSt), die den einzelnen EU-Ländern zustehen.

Zölle
Zölle sind eigentlich nichts anderes als besondere Steuern, die der Staat beim Übergang von Waren über die Zollgrenze aus finanziellen und wirtschaftlichen Gründen erhebt. Mithilfe der 11-stelligen Zolltarifnummer können Sie die Zollsätze für Ihre Importware eindeutig ermitteln. Dazu geben Sie die Zolltarifnummer und das Ursprungsland Ihrer Importware in das System „TARIC-Auskunftsanwendung" ein. Per Mausklick weist Ihnen dann das System „TARIC-Information" den Zollsatz aus.

Deutsche Zollverwaltung: www.zoll.de

Verbindliche Zolltarifauskunft: Haben Sie Zweifel, mit welchen Zöllen Ihre Waren belastet werden, fordern Sie eine sogenannte „verbindliche Zolltarifauskunft" bei Ihrer Zollstelle an. Dazu müssen Sie in einem Antrag Ihre Importware genau beschreiben und – soweit technisch und wirtschaftlich vertretbar – Proben oder Muster beifügen.

Nach einer angemessenen Bearbeitungszeit erhalten Sie eine verbindliche Mitteilung, unter welche Zolltarifposition Ihre Ware fällt und mit welchen Zollabga-

Beispiele für Zollsätze bei der Einfuhr Stand: Dezember 2012	
Warenart	**Zollsatz in % des Zollwertes**
Kunststoff	6,5 %
Bekleidung aus Leder	4 %
Bekleidung aus Textilien	12 %
Bilddrucke, Poster, Fotos	frei
CD-Player	9,5 %
Computer, Notebooks	frei
DVD-Player	13,9 %
Fahrräder	14 %
Fotoapparate	4,2 %
Gold- und Silberschmuck	2,5 %
Kosmetikprodukte	0 bis 6,5 %
Möbel	0 bis 5,6 %
Pkw	10 %
Sportgeräte	2,7 % bis 4,7 %

ben Sie rechnen müssen. Diese Auskunft ist allerdings an die Zollstelle gebunden, die Sie in Ihrem Antrag genannt haben.

Abschöpfungen

Abschöpfungen sind spezielle Zölle, die auf eine Reihe von Waren wie Getreide, Milch, Zucker, Obst und Gemüse bei der Einfuhr in den EU-Raum erhoben werden. Damit sollen die oft viel niedrigeren Weltmarktpreise den künstlich festgelegten EU-Preisen angepasst werden. Diese Abgaben schöpfen den Gewinn ab, den ein Importeur erzielen würde, wenn er die zum niedrigen Weltmarktpreis eingeführte Waren zu dem hohen Binnenpreis der EU verkaufen würde.

Verbrauchsteuern

Eine Verbrauchsteuer ist eine nationale Steuer, die den Verbrauch oder Gebrauch bestimmter Waren mit einer Steuer belastet. Das gilt beispielsweise für Alkohol, Kaffee, Tabak, Erdgas und Mineralöle. Es ist Aufgabe des Zolls, die Verbrauchssteuern zu erheben und alle damit verbundenen Aufgaben zu verwalten.

Einfuhrumsatzsteuer (EUSt)

Die EUSt ist die Umsatzsteuer auf Einfuhren (Importe) mit einem Regelsatz von zurzeit 19 Prozent. Für Importeure, die zum Vorsteuerabzug berechtigt sind, stellt die

EUSt keinen Kostenfaktor dar, da die gezahlte EUSt in voller Höhe als Vorsteuer wieder abgesetzt werden kann. Bei der Abfertigung der Importe zum freien Verkehr muss neben den Zollgebühren auch die EUSt entrichtet werden.

Beispiel zur Berechnung des EUSt-Wertes		
Zollwert		25.000,00 €
+ Zoll (5,1 %)	+	1.275,00 €
= EUSt-Wert:	**=**	**26.275,00 €**
EUSt-Betrag:		**EUSt-Wert x 19 %**
	=	**4.992,25 €**

Beispiel zur Berechnung der Einfuhrabgaben		
Zoll		1.275,00 €
+ EUSt	+	4.992,25 €
= Einfuhrabgaben:	=	**6.267,25 €**

Die Bemessungsgrundlage für den Einfuhrumsatzsteuer-Wert ergibt sich aus dem Rechnungsbetrag zuzüglich der Frachtkosten und der Zollabgaben. Als Faustregel können Sie sich merken, dass beim Erheben der Einfuhrumsatzsteuer – von wenigen Ausnahmen abgesehen – die Vorschriften für die Zollerhebung sinngemäß gelten.

zu 4: Was ist bei der Einfuhr sonst noch zu beachten?

Alle Wareneinfuhren aus Drittländern in ein EU-Land unterliegen der Überwachung durch die Zollstellen. Dabei spielt sich die Einfuhr der meisten Importsendungen nach folgendem stark vereinfachtem Schema ab:

1. Schritt: Gestellung der Ware
2. Schritt: Zollanmeldung mit Zollbeschau
3. Schritt: Feststellung des Zollwertes und Berechnung des Zolls
4. Schritt: Bezahlung der Einfuhrabgaben

In den nachfolgenden Ausführungen wiederhole ich vieles von dem, was Sie bereits kennen. Diese Doppelungen sind zum besseren Verständnis des komplexen Sachgebietes gewollt und zum Erkennen der Zusammenhänge geboten.

1. Schritt: Gestellung der Ware

Wie bereits ausgeführt, ist die Gestellung eine Mitteilung an die Zollbehörden, dass sich eine Warensendung bei der Zollstelle befindet. Die Gestellung der Waren hat grundsätzlich der Beförderer vorzunehmen. Die gleiche Person muss eine sogenannte „summarische Eingangsanmeldung" abgeben – ein Dokument, aus dem hervorgeht, welche Waren eingeführt werden.

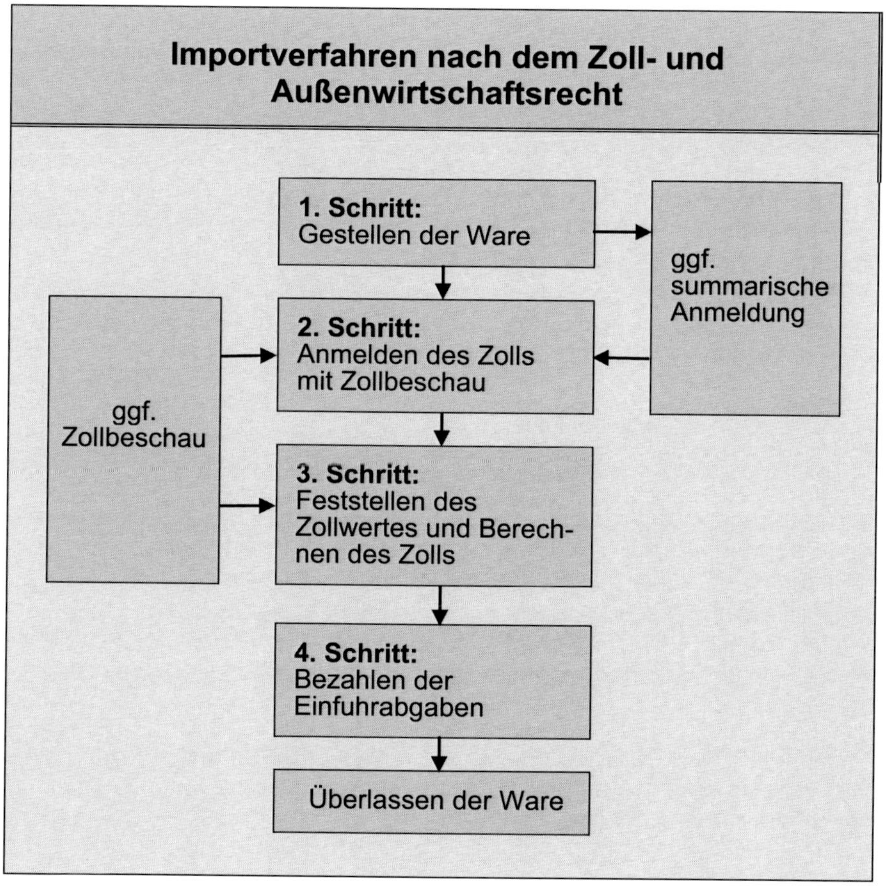

Grundsätzlich ist eine Gestellungsbefreiung in bestimmten Fällen möglich, beispielsweise bei Rohstoffen wie Mineralöl, Gas und Kohle. Bei der Gestellung muss immer die Identität einer Ware (Fachbegriff: die Nämlichkeit einer Ware) gesichert sein. Das kann durch Zollplomben, Zollsiegel oder Seriennummern geschehen. In Einzelfällen sind auch Beschreibungen, Fotos oder andere Dokumentationen möglich.

2. Schritt: Zollanmeldung mit Zollbeschau

Die Zollanmeldung steht am Anfang der Abfertigungsmodalitäten und ist schriftlich bei der zuständigen Zollstelle einzureichen. Als Formular sind die Exemplare 6, 7 und 8 des Einheitspapiers zu verwenden (Vordrucksatz 0737 und Ergänzungsvordruck 0738). Viele Felder verlangen verschlüsselte Angaben, die aus dem ca. 100-seitigen „Merkblatt zum Einheitspapier" zu entnehmen sind. Das Merkblatt kann beim Bundesanzeiger Verlag (www.bundesanzeiger.de) bestellt oder eingesehen werden. Die drei Exemplare des Formularsatzes „Einfuhr" haben folgende Bedeutung:

- **Exemplar 6** ist die eigentliche Zollanmeldung und ist für die Zollstelle bestimmt. Mit der Zollanmeldung prüft die Zollstelle, ob sie für die Einfuhr zuständig und ob die Einfuhr zulässig ist.
- **Exemplar 7** ist die Einfuhranmeldung und dient statistischen Zwecken.
- **Exemplar 8** ist die Kopie der Zollanmeldung/Einfuhranmeldung und ist für den Importeur bestimmt.

Alle namhaften Speditionen erledigen den Zollformalismus (genaue Bezeichnung: Zollförmlichkeiten) mit Mitteln der Datenverarbeitung. Wie Sie wissen, kommt das IT-Verfahren „ATLAS" zur Anwendung.

Einzureichende Unterlagen
Die Eintragungen in das Einheitspapier werden von der abfertigenden Zollstelle kontrolliert. Damit dieses überhaupt möglich ist, müssen der Anmeldung generell zwei Rechnungen, ein Frachtbrief oder ein Konnossement beigefügt werden. Eine Rechnung verbleibt beim Zollamt, die Zweite wird abgestempelt und dem Antragsteller ausgehändigt. Sie ist mit den übrigen Zollbelegen zehn Jahre aufzuheben.

Auf Verlangen sind der Zollbehörde zusätzliche Unterlagen mit Informationen über das zugrunde liegende Handelsgeschäft zur Verfügung zu stellen. Das können Ursprungszeugnisse bzw. Ursprungserklärungen, Warenverkehrsbescheinigungen und Einfuhrgenehmigungen sein.

Bei Unklarheiten hat die Zollbehörde auch das Recht, weitere Dokumente wie Warenanfragen, Angebote, Bestellungen und Kaufverträge anzufordern. Denkbar ist auch, dass der gesamte Schriftverkehr eines Importvorganges vorzulegen ist, zu dem dann auch handschriftliche Notizen, Faxe und E-Mails gehören.

Zollbeschau
Der Zollanmeldung folgt die Zollbeschau. Das ist die zollamtliche Überprüfung von Menge und Beschaffenheit der Importwaren. Dazu muss der Importeur die Ware bereithalten und eine ordnungsgemäße Besichtigung ermöglichen. Wie Sie bereits wissen, wird dieser Vorgang als „Gestellung" bezeichnet. Meine Ausführungen zu diesem Thema im Kapitel 13: „Zoll – Ausfuhr in Nicht-EU-Länder" gelten im übertragenen Sinn auch für die Einfuhr.

Schema zur Ermittlung des Zollwertes (Normalfall)		
	+	Rechnungspreis
Plusfaktoren:	+	Verkaufsprovision und Maklerlöhne
	+	Umschließungskosten
	+	Verpackungskosten
	+	vom Käufer zur Verfügung gestellte Materialien, Werkzeuge usw.
	+	Entwürfe usw., soweit sie außerhalb der EU erarbeitet wurden
	+	Lizenzgebühren (für die zu bewertenden Waren)
	+	Beförderungskosten und Versicherungskosten sowie Lade- und Entladekosten bis an den Verbringungsort
Minusfaktoren:	–	Montagekosten usw.
	–	Zölle und andere EU-Abgaben
	–	Vervielfältigungsrechte
	–	Zahlungen für Vertriebs- oder Wiederverkaufsrechte (soweit keine Bedingung des Kaufgeschäfts)
	–	Beförderungskosten nach der Einfuhr in die EU
	=	**anzumeldender Zollwert**
Voraussetzungen:		Plusfaktoren sind nicht im Rechnungspreis enthalten, Minusfaktoren sind bereits im Rechnungspreis enthalten, jedoch getrennt ausgewiesen.

3. Schritt: Feststellung des Zollwertes, Berechnung des Zolls

Liegt der Warenwert einer Importsendung über 10.000,00 Euro, muss der Zollanmeldung das Zusatzblatt „Anmeldung der Angaben über den Zollwert D.V.1" beigefügt werden. Mit diesem Formblatt wird der Zollwert ermittelt. Er dient als Grundlage für die Berechnung des Einfuhrzolls. Im Normalfall ist der Zollwert identisch mit dem tatsächlich zu zahlenden Preis zuzüglich einer Reihe von Kostenfaktoren. Als Faustregel können Sie sich merken, dass der Zollwert in der Regel dem CIF- bzw. dem DAP-Preis einer Ware entspricht.

Maßgeblicher Zeitpunkt für die Ermittlung des Zollwerts ist der Tag, an dem der Zoll bei der Zollstelle angemeldet wird. Als Umrechnungskurs für den gesamten folgenden Kalendermonat gilt der am vorletzten Mittwoch eines Kalendermonats gültige Kurs.

Liegt der Wert unter 10.000,00 Euro, reicht das Einheitspapier für die Zollwertermittlung aus. Bei Sendungen mit einer Wertgrenze von 150,00 Euro bis zu 1.000,00 Euro kann die Zollanmeldung mündlich erfolgen.

Kleinsendungen: Häufig erhalten Sie Sendungen aus einem Nicht-EU-Land, die für Sie keinen wirtschaftlichen Wert haben. Das sind beispielsweise Warenmuster, Kataloge, Beweisstücke für schlechte Lieferungen, Werbemittel oder vielleicht ein Gebrauchsgegenstand, den Sie während Ihrer letzten Auslandsreise bei einem Geschäftspartner vergessen haben. Diese Kleinsendungen sind im Postverkehr bis zu einer Wertgrenze von 150,00 Euro je Sendung zollfrei und von der Einfuhrumsatzsteuer befreit.

Deutsche Zollverwaltung: www.zoll.de/faq/postverkehr/internethandel
Integrierter Tarif der EU, http://ec.europa.eu/taxation_customs

4. Schritt: Bezahlung der Einfuhrabgaben

Aufgrund der eingereichten Zollanmeldung (Einheitspapier), Zollwertanmeldung und der übrigen Zolldokumente (Handelsrechnung, Frachtunterlagen) beurkundet die Zollstelle den „Zollbefund“ auf dem Zollanmeldeformular. Formal gesehen ist der Zollbefund ein Feststellungsbescheid über die Zollabfertigung. Er dient der Beweissicherung und ist Grundlage für den eigentlichen Zollbescheid. Mit ihm wird der Importeur aufgefordert, die Einfuhrabgaben zu zahlen, die sich meistens aus dem Zoll und der Einfuhrumsatzsteuer zusammensetzen.

Zuviel gezahlte Zölle können Sie innerhalb von drei Jahren nach Ausfertigung des Zollbescheids zurückfordern. Innerhalb dieses Zeitraums können Sie auch zu wenig gezahlte Zölle nachträglich erheben lassen.

Zahlungsaufschub

Einfuhrabgaben sind sofort fällig. Jedem Importeur steht aber ein gesetzlicher Zahlungsaufschub bis zum 15. des Folgemonats zu. Um diesen in Anspruch nehmen zu können, richten Sie einen formlosen schriftlichen Antrag an das Hauptzollamt, das für Sie zuständig ist. Nach Stellung einer Sicherheitsleistung durch Ihre Hausbank wird die Behörde Ihren Antrag in der Regel genehmigen und Ihnen einen Zahlungsaufschub gewähren.

Betriebsprüfung

Unternehmer sehen den Außenprüfungen der Finanz- und Zollverwaltung meistens mit „gemischten Gefühlen" entgegen. Sie sind nämlich nie ganz sicher, ob finanzielle Nachforderungen oder aufgrund massiver Beanstandungen sogar Bußgelder auf sie zukommen. Hinzu kommt noch, dass Prüfungen immer mit einem erheblichen Zeitaufwand verbunden sind und sich sehr störend auf den Betriebsablauf in einem Unternehmen auswirken.

Bei Betriebsprüfungen dürfen Sie nie den Prüfern unvorbereitet gegenübertreten. Informieren Sie sich deshalb rechtzeitig über Ihre Rechte und Pflichten und über die internen Verwaltungsanweisungen für den Prüfer. Brauchen Sie Rat zu diesem Thema, wenden Sie sich an Ihre Industrie- und Handelskammer. Machen Sie nie den Fehler, Prüfer zu unterschätzen. Sie kommen nie als Unwissende in ein Unternehmen, selbst wenn sie versuchen, solchen Eindruck zu erwecken. Die meisten sind besonders ausgebildete Betriebsprüfer und Fachprüfer der Zoll- und Finanzverwaltung.

Bevor die Prüfer mit der Prüfung beginnen, haben sie sich sehr sorgfältig vorbereitet. Sie müssen davon ausgehen, dass die Zollprüfer alle Unterlagen gesichtet und ausgewertet haben, die über Sie persönlich und über Ihr Unternehmen beim Zollamt und eventuell auch beim Finanzamt vorliegen. Dazu gehören unter anderem Bilanzen, Gewinn- und Verlustrechnungen, Erläuterungen, Steuererklärungen, eventuell vorhandene Kontrollmitteilungen anderer Finanzämter und Ergebnisse früherer Prüfungen.

Die Prüfer kontrollieren grundsätzlich alle Vorgänge, die direkt oder indirekt etwas mit Ihren Auslandsgeschäften zu tun haben:

- Erhebung von Zöllen, Einfuhr- und Ausgangsabgaben,
- Erhebung von Verbrauchsteuern, einschließlich der Einfuhrumsatzsteuer,
- Gewährung von Ausfuhrvergütungen,
- Einhaltung der Gesetze und Verordnungen des Außenwirtschaftsverkehrs und des innerdeutschen Warenverkehrs.

Damit nicht erst bei einer Zoll-Prüfung die einzelnen Importvorgänge zusammen gesucht werden müssen, lege ich in meinem Unternehmen jeden Importvorgang mit allen wichtigen Dokumenten fortlaufend nummeriert in einem Ordner ab. Dazu habe ich mir das Deckblatt „Import“ angelegt, auf dem alle wichtigen Informationen eines einzelnen Importgeschäftes zusammengefasst sind. Dieses sehr einfache System hat sich in der Praxis bestens bewährt. Ich empfehle Ihnen, ebenso zu verfahren. Achten Sie aber darauf, dass das Formblatt den Besonderheiten Ihres Unternehmens angepasst wird.

Import	Unsere Bestell-Nummer	4	6	7	-	0	9	7	Lfd. Nr. 193

Lieferant:	Hen Tan Limited	6	0	0	1	9	8	
Ware:	Kappe (rot)							
Bestellt am:	04.09.2012	**Erwartet am:**	25.10.2012	( ) FOB ( ) See	(X) FCA ( ) CIP	( ) See (X) Luft		

Zahlung		1. Zahlung	am	2. Zahlung	am	Gesamtbetrag
(X) Vorauszahlung ( ) Zahlung nach Erhalt der Ware	USD	1.800,00	20.09.	/	/	800,00
Kontoauszug	EUR	550,38	20.09.	/	/	550,38

Versanddokumente erhalten am:		An Spediteur weitergeleitet:	
Die Ware ist bei uns eingetroffen am:	25.10.2012	Gewicht der Sendung	24 kg

Ware: Kappe	Zolltarif nummer	6	5	0	5	9	0	3	0	Form A	(X) ja ( ) nein	Zollsatz %	2,7
Ware:	Zolltarif nummer									Form A	( ) ja ( ) nein	Zollsatz %	
Ware:	Zolltarif nummer									Form A	( ) ja ( ) nein	Zollsatz %	

( ) Ursprungszeugnis muss nachgereicht werden ( ) Verzollung wurde nicht richtig durchgeführt

Zurückerstattung/Korrektur beantragt am:		Erhalten am:	

Kontaktinformationen

Sachbearbeiter/in Spedition:	Matthias Rudolf	
Kontaktperson Lieferant:	Jenny Hung, Helli Katan	
Spediteur:	Schenker	(X) Luftfracht ( ) Seefracht

Fracht	+ weitere Kosten =	Kosten	+ Zoll	+ EUSt	+ Vorlageprovision	+ Umsatzsteuer	= Rechnungsbetrag
95,00	182,42	277,41	14,68	133,04	/	19,08	444,21

Gewicht der Sendung kg	25 kg	Kosten / Gewicht: € pro kg	11,10
Lagerzugang:	( ) nach Einstandspreisen neu gebucht (X) keine Neubuchung	am: 29.10.2012	von: SI
Finanzbuchhaltung:	Wareneinfuhrrechnung vom Lieferanten & Spediteur gebucht	am: 03.11.2012	von: Hanni
Endkontrolle:	Einstandspreis nachgerechnet; Lagerzugang überprüft	am: 06.11.2012	von: OS

Deckblatt für die Ablage der Dokumente eines Importvorganges

Anhang 1: Inländische Informationsquellen

Wiederholt habe ich in meinem Buch auf die große Bedeutung von Informationen für den Außenhandel hingewiesen, ohne die kein Außenhändler auskommt. Deshalb gibt es in Deutschland und auf der ganzen Welt ein kaum noch überschaubares Netz von Informationsquellen der unterschiedlichsten öffentlichen und privaten Institutionen. Viele davon stehen in enger Konkurrenz oder Ergänzung zueinander und machen es dem Außenstehenden schwer, die für sein Unternehmen richtigen Informationen rechtzeitig zu erhalten.

Machen Sie es wie viele andere Importeure und Exporteure: Recherchieren Sie im Internet und legen Sie sich einen eigenen Fundus an Informationsquellen als Favoriten an. Als Einstieg habe ich Ihnen nachfolgend wichtige Internet-Anschriften zusammengestellt, von denen Sie viele in den vorangegangenen Kapiteln schon kennengelernt haben.

ABC-Verlagshaus www.abconline.de	Produktkataloge, B2B-Suchmaschine
AKA Ausfuhrkredit-Gesellschaft www.akabank.de	langfristige Exportfinanzierungen, Risikobeteiligungen
Auswärtiges Amt www.auswaertiges-amt.de	Länder- und Reiseinformationen, Links zu den deutschen Botschaften im Ausland
BDEx Bundesverband des Deutschen Exporthandels e. V. www.bdex.de	Spitzenverband für den internationalen Export- und Transithandel, Interessenvertretung gegenüber Politik und Öffentlichkeit
Beschaffungswelt x 1 www.beschaffungswelt.de	Produktkataloge, B2B-Suchmaschine
BGA Bundesverband Groß- und Außenh., www.bga-online.de	Interessenvertretung des Großhandels, des Außenhandels sowie der unternehmensnahen Dienstleistungen
Bundesamt für Wirtschaft und Ausfuhrkontrolle (BAFA) www.bafa.de	Genehmigungsbehörde für die Einfuhr und Ausfuhr vom Waren der gewerblichen Wirtschaft, Ein- und Ausfuhrkontrolle, aktuelle Nachrichten
Bundeszentralamt für Steuern www.bzst.bund.de	Bestätigung von Umsatzsteuer-Identifikationsnummern und Zusammenfassende Meldung
Centralvereinigung Deutscher Wirtschaftsv. für Handelsvermittlung (CDH), www.cdh.de	Wahrung und Förderung der wirtschaftlichen, beruflichen und sozialen Belange der Handelsvertreter
CountryDesk www.countrydesk.de	Weltweites Netzwerk der Sparkassen-Finanzgruppe zum Außenhandel

Deutsche Factoring Bank www.deutsche-factoring.de	Mit Factoring werden Außenstände aus Inlands- und Exportgeschäften zu barem Geld
Deutscher Sparkassen- und Giroverband (DSGV), www.dsgv.de	Dachverband der Sparkassen-Finanzgruppe, Europaservice
Deutsches Grünes Kreuz e. V. www.dgk.de	Reiseimpfberatung
Deutsches Patent- und Markenamt, www.dpma.de	Informationen zum Patentrecht und zur Patentanmeldung
DHL Vertriebs GmbH www.dhl.de	Logistikunternehmen u. a. mit einem weltweiten Netz an Niederlassungen für den Außenhandel
Eurocommerce www.eurocommerce.be	Europäischer Verband des Einzel-, Groß- und Außenhandels, Links zu Mitgliedern
Europäische Kommission http://ec.europa.eu	Umfangreiche Website der EU, Außenhandels, EUR-Lexikon, Rechtsvorschriften der EU
Existenzgründer, www.existenzgruender-netzwerk.de	Existenzgründer-Netzwerk; Starthilfe für Unternehmen, Ideen-Börse, Gründungsberatung
Exportfibel www.bmwi.de	Außenhandels-Informationen, Broschüre „Exportfibel“
Exportkreditgarantien der Bundesrepublik, www.agaportal.de	Hermes-Deckungen: Exportkreditgarantien für Exportgeschäfte zur Vermeidung von Zahlungsausfällen
Frachtbörse „teleroute“ www.teleroute.de	Online-Datenbank für die Transportwirtschaft, Informationen zu Laderäumen und Frachten
German Trade and Invest www.gtai.de	Informationen zu ausländischen Märkten, Rechts- und Zollinformationen, Angebot/Nachfrage nach Produkten
Gesamtverband Versicherungswirtschaft, www.gdv.de	Dachorganisation der privaten Versicherer, Linksammlung, aktuelle Informationen
Grosshandels-Zentrum www.grosshandel-zentrum.de	geschlossene Großhandelsplattform für den gewerblichen Ein-und Verkauf im Internet
Hoppenstedt Publishing GmbH www.seibt.de	B2B-Suchmaschine, Branchenverzeichnisse
Internationale Handelskammer (ICC), www.icc-deutschland.de	Herausgabe von Veröffentlichungen zum Außenhandel, zum Schiedsgerichtshof und zur Wirtschaftskriminalität
IXPOS – Das Außenwirtschaftsportal, www.ixpos.de	Informationsdienst zum deutschen Außenhandel
KfW Bankengruppe www.kfw.de	Finanzierungs- und Förderprogrammen für kleine und mittlere Unternehmen

Kompass x1 www.kompass.com	Produktkataloge, B2B-Suchmaschine
Kühne & Nagel AG www.kn-portal.com	Logistikunternehmen für den Außenhandel mit einem weltweiten Netz an Niederlassungen
Logistik-Plattform www.letmeship.de	Angebote der Paketdienste DHL, TNT, UPS und FedEx, „Business to Business"- Plattform
OECD Organisation für wirtschaftliche Zusammenarbeit www.oecd.org/berlin	Vereinigung von 34 Ländern, die sich zur Marktwirtschaft bekennen
Schenker Deutschland AG www.schenker.de	Logistikunternehmen für den Außenhandel mit einem weltweiten Netz an Niederlassungen
Seibt Verlag GmbH www.seibt.com	Produktkataloge, B2B-Suchmaschine
Statistische Bundesamt, Wiesbaden, www.destatis.de	Links zu statistischen Ämtern weltweit, Datenbank, Suchmaschine, Veröffentlichungen, Auskunftsdienst
Transparency International (TI) www.transparency.de	Korruptionsindex, Programm zur Bekämpfung von Korruption, Linksammlung, Nachrichten
Verband der Vereine Creditreform e.V.,www.creditreform.de	Inkasso, Bonitätsauskünfte, Direktmarketing, Auswertung und Weitergabe von wirtschaftlichen Daten
Verbändeverzeichnis www.verbaende.com	Suchmaschine für Verbände
VergabeReport EU-Ausschreibungen, www.outlaw.de	Tagesaktuelle Informationen zu allen öffentlichen Ausschreibungen der EU-Mitgliedstaaten
Verlag Carl H. Dieckmann www.dieckmann-verlag.de	Fachverlag für den Außenhandel, Außenhandelsformulare, Software für Auslandsgeschäfte
Verlag W. Sachon GmbH www.sachon.de	Wirtschaftsdatenbanken
Wer Liefert Was? www.wlwonline.de	europäische B2B-Suchmaschine, Branchenverzeichnisse
Wilhelm Köhler Verlag GmbH www.koehler-verlag.de	Fachverlag für den Außenhandel, Außenhandelsformulare, Software für Auslandsgeschäfte
Wirtschaftsministerium www.foerderdatenbank.de	Überblick über Hilfen zur Erschließung ausländischer Märkte von Bund, Ländern und der EU
zentrada.network GmbH & Co. KG, www.zentrada.de	führende Plattform für den Internet-Großhandel von Konsumgütern in Europa
Zoll-Infocenter der Bundeszollverwaltung, www.zoll.de	Informationsservice "rund um den Zoll", Zollnummernvergabe

Anhang 2. Ausländische Informationsquellen

Als Einstieg in den Außenhandel habe ich Ihnen eine Auswahl von Internet-Anschriften zusammengestellt, von denen Sie einige schon in den vorangegangenen Kapiteln kennengelernt haben. Kritisch möchte ich anmerken, dass viele erfahrene Praktiker den Recherchen im Internet recht reserviert gegenüberstehen. Zu Recht bemängeln sie die oft sehr ungenauen Einträge. Gerade in Asien kommt es vor, dass sich Unternehmen mit vielen Waren und Dienstleistungen in gedruckte und elektronische Verzeichnisse eintragen lassen. Schaut man näher hin, gehören die Waren und Dienstleistungen nicht zu ihrem Sortiment.

Afrika	
AfricanTrade.com www.africantrade.com	Produktkataloge, Angebot/Nachfrage nach Produkten, Handelsvertretungen
Afrika Business Directory www.africabusinessnet.com	Produktkataloge, Angebot/Nachfrage nach Produkten
Afrika-Verein der deutschen Wirtschaft, www.afrikaverein.de	Verband deutscher Unternehmen, zentraler Ansprechpartner für Wirtschaftskontakte mit Afrika
Amarilles.Com www.amarillas.com	Branchenverzeichnisse, Angebot/Nachfrage nach Produkten
Business Africa www.business-africa.com	Vom Afrikaverein aufgebaute Datenbank deutscher Firmen in Afrika.
Gemeinsame Markt für östl. u. südl. Afrika, www.comesa.int	Handelsförderstelle Ost- und Südafrika, Länderinformationen, Suchmaschine, Geschäftsgelegenheiten
SignOnAfrica.com www.signonafrica.com	Produktkataloge, Angebot/Nachfrage nach Produkten, Vermittlung von Geschäftskontakten
Sourcing for Africa www.sourcingforafrica.co.za	Produktkataloge, Angebot/Nachfrage nach Produkten, Vermittlung von Geschäftskontakte
Zingio - Africa' s Business Directory, www.zingio.com	Produktkataloge, Angebot/Nachfrage nach Produkten
Amerika	
Commerce Business Daily USA www.gpoacces.gov	Länderinformationen, Angebot/Nachfrage nach Produkten, Handelsgelegenheiten
Gemeinsame Markt Südamerikas, www.mercosur.int	Handelsförderstelle Südamerika, Länderinformationen, Suchmaschine
Global Sourcing http://globalsourcingusa.com	Neue Produkte aus den USA

Ibero-Amerika-Verein e. V., www.ibero-amerikaverein.de	Zentrale Ansprechpartner für Wirtschaftskontakte mit und in Amerika
Latin American Network Info.-Center www.lanic.utexas.edu	Datenbank mit vielen Länderinformationen, Branchenverzeichnisse
Latin Trade http://latintrade.com	Wirtschaftsinformationen, Handelsgelegenheiten
Organisation amerikanischer Staaten, www.oas.org	Informationsservice, Links zu Datenbanken
U.S. Chamber of Commerce www.uschamber.com	Handelskammer der USA
USA Trade Online www.usatradeonline.gov	Angebot/Nachfrage nach Produkten, Handelsgelegenheiten, Produktkataloge
Yellow Pages, USA www.yellowpages.com	Branchenfernsprechbuch der USA
Asien, Australien	
APEC (Asia-Pacific-Economic Cooperation), www.apec.org	Wirtschaftsinformationen, Links zu Datenbanken
Arab Business Center www.arabnet.info	Informationsplattform für deutsch-arabische Wirtschaftskooperationen
Asia Sourcing www.asiasourcing.net	Angebot/Nachfrage nach Produkten, Länderinformationen
Asia Trade Promotion Forum www.atpf.org	Produktkataloge, Angebot/Nachfrage nach Produkten
Australian Business Online www.abol.net	Branchenverzeichnisse, Angebot/Nachfrage nach Produkten
Australian Chamber of Commerce, www.acci.asn.au	Branchenverzeichnisse, Vermittlung von Geschäftskontakten
Australian Trade Commission Online, www.austrade.gov.au	Branchenverzeichnisse, Vermittlung von Geschäftskontakten
Australian Yellow Pages www.yellowpages.com.au	Bezugsquellenverzeichnis mit mehr als 200.000 Unternehmen
Business in Asia www.business-in-asia.com	Länderinformationen, Bezugsquellen, Wirtschaftsinfos
Chinasourcing www.chnsourcing.com	Produktkataloge, Angebot/Nachfrage nach Produkten

Chinese trade promotion websites, http://zw.china-embassy.org	Linkverzeichnis der wichtigsten Websites für chinesische Produkte
Global Source www.globalsources.com	China: Produktkataloge, Angebot/Nachfrage nach Produkten, Handelsgelegenheiten
Hongkong Trade Development Council, www.hktdc.com	Produktkataloge, Angebot/Nachfrage nach Produkten, Handelsgelegenheiten
India TradePromotion.Org www.indiatradepromotion.org	Institution zur Förderung der Exportwirtschaft, Produktkataloge, Angebot/Nachfrage nach Produkten
Indians Exporters Guide www.indianexporters.com	Produktkataloge, Angebot/Nachfrage nach Produkten, Handelsgelegenheiten
JETRO (Japan External Trade Organization), www.jetro.de	Produktkataloge, Angebot/Nachfrage nach Produkten, Handelsgelegenheiten
KITA, Korea International Trade Association, www.kita.org	Produktkataloge, Angebot/Nachfrage nach Produkten, Vermittlung von Geschäftskontakten
Korea Trade Center – KOTRA www.kotra-deutschland.de	Produktkataloge, Angebot/Nachfrage nach Produkten, Vermittlung von Geschäftskontakten
Portal to Asia, Asiaprofile www.asiaprofile.com	Angebot/Nachfrage nach Produkten, Branchenverzeichnisse, Vermittlung von Geschäftskontakten
Shanhai Sourcing www.sourcing-cn.com	Vermittlung von Geschäftskontakten
Singapore Trade Development Board, www.iesingapore.gov.sg	Produktkataloge, Angebot/Nachfrage nach Produkten, Handelsgelegenheiten
Tradeportal of India www.tradeportalofindia.org	Produktkataloge, Angebot/Nachfrage nach Produkten,
Europa	
EUROCHAMBRES, www.eurochambres.be	Verband der europäischen Handelskammern, umfangreiches Informationsangebot
EuroCommerce www.eurocommerce.be	Verband des Einzel-, Groß- und Außenhandels, Links zu Mitgliedern, aktuelle Informationen
EURO-Info-Centren (EIC) www.eic.de	Beratungsnetzwerk der Europäischen Kommission für mittelständische Unternehmen, Kontaktanbahnung
EUROPAGES www.europages.de	europäische B2B-Suchmaschine, Branchenverzeichnisse
EuropaService www.dsgv.de	Beratungsportal der Sparkassen-Finanzgruppe

Global Sourcing Portal www.supply-markets.com	Außenhandelsinformationen für den Einkäufer und Logistikers, Lieferantensuche
MBENDI Informarion Services www.mbendi.com	Russische Föderation: Branchenverzeichnisse, Vermittlung von Geschäftskontakten
VergabeReport Europa EU-Ausschreibungen www.outlaw.de	Tagesaktuelle Informationen zu den öffentlichen Ausschreibungen der EU-Mitgliedsstaaten
Verlag W. Sachon GmbH www.sachon.de	Wirtschaftsdatenbanken
Welt	
Alibaba.com www.alibaba.com	Produktkataloge, Angebot/Nachfrage nach Produkten, Handelsvertretungen
Centre for International Trade www.centretrade.com	Angebot/Nachfrage nach Produkten
Fair Trade Organization www.fairtrade.net	Länderinformationen, Angebot von Fair-Trade Waren, Suchmaschine
FITA, Federation of intern. Trade Association, www.fita.org	Produktkataloge, Angebot/Nachfrage nach Produkten, B2B-Suchmaschine
Foreign Trade Online www.foreign-trade.com	Produktkataloge, Angebot/Nachfrage nach Produkten, Handelsgelegenheiten
Global Trade & Technology Network, www.usgtn.net	Angebot/Nachfrage nach Produkten
Global Trade Village (GTV) www.globaltradevillage.com	B2B-Suchmaschine für erneuerbare Energien
Handelskammern, weltweit www.worldchambers.com	Internationales Netzwerk von Handelskammern
International Business Forum www.ibf.com	Angebot/Nachfrage nach Produkten, Branchenverzeichnisse
International Trade Centre www.intracen.org	Verzeichnis von Handelsförderstellen und Dienstleistern des internationalen Handels
International Union of Commercial Agents and Brokers, (IUCAB.), www.iucab.nl	Der IUCAB besteht aus 20 nationalen Verbänden aus Europa und Amerika und vertritt die Interessen von beinahe 500,000 Handelsvertretungen
IPL Business Directory www.importers.com	Produktkataloge, Angebot/Nachfrage nach Produkten, Handelsgelegenheiten

Mellinger Co. www.tradezone.com	Einführung in den internationalen Handel, Vermittlung von Geschäftsverbindungen,
Staaten im Netz www.gksoft.com/govt	Datenbank mit etwa 230 Staaten, Links zu Regierungen und Organisationen
Telefonbuch.com www.telefonbuch.com	Branchenverzeichnisse/Telefonverzeichnisse Europa, Amerika, Asien, Afrika, Australien
Thomas Global Register www.thomasglobal.com	weltweite B2B-Suchmaschine, Branchenverzeichnisse
Trade Directory www.tradedirectory.com	Produktkataloge, Angebot/Nachfrage nach Produkten, Handelsgelegenheiten
Trade Leads Information www.business.com/directory	Suchmaschine für Einkäufer und Verkäufer, Dienstleistungen, Linkverzeichnis
Trade World www.tradeworld.net	Produktkataloge, Angebot/Nachfrage nach Produkten, Vermittlung von Geschäftskontakten
Tradenote.net www.tradenote.net	Neue Produkte, Handelsgelegenheiten
UN-Kaufrecht, CISG-Datenbank www.advokatur.ch	Offizielle Datenbank der UN mit allen Staaten, die sich zur Anwendung des UN-Kaufrechts verpflichtet haben
World Access Network of Directories, www.wand.com	Markt- und Geschäftsinformationen in 16 Sprachen, Geschäftsgelegenheiten, Bezugsquellenverzeichnis
World Trade Centers Association (WTCA), www.wtca.org	Produktkataloge, Angebot/Nachfrage nach Produkten, Handelsgelegenheiten
World Trade Search http://world-trade-search.com	Branchenverzeichnis für den internationalen Handel in verschiedenen Sprachen, Dienstleistungen
Worldbid.com www.worldbid.com	Branchenverzeichnisse, Angebot/Nachfrage nach Produkten, Vermittlung von Geschäftskontakten
WorldBizClub www.wbc.com	Markt- und Geschäftsinformationen, Zusammenführen von Einkäufern und Verkäufern, Geschäftsgelegenheiten,
aliexpress.com	Intern. Suchmaschine für Produkte, Handelsvertretungen
zentrade.de www.zentrada.de	Top Angebote aus Import und Großhandel

* * * * * * *

Stichwortverzeichnis

A

B

C

D

E

* * * * * * *

Aktuelle Bücher von Reinhold Schütt, Stand der Preise: August 2012

Erfolgreich im Versandhandel

Das Praktiker-Handbuch für den erfolgreichen Aufbau eines Versandgeschäftes

richtet sich an alle, die die großartigen Möglichkeiten des Versandhandels zur Sicherung ihrer Existenz nutzen wollen. In einfach lesbarer Form mit vielen Beispielen aus einem Versandgeschäft enthält das Buch alles Wissenswerte, was Sie zum Aufbau Ihres Versandgeschäftes unbedingt wissen müssen..

ISBN 978-3-9813 480-4-0· Paperback 17,0 cm x 22,0 cm

21,90 € inkl. MwSt. · 180 Seiten · über 50 Grafiken, Tabellen und Checklisten

Versandgeschäft mit Importwaren

Das Praktiker-Handbuch für den erfolgreichen Aufbau eines Versandgeschäftes mit Importwaren

zeigt Ihnen, wie Sie ohne großen Kapitaleinsatz ein lukratives Versandgeschäft mit Importwaren aufbauen können. Schritt für Schritt erfahren Sie, wie Sie Waren äußerst günstig importieren und mit hohen Gewinnen verkaufen können. Eines der lukrativsten und erfolgreichsten Unternehmenskonzepte.

ISBN 978-3-9813 480-5-7 · Paperback 17,0 cm x 22,0 cm

23,90 € inkl. MwSt. · 220 Seiten · über 60 Grafiken, Tabellen und Checklisten

Erfolgreich als Importeur

Das Praktiker-Handbuch für den erfolgreichen Aufbau des Importgeschäftes

vermittelt Ihnen praxisorientiertes Wissen, das Sie zum Aufbau Ihres Importgeschäftes zwingend benötigen. Schritt für Schritt erfahren Sie, wie Sie Waren zu äußerst günstigen Preisen importieren und anschließend mit hohen Gewinnen in Deutschland verkaufen können. Ein äußerst erfolgreiches Unternehmenskonzept!

ISBN 978-3-9813 480-2-6 · Paperback 17,0 cm x 22,0 cm

21,90 € inkl. MwSt. · 180 Seiten · über 45 Grafiken, Tabellen und Checklisten

Erfolgreich als Exporteur

Das Praktiker-Handbuch für den erfolgreichen Aufbau des Exportgeschäftes

vermittelt Ihnen Schritt für Schritt umfassendes Wissen, das Sie zwingend zum Aufbau Ihres eigenen Exportgeschäftes benötigen. Von der Geschäftsanbahnung über die Finanzierung, Versicherung und Außenhandelsdokumente bis hin zur Zollabwicklung finden Sie alles, was Sie für Ihren Erfolg benötigen.

ISBN 978-3-9800299-4-0 · Paperback 17,0 cm x 22,0 cm

21,90 € inkl. MwSt. · 180 Seiten · über 40 Grafiken, Tabellen und Checklisten

Erfolgreich als internationaler Handelsvertreter

Das Praktiker-Handbuch für den erfolgreichen Aufbau einer internationalen Handelsvertretung

richtet sich an alle, die sich eine eigene internationale Handelsvertretung aufbauen wollen. Schritt für Schritt erfahren Sie mit vielen Praxistipps, was Sie bei der Gründung beachten müssen, wie Sie Handelsgeschäfte weltweit vermitteln können und was Sie bei der Abwicklung von Auslandsgeschäften beachten müssen.

ISBN 978-3-9800 299-2-6 · Paperback 17,0 cm x 22,0 cm

21,90 € inkl. MwSt. · 180 Seiten · über 40 Grafiken, Tabellen und Checklisten

Einführung ins Geschäftsleben (erscheint im Januar 2013)

Ein Wegweiser zum Verständnis unseres Geschäftslebens

vermittelt kaufmännisch interessierten Personen Schritt für Schritt umfassendes Wissen, das zum Verständnis unseres Geschäftslebens zwingend erforderlich ist. Die wirtschaftlichen Themen werden an vielen Beispielen aus der Unternehmensgeschichte eines real existierenden Unternehmens praxisnah vorgetragen.

ISBN: 978-3-9813480-6-4 · Paperback 17,0 cm x 22,0 cm

19,90 € inkl. MwSt. · 164 Seiten · über 40 Grafiken, Tabellen und Checklisten